转型之道
——银行人力资源管理变革的工具和方法

杨军 编著

中国财政经济出版社

图书在版编目（CIP）数据

转型之道：银行人力资源管理变革的工具和方法/杨军编著. —北京：中国财政经济出版社，2009.4
　ISBN 978 – 7 – 5095 – 1276 – 0

　Ⅰ. 转… Ⅱ. 杨… Ⅲ. 银行 – 人力资源 – 人力资源管理 Ⅳ. F830.3

中国版本图书馆 CIP 数据核字（2009）第 026272 号

责任编辑：卢关平　　　责任校对：胡永立
封面设计：孙俪铭　　　版式设计：孙俪铭

中国财政经济出版社出版
URL：http：//www.cfeph.cn
E – mail：cfeph @ cfeph.cn
（版权所有　翻印必究）
社址：北京市海淀区阜成路甲 28 号　邮政编码：100142
发行处电话：88190406　财经书店电话：64033436
北京财经印刷厂印刷　各地新华书店经销
880×1230 毫米　32 开　10.375 印张　239 000 字
2009 年 6 月第 1 版　2009 年 6 月北京第 1 次印刷
印数：1—4000　定价：23.00 元
ISBN 978 – 7 – 5095 – 1276 – 0/ F·1079
（图书出现印装问题，本社负责调换）
本社质量投诉电话：010 – 88190744

序一：

努力提高人力资源管理的专业化水平

曾 湘 泉

（中国人民大学教授　博士生导师　劳动人事学院院长）

现在讲人力资源管理，很多人都不再感到陌生，但是如果在20年以前，这绝对是一个新鲜的名词。这也反映出在人力资源作为一门学科、一个专业，在中国得到了蓬勃的发展，我亲身参与经历了这一过程，感受非常深刻。杨军博士结合自己的学习实践，编写了《转型之道——银行人力资源管理变革的工具和方法》，请我作序，我看了这本关于人力资源的小册子，印象非常深刻。从中可以看到，专业的人力资源管理思想和工具正在国内大型银行传播和实践，这是一个非常大的进步。要知道，国内大型银行员工众多，传统的人事管理的积淀非常深厚，要向现代商业银行人力资源管理的方向转变，非常不容易。这本书介绍很多转型的工具和方法，相信对国内银行的人力资源变革实践非常有帮助。粗略看这本书，有几个想法，借此与读者分享：

第一，人力资源管理是一个职业化专业化的领域。从国际上的情况看，人力资源管理不但有本科层面的教育，提供这方面的教育培训，同时在硕士层面，甚至博士层面都有这方面的教育。在实践层面上，人力资源管理也非常发达。北美有人力资源协会，它专门提供这方面的专业的资格认证制度。中国现在开始倡导职业化和专业化，走一个职业化、专业化的道路，开始引入资格认证制度。同时，人力资源它不仅仅是一个正规的教育系统，一个职业化专业化的领域，同时它也是个产业化的领域。比如说美国前十大的软件公司，它都是从人力资源起家的。比如说我们今天写职位说明书，其实你都不用写了，有专门的软件。在发达的市场经济国家，人力资源管理不但有正规的教育系统，它也是一个职业化、专业化的队伍，也是一个产业化的领域。中国的人力资源管理必然向这个方向走。这本书反映了国内银行从传统的人事管理向人力资源管理的最新探索，大量的内容都是在讲述人力资源管理专业化方面的思想和工具，对推广人力资源管理的专业化和职业化有推动作用。

第二，岗位管理是人力资源管理的基石。市场经济的优势是社会分工，每一个岗位都是非常专业化的工作。很多企业管理水平上不去，瓶颈就在于岗位管理的基础不扎实。很多企业请咨询公司做的工作就是工作分析，这是美国在20世纪20年代末，在铁路运输业做职级工资制时候发明的东西。在第二次世界大战前基本上在北美都普及了。20世纪50年代的时候，写进了教科书。在中国，你问我们的企业管理者，知道不知道什么叫工作分析？什么叫工作评价？相当多的人不知道。而这些工作在发达市场经济国家都是100年以前都已经基本完成了。有了岗位，有了分工，才能形成劳动力市场，才会有劳动力的价格，才为市场化的人力资源管理体系奠定基础。这本书的一个突出内容就是讲述了在大型银行进行岗位分析、岗位评价的技巧和实践，对经常遇到的问题进行了分析和解答，有重要的参考价值。

第三，直线经理要承担人力资源管理职责。比如说招聘，在招聘甄选这个层面上，直线经理做什么？他要列出工作要求，协助工作分析，他对人力资源管理人员要说明未来员工的要求及类型，要面试做出最后的甄选。直线经理是指挥人的人，他首先要承担人力资源管理的功能。人力资源经理干什么？人力资源经理编写工作说明书，制定员工人事规划，寻求求职者的来源，组织招聘。在西方有一个名言，就是人力资源部是被授权以协助和建议的方式，去支持直线人员去实现组织的战略目标。几年前我就提出一个口号、一个理论，就是推行直线经理承担人力资源管理的职能，是中国企业包括中国的非营利组织的当务之急。中国的企业不是把人事部改成人力资源部就解决了问题，它不是问题的要害。人力资源这个概念在20世纪70年代产生的时候，和传统的人事管理区别最大的就是强调员工的发展，就是我们今天所讲的"三满意"——投资者满意，消费者满意，员工满意，而员工满意就是从消费者满意最终达到股东满意的桥梁。这本书非常适合直线经理阅读，它以朴实的语言，阐述了人力资源管理的很多基本概念，是直线经理学习掌握人力资源管理工具和方法的基础性材料。希望银行各级管理者能从中获益。

第四，技术和方法是中国企业人力资源管理变革的难点。很多企业口头上重视人力资源和开发，而不知道如何重视，简单地停留在人是最重要的生产要素上是不够的。人力资源开发和管理，分为两大部分，第一部分就是我们称之为软的部分，就是价值取向，文化的部分。第二部分是硬的部分，就是我们叫制度、方法和技术的部分。发达国家的人力资源管理，既有从软的方面，文化价值方面取得成功的经验，更有从制度规范化角度成功的经验。我们要学习人力资源开发管理的技术和方法，引进和消化发达国家的现代人力资源管理的一套技术和方法，走国际化道路。这是中国企业改进人力资源管理的必由之路。这本书以人力资源管理的工具和方法为重点,有助于中国企业突破这一管理难点和瓶颈。

现代人力资源管理理念,有两个核心,第一点就是倡导能力导向。作为现代组织,在市场化条件下如何做到能者得其职,适合这个职位的人让他干这个职位,这就是能者得其职。要有吸纳、维系、激励的机制。第二点是业绩导向,把一个人潜在的能力转化为实际的工作业绩,这是最大的挑战,业绩导向是一个非常重要的杠杆,它是根本。中国的银行要建立新的企业制度,把新的技术方法导入到我们的企业中来,把这种变革作为一种重要的推动力,作为一个切入点,使企业从传统的轨道换到新的轨道上去。希望这本书能对推动人力资源变革起到应有的作用。

序二：

理论与实践的结合

苏 永 华

体制问题一直是中国银行业迈向国际先进金融体系的一道重要门槛，因此目前关于银行转轨问题的讨论中，聚焦于银行管理体制转轨的书籍也层出不穷，而本书的作者结合自己在人力资源部工作的经历，将管理体制转轨中的银行人力资源管理的转轨与变革问题作为一个单独问题提出来，可谓独辟蹊径，而正如作者所说，"体制和人才从一定意义上讲是统一的，体制问题的核心是如何能够充分调动人的积极性和创造性，无论设计和采用哪种体制，最终还是要看人的因素是否得到了尊重和发挥。人才差距不仅是看现有人力资源与国际先进银行的差距，更主要的是是否能够形成人才辈出、万马奔腾的人才机制，而这又是体制转换的核心内容"，从这一立意出发展开的论述，必然是一个精彩的开始。

接下来，作者以人力资源管理的再定位为入手点，直指传统人力资源管理角色定位面临的难题，从而引出新角色定位的必要性，到这里，作者并没有脱离实际，而是着重强调了角色转换坚持的原则，这是真正有过实践经验的操作者的经验之谈。而结合花旗银行的人力资源管理理念介绍，作者让读者全面认识了新角色的含义和新角色的基本活动。

　　从实际经验出发，可谓是本书的一大特色，也是本书真正值得一看的地方。作者深知管理架构的设计对于转型成功与否的关键性，因此从实操角度出发，首先介绍了人力资源管理架构的转型与设计思路，但是作者的重点仍然放在对于矩阵型管理架构设计这一实际问题的讨论，并以专题形式对业务单元模式下的人力资源管理与垂直管理下的人力资源管理加重笔墨进行了讨论，让读者在经历了对比讨论后，更加清晰明确了管理架构设计的关键。

　　对于经历过体制改革过程的作者来说，深知管理架构设计仅仅是转型的第一步，而真正实现从骨子里的转型，人力资源的各个关节都需要以新的角色定位来打通，输入战略性人力资源管理的新鲜血液，因此，作者以自己实际参与的三个项目为基础，结合自身对于实际问题的感悟和相关问题的学习成果，将本书的最主要内容一一呈现。以战略性人力资源规划为起始，将人力资源的选、用、育、考、留各个环节，从最新理念的介绍和讨论，到相关工具的使用和开发，以实际工作开展过程中的经验总结向读者展现了一个精彩的探索过程和这个艰苦的过程产生的喜人的成果，为仍在银行改革探索中的同行指明了变革的方向、变革的思路和变革路上的心得，而作者更不吝将自己辛苦思索的体验和作为执行层面的困惑提出来，给后人提供了更多参照和思考。这种勇于分享的无私和甘做铺路人的精神更是难能可贵的。

　　我与作者相识多年，我很欣赏他的勇气、创新精神以及对工作的专注态度。看了他写的这本书，更佩服他的睿智、独到的见解和认识。他刻苦的钻研精神更是值得我们专业人员学习的。我相信，杨军同志的这本书不仅是对银行人力资源管理实践的一个贡献，也是对人力资源管理理论的积淀和贡献。

前　言

　　金融体系是市场经济体系的核心。荷兰能够成为世界上的强国，荷兰人创建的世界上最发达的股票交易所和股份公司制度功不可没，英国在 18～19 世纪被美国赶超，一个重要的原因是金融体系创新落后于纽约华尔街，美国 20 世纪能够始终保持创新的活力和领先的地位，为创新提供巨额回报的金融体系成为孵化天才思想和创造梦想的摇篮。毋庸讳言，不建立高效稳健的金融体系，就不可能实现中华民族重新崛起的梦想，就不可能成为世界上真正的强国。包括银行在内的中国金融业正在改革开放的进程中快速发展壮大，快速建设国际一流的金融体系。在这一过程中，体制和人才成为最具有决定性的两个因素。这两个因素从一定意义上讲是统一的。体制问题的核心是如何能够充分调动人的积极性和创造性，无论设计和采用哪种体制，最终还是要看人的因素是否得到了尊重和发挥。人才差距不仅体现在现有人力资源与国际先进银行的差距，更主要的是是否能够形成人才辈出、万马奔腾的人才机制，而这又是体制转换的核心内容。

脱胎于计划经济的金融管理体制显然不适应市场经济体制的要求和实体经济的创新发展,以股份制改造为核心、在资本市场上市成为金融企业转换经营机制的重大举措。经过内外部的改造和努力,中国建设银行、中国工商银行、中国交通银行、中国银行先后在香港和上海成功上市,标志着中国银行业的体制转换取得了标志性进步。在这些银行重组上市的过程中,都将人力资源管理体制作为重要的改革内容,都在激励约束机制方面做了积极的探索。在这些银行改革探索的过程中,一个突出而普遍的问题是,大家都认同旧有的人力资源管理体制需要变革,但是变革的方向在哪里?如何进行变革?如何实现效率和公平的有机统一?简单照搬西方银行的管理体系显然不现实,也不可取,急刹车、急掉头的策略不适用于拥有20万~30万甚至上百万员工的国有大银行,在这场机制的调整和转换过程中,有哪些可以借鉴和依靠的"拐杖"?有哪些可以创新的方法?这些问题既是管理层思考的问题,也是执行层面困惑的问题。

回答这些问题需要智慧、经验和创新,各个银行的情况不尽相同,答案可能也不唯一。笔者曾有幸在人力资源部门工作,在工作期间,亲身经历了一些变革过程,参与了人力资源管理项目的相关工作,深切感到体制转换的复杂性和艰巨性,也激发了自己对这一生疏领域的思考。在这一学习实践过程中,有了一些感悟,工作之余将他们汇集整理,形成了本书的基本框架和内容。

在三年多的工作中,我参与了三个咨询项目。这些项目都是针对具体实践中需要解决的问题,与咨询公司合作完成的。

第一个项目是素质模型项目,这也是国内银行最早建立素质模型的探索之一。项目的主要目的是采用现代人力资源管理的理念和方法,建立管理者的素质模型,明确素质要求,为有针对性地培养和选拔人才奠定基础。在银行管理的传统标准里,也有管理人员的素质要求,比如德才兼备、又红又专等,这也能称得上是素质模型。现代人力资源管理的理论和实践中,更强调素质的行为特征和测量特征,通过对优秀管理者的行为分析,建立理想化的标杆,并建立测评的方法和工具,无疑这为人力资源管理从经验走向科学奠定了基础。通过这个项目,我对现代人力资源管理的理念和方法有了一定的认识和理解。

第二个项目是人才测评项目,主要是采用评价中心的方法对人才的素质状况进行测试和评价,明确主要的素质差距和培养重点。这是一个实践性很强的项目,很多人力资源管理的理念和工具都在这一过程中得到应用,尤其是评价中心方法,这个项目是国内系统、全面应用评价中心方法的尝试。在测试中先后采用了公文筐、无领导小组讨论、情景模拟、演讲等多种方法,还采用一些思维测试、心理测试的工具,测试的人才样本有200多人,测试工作基本上得到了认可,取得了较好的效果。

第三个项目是以岗位管理为基础的人力资源管理咨询项目,涉及绩效、薪酬、培训等内容,我参与较多的是岗位管理的内容。在探索这一复杂领域的过程中,我深切体会到了岗位管理问题的难度,也比较全面了解了现代人力资源管理的整体架构和理论体系,岗位—绩效—薪酬的框架是合理的,有扎实的理论基础,也为建立科学的人力资源管理体系提供了一种客观选择。本书的很多篇章来自于该项目开展过程中的心得体会。

人力资源管理对于我而言,是个陌生的领域,在工作过程中学习参考了很多专家的书籍、论文,在编写本书的过程中,又阅读借鉴了很多文献,有的已经明确标注,有的因为资料散失,未能标明出处,在此向所有提到和未提到的人力资源专家致谢。本书得以出版,得益于中国财政经济出版社张立宪副总编辑、卢关平先生的鼎立支持，感谢杨东星多年的友谊与合作。感谢孙俪铭美编为本书的精心设计。感谢人民大学曾湘泉教授亲自为本书作序，李海峥、郑伟、苏永华等专家为本书所做的评价。在工作的过程中，得到了中国建设银行人力资源部部领导和同事的指导和帮助，从与合益公司的陈玮总经理、美世公司的郑伟总经理、林磊女士、夏勇先生、杲昱女士以及苏永华博士、彭平根先生的合作中获益良多。感谢在项目开展过程中，占卫华、郭菲、张逸华、黄美忠、杨知非、刘东杰、张钢、严志勇、于敬一、黄有纲、孙龙才、朱震、戚蓉蓉、张成露、熊枫、陈余玮、孙继峰等付出的辛勤汗水和智慧，本书很多内容都有他们的直接贡献。中国建设银行山东省分行、重庆市分行、大连市分行等分行的多位领导同事给与了很大的支持，在此一并致谢。

把这本薄薄的小册子，献给养育我的爷爷、奶奶和父母，没有他们几十年如一日的养育和教诲，我断不会有进步和长进。献给我的岳母和妻子胡萍，她们承担了繁重的家务，给与我大力的支持和细腻的关切！人生如白驹过隙，转眼间女儿已经上小学了，自己上小学的情景还清晰可见，不由让人心生感叹。看到女儿的成长，内心无限欣慰，但又有了一丝惶恐。孩子在背诵"一日复一日，一朝复一朝，只见有不如，不见有所超"，琅琅童声，直觉时光飞逝、岁月蹉跎。愿以这薄薄的小册子，记录下自己的一些思考，以期对同样的探索者有所帮助，不当之处请批评指正。

作　者
2008 年 5 月 26 日于北京

目 录

第一章 人力资源管理角色的再定位 …………………（ 1 ）

- 一、传统人力资源部门的角色 …………………（ 1 ）
- 二、人力资源管理环境的变化 …………………（ 3 ）
- 三、人力资源管理面临的难题 …………………（ 4 ）
- 四、人力资源管理的新角色 ……………………（ 6 ）
- 五、角色转换中应该坚持的原则 ………………（ 8 ）
- 六、角色定位转换中倡导的理念 ………………（ 9 ）
- 七、人力资源管理的基本活动 …………………（ 11 ）

第二章 人力资源管理架构的转型与设计 ……………（ 18 ）

- 一、设计管理架构的侧重点 ……………………（ 18 ）
- 二、管理架构的设计思路 ………………………（ 19 ）
- 三、矩阵型的管理架构 …………………………（ 21 ）

第三章 战略性人力资源规划 …………………………（43）
一、人力资源规划的内容 …………………………………（44）
二、人力资源规划面临的困境 ……………………………（45）
三、强调人力资源规划的现实背景与意义 ………………（46）
四、制定人力资源规划的一般步骤 ………………………（47）
五、人力资源规划的工具 …………………………………（53）
六、在制定人力资源规划过程中要考虑的关系 …………（69）

第四章 人力资源管理的基础——岗位和职务 …………（74）
一、商业银行的岗位规范 …………………………………（76）
二、岗位分析 ………………………………………………（80）
三、信息收集 ………………………………………………（81）
四、职责澄清 ………………………………………………（82）
五、绩效指标与任职条件 …………………………………（83）
六、职务 ……………………………………………………（84）
七、因人设岗与因事设岗 …………………………………（87）
八、专业技术岗位 …………………………………………（88）

第五章 人力资源管理的难点突破——岗位评估 ………（92）
一、要素评分法举例 ………………………………………（93）
二、M公司评估方法详细介绍 ……………………………（94）
三、岗位评估的方式 ………………………………………（98）
四、评估会议的组织 ………………………………………（99）
五、岗位评估结果的整理与反馈 …………………………（100）
六、岗位评估在实施中的难点 ……………………………（102）

第六章 人才选拔培养的标准——素质模型 (104)

一、素质模型的基本内涵 (105)

二、素质模型在银行战略实施中的作用 (107)

三、建立素质模型的方法 (110)

四、行为事件访谈法操作详解 (113)

五、银行管理人员素质模型示例 (116)

第七章 选拔人才的方法工具——素质测评 (130)

一、中国传统的识人术 (130)

二、素质测评的基本概念 (131)

三、素质测评的主要技术和方法概述 (132)

四、应用评价中心法的方法和技巧 (140)

五、素质测评报告示例 (157)

六、素质测评应该注意的问题 (162)

第八章 人力资源管理的明珠——绩效管理 (165)

一、为什么要进行绩效管理 (165)

二、考核与绩效管理的区别 (166)

三、绩效管理的四个环节 (171)

四、绩效管理的示例（综合管理部门指标的设置） (186)

五、绩效合同模板 (191)

六、绩效管理中应该重点关注的问题 (195)

第九章 激励与约束有效平衡的薪酬体系 (197)

一、薪酬的概念 (197)

二、薪酬的经济学解释 (199)

三、银行薪酬管理的历史回顾 …………………………（202）
四、薪酬策略和理念 ………………………………………（204）
五、员工薪酬的确定 ………………………………………（207）
六、岗位间的薪酬关系描述 ………………………………（212）
七、长期激励计划 …………………………………………（214）
八、旅行奖励 ………………………………………………（216）
九、长期激励计划的设计 …………………………………（216）

第十章 平衡和谐的员工关系 …………………………（222）

一、用工制度的变化 ………………………………………（222）
二、劳动关系和劳务关系的区别 …………………………（223）
三、劳动合同的解除和减员增效 …………………………（225）
四、社会保险 ………………………………………………（227）
五、员工满意度管理 ………………………………………（229）
六、员工援助计划（EAP） ………………………………（232）

第十一章 人力资本开发与管理 …………………………（237）

一、核心能力与知识资本 …………………………………（237）
二、知识资本的构成 ………………………………………（238）
三、人力资本与组织资本的关系 …………………………（240）
四、人力资本管理与人才培养 ……………………………（245）
五、基于战略和能力开发培训课程 ………………………（251）
六、职业生涯规划 …………………………………………（256）
七、人才培养的组织管理 …………………………………（274）
八、提升人才培养的供给能力 ……………………………（275）

第十二章　培养持续性的卓越领导力 …………………（289）
　　一、领导力开发的基本方法 ………………………（290）
　　二、领导力开发系统的设计与实施 ………………（292）
　　三、领导力项目开发 ………………………………（296）
　　四、继任者计划 ……………………………………（297）

参考文献 ………………………………………………（313）

第一章
人力资源管理角色的再定位

一、传统人力资源部门的角色

中国银行业的发展经历了三个大的阶段,第一个阶段是计划经济阶段。1978年改革开放以前,银行只有一家,即中国人民银行,它既是中央银行,发行货币,又是商业银行,办理存款、贷款和结算业务,在整个社会机器中间,银行被看作是一个政府部门,完全按照管理政府部门的方式管理银行。按照马克思主义经济理论,银行并不直接创造价值,银行在整个国家经济体系中的地位也不高,低于工业、农业等直接创造价值的行业。第二个阶段是专业银行阶段。从1978年开始,国家先后组建了中国工商银行、中国建设银行、中国农业银行、中国银行等专业银行,中央银行和专业银行职能开始分离,在这个时期,这些银行还是国家的事业单位。第三个阶段是商业银行时期。1995年国家颁布了《中华人民共和国商业银行法》(以下简称《商业银行法》),国有银行开始从专业银行向商业银行转轨,大型银行通过不良贷款剥离、财务重组、股份制改造、上市等一系列改革,成为公开上市的公司。

在前两个阶段,按照政府部门的方式管理自己的员工,成为银行自然而然的惟一选择。这种局面一直持续到20世纪90年代末，在几十年的时间里，银行的人力资源管理被称为人事管理，履行人力资源管理职责的部门被称为"人事部"，有的称为"人事教育部"。在很长的时间里，人事部在员工的眼中是多少带有严肃色彩的"部门"，人事部是组织的代表和化身，到人事部办理业务是一件"严肃"的事情，政策规定来不得丝毫马虎。在银行的组织架构里面，人事部是核心部门，因为员工的进入、分配、升迁、工资、退休等等涉及员工个人利益的一切活动，几乎都是人事部负责。这时的人力资源部体现的角色和定位可以概括如下：

1. 人力资源部门是一个有资源配置权力的部门。传统意义上讲，权力主要集中在人、财、物三个方面，上述三个方面的配置权成为权力的核心内容。人力资源部门负责人员的录用、工作的分配、职务的晋升、培训的组织、档案的管理等多项职责，在集中管理的基本原则下，人力资源部门拥有权威地位，这种资源配置的权力在银行的经营管理中起着核心作用。

2. 人力资源部门是一个让员工有距离感的部门。在计划经济时代，银行负责员工的生老病死，从另外一个方面讲，员工也属于银行，人力资源部门负责管理员工，员工与人力资源部门产生距离感也就在情理之中了。

3. 人力资源部门是培养领导干部的部门。人力资源部门员工参与干部的选拔任用工作，耳闻目睹优秀人才的成功经验，自我在潜移默化中可以学到很多东西，有利于人力资源部门员工的成长和发展。

4. 人力资源部是一个需要很强适应能力的部门。在很多国有的机构中，管理者经常会发生变动，不同管理者的管理风格和思路往往差异很大，前后的变化也会很大，这时候，类似人力资源部、计划财务部等资源配置部门,就需要尽快调整管理思路和方法,适应新的管理方式的需要,困难之处在于,现有的管理方式往往是这些部门建立起来的,一经有了管理惯性,自己改变自己很难,因此,人力资源部门是一个需要很高适应能力的部门。

■ 二、人力资源管理环境的变化

随着国有商业银行的股份制改造,商业银行的经营理念也开始发生变化,人力资源部门渐渐从管理部门向服务部门转变,从资源配置部门向资源支持部门转变,从以事为中心向以人为中心转变,而这种转变的背后折射出了社会的重大变迁。

1. 整个社会正在努力构建统一、自由的劳动力市场。在计划经济年代,劳动力流动被各种管理制度束缚,自由迁徙是一种遥不可攀的奢望,除非组织的安排,个人的每一项自由选择都很难进行,小到采购物品、办理业务,大到结婚登记、就业工作,都要有组织的证明。但随着改革开放,劳动力在全国范围内的流动日益普遍,原来加在劳动力身上的政策规定被逐步解除。比如档案管理逐渐社会化,原来处处要档案,没有一个地方存放档案,就不能实现人员调转。再比如,个人权利与单位脱钩,结婚不要单位证明了,考学不要单位证明了,员工与单位之间的关系弱化。这些都为劳动力自由流动奠定了基础。人力资源部门承担的社会性职责在减少,员工与人力资源部门之间的关系越来越市场化,人力资源部门的距离感逐步降低。

2. 国有商业银行追求效益的目标导向使员工的价值理念发生变化。在价值最大化的目标导向下,直接创造价值的部门和岗位在薪酬和发展机遇方面逐渐占据优势,很多员工更愿意在这些部门工作。

3. 银行业正在形成劳动力市场，有专业技能和经验的员工在市场上的竞争力明显增加，实现个人价值的机会明显增多。比如在很多地方，中小银行成立时都到大银行挖人才，挖的对象都是客户经理、有专长的管理人才和专业人才等，专业人员的价值得到社会认可，大家更愿意在专业性部门和岗位工作。

4. 人力资源管理的大一统模式逐渐被打破。在传统模式下，人力资源管理的所有事项都由人力资源部门负责，从普通员工的招聘、任何一名员工的岗位变化、任何一级职务的变迁、任何一个人的工资奖金等等都由人力资源部门负责。但是，在一家商业化的银行里面，各管理层次和管理部门都在要求责权利的匹配，大一统模式在市场化的背景下渐渐被打破。业务单元、业务条线都在一定程度上获得了人力资源管理授权。

所有这些，都预示着人力资源管理的外部环境发生了很大变化，变革成为一种趋势和必然，"To be, or not to be, is a problem!"。

三、人力资源管理面临的难题

人力资源管理工作受外部的影响和制约很大，内部业务发展对人力资源管理不断提出新的要求，人力资源部可以说是一个坐在火山口上的部门，从日常表象上看，人力资源管理中经常遇到的难题是：

1. 急速增长的员工需求与可供应员工之间的供需矛盾日益突出。在员工总量不断减少、业务量不断增加的背景下，总行本部、一级分行本部、基层行都在喊缺人，尤其是特定岗位人才的缺乏、流失，使人力资源部门经常捉襟见肘。从专业银行向商业银行转轨开始，面对庞大的人员总量，几乎所有大银行都提出了员工零增长的政策要求，每年只从大学招聘2 000～3 000名左右的大学生作为员工补充，这些员工大部分工作在总行和一级分行，基层行每年顶多新增1～2名学生，很多基层行员工队伍普遍老化，人员结构日趋不合理，基层行提高员工素质、调整员工队伍结构与减员分流、严格控制人员增长之间的供需矛盾日益突出。

2. 员工的发展需求与管理人员队伍不断膨胀的供需矛盾日益突出。青年员工要发展，职务提升是重要标志，而大银行已经进入了相对稳定的发展时期，各个部门和分支机构的管理岗位职数已经基本配齐，需求与供给，两者之间的矛盾已经越来越突出。

3. 分配上的平均主义和员工总量规模的庞大使薪酬资源捉襟见肘。银行业是一个劳动力密集的行业，国内银行业的从业人数规模非常庞大，四大国有商业银行改革以前，总的员工人数大约200万人，近几年，尽管努力减员增效，但总的员工人数仍然有100多万人，庞大的用工总量使工资成本居高不下，而且社会保障体系的建立和生活成本的提高，使总的工资成本快速增长。与中小型银行、外资银行相比，大银行的收入水平相对较低，一些关键岗位的核心人才，因为薪酬等方面的原因，流失情况比较严重。各家银行增加人力费用的需求很旺，而可用资源相对有限，两者不平衡问题日益明显。

三个问题是表象，在三个问题的背后，则是人力资源管理体系和机制的不足，简单讲是"四重四轻"：

第一，重日常操作轻战略规划。人力资源工作比较注重人力资源事务职能的发挥，大量的精力花在人员选聘、关系办理、考察备案、薪酬发放等事项，战略角色没有充分表现；人员队伍规划性不强，个人职业生涯规划更谈不上；人力资源管理与战略实现的联系度没有得到充分体现。

第二，重人员管理轻岗位管理。缺乏比较系统完整的岗位管理体系、岗位设置、岗位职责、岗位要求、岗位考核等等比较模糊，导致人力资源管理的基础比较薄弱。

第三，重选拔使用轻培养开发。很多人认为人力资源管理就是提拔人，往往忽视了人才的提前、主动、系统的培养与开发；缺乏能力管理体系，能力管理的理念没有得到统一认识，不同岗位的能力标准没有建立，没有做到根据能力实现人与岗位的匹配，更谈不上针对岗位和个人能力差距进行培养和开发。

第四，重薪酬提高轻激励分配。分配仍然具有较重的平均主义倾向、与级别挂钩倾向，没有很好体现绩效作用。缺乏绩效管理体系，没有能够根据全行的业务发展战略建立实现战略的每个人、每个岗位的绩效考核机制。

■ 四、人力资源管理的新角色

显然，面临上述挑战，解决上述问题，需要对人力资源部门的角色和定位进行重新设计和构造。研究新定位的一个参考就是看看市场化环境下商业银行的做法。当前银行人力资源部门的角色和定位与现代商业银行人力资源部门的角色和定位相差很大，现代银行一般认为人力资源部门有四大角色：第一，战略合作伙伴，也就是成为企业战略的谋划成员，联想的柳传志说企业最高领导的职责就是"搭班子、定战略、出主意"，可见人力资源部门要成为战略成员，必须成为企业最高决策人的左膀右臂。在这一点上，国内外银行的做法与认识都是一致的。第二，员工的代言人，成为员工利益的忠实代表，这一点与现在的情况差别较大，人力资源部门需要从管理的理念转变为服务的理念，才可能成为员工的代言人。第三，人力资源管理顾问，也就是能够为各个部门、子公司、分公司、事业部的人力资源管理提供理念、技术、工具方面的服务，人力资源部从具体的事务性操作中解脱出来,在更有专业性的地方发挥作用。第四,成为变革的推动者,人力资源部门要不断创新、推动创新,为创新创造条件,这与现在人力资源管理的角色差异较大,在人们的印象中,人力资源部门是传统的、保守的、谨慎的,要推动改革创新,需要文化、理念等深层次的变革与转换。

根据上述四个方面的内容,在转型阶段,可以从以下方面入手,强化以下职责:

1. 战略的谋划者。人力资源管理要能够从宏观的战略高度去观察事物、思考问题,为企业高层领导提供具有参考价值的重要意见和建议,为全行战略的推进和实施创造条件、提供保证。

2. 政策的制定者。人力资源部门要在现有基础上,建立系统、规范、科学、统一的覆盖招聘、配置、选拔任用、流动、薪酬、绩效、考核等人力资源管理核心环节的制度体系,并对各条线、部门学习政策、执行政策进行指导、帮助和监督。

3. 变革的推动者。人力资源管理不仅要主动变革,推进改革,而且要积极倡导创新文化,引导员工积极参与新知识的学习和研讨,激发每一个员工、每一个岗位的变革创造。

4. 人力资源管理基础设施的建设者。人力资源部门要进一步完善人力资源管理的信息系统,提升人力资源管理的科技水平,要进一步建立人力资源开发的软硬件环境,充分满足业务和员工发展的培养需求。

5. 核心队伍的管理者。人力资源部门要将关键岗位核心人才队伍的建设作为工作的重中之重,全面提升管理团队的驾驭能力,充实关键领域的紧缺专业人才,为战略目标实现提供支撑。

6. 人力资源管理的培训者。人力资源管理不单是人力资源部门的职责,更是员工所在部门所在岗位的职责。人力资源部门要引导、强化、落实部门在人力资源管理中的角色意识和责任意识,提高部门掌握人力资源管理的知识和技能。

五、角色转换中应该坚持的原则

1. 战略导向。人力资源管理的使命是通过人与岗位的优化组合实现银行的战略目标，员工的选聘、配置、薪酬、发展都要围绕银行的价值创造，服务于银行的发展战略，服务于银行的业务需求，服务于人力资源的保值升值。

2. 以人为本。银行要充分考虑员工在精神和物质方面的追求，为每一位员工的发展创造条件。人才资源是第一资源，缺乏卓越的人才就难以成为卓越的银行，努力将人力资源转化为银行发展的核心竞争优势。

3. 合理授权。人力资源管理的各项活动要纳入整体的授权体系，并且有明确的责任要求，分级管理，努力实现授权与责任的平衡。

4. 市场化。人力资源的培养、评价、选拔、使用、流动、配置和激励等各个环节都要充分发挥市场的作用，遵循价值规律和供求法则。

5. 依法合规。员工和企业的关系是一种契约关系，人力资源管理必须依法合规，不仅从字面上，更要从实质上遵循相关的法律、规章和职业道德，健康持续的成功有赖于坚定地遵守这一原则，否则将会付出高昂的代价。

6. 变革创新。人力资源管理面对新课题，只有变革创新，只有主动地变革创新，运用适用的方法和技术，才能找到解决问题的可行性方案。要积极倡导创新文化，激发每一位员工的创造。

7. 业绩标准。不断创造价值的业绩是评价人力资源管理的标准,也是人力资源各项工作的基本依据。

8. 激励约束平衡。既要有效地激励,又要有力地约束,实现员工价值与企业价值的有机统一。银行风险暴露滞后的特点要求对人力资源的管理要充分考虑时间因素的影响,实现长期激励与长期约束的统一。

9. 竞争择优。人力资源的配置要与岗位要求相适应,按照规范的程序,通过公平的竞争程序发现优秀人才,在银行内部统一调配,实现人尽其才。

10. 公道正派。人力资源管理者无论在工作上还是在个人生活上都要保持高度的道德水准,正确对待学习,正确对待自己,正确对待员工,正确对待名利,做到对己清正,对人公正,对内严格,对外平等。

■ 六、角色定位转换中倡导的理念

1. 择业自由,用人自主。在实行全员劳动合同制的前提下,员工择业自由,但不得违反公司利益、国家劳动政策法规以及合同特别规定的有关内容。

鼓励认真负责、管理有效的员工能长期在银行服务,但不排除对犯有严重过失者强行辞退,以及因公司效益问题导致经济性裁员。

2. 竞争择优,人尽其才。品德、能力、知识和经验是招聘员工的主要依据。无论何种岗位和职务,个人品德将是首先考虑的因素,能力是选聘管理人员时的绝对依据,知识是必备条件,但不追求高学历化,经验有助于员工尽快适应工作,但潜力更为关键。

银行鼓励员工通过努力工作,在实践中积累才能和经验,获得职务和任职资格上的晋升。推行公平竞争机制，按公司组织目标与事业成长的要求，依据制度性甄别程序选拔人才，让最明白的人管最明白的事，最有责任心的人将承担最大的责任，对有突出才干或突出贡献者实行破格提拔。

3. 分级管理，有效授权。人力资源管理是全体管理者的重要职责，各级管理者有责任和义务记录、掌握、指导、支持、协调、评价、约束和激励下属人员，帮助下属人员尽快成长。下属人员才干的发挥和整体素质的提高程度，将是决定管理者职务升迁和人事待遇的重要参考因素。

人力资源管理的各项活动要纳入整体的授权体系，并且有明确的责任要求，要努力实现授权与责任的平衡。根据管理汇报路线履行人力资源管理的各项职责。

4. 战略导向，突出业绩。人力资源管理的使命是通过人与岗位的优化组合实现银行的战略目标，员工的选聘、配置、薪酬、发展都要围绕银行的价值创造，服务于银行的发展战略，服务于银行的业务需求，服务于人力资源的保值升值。

不断创造价值的业绩是评价人力资源管理的标准，也是人力资源各项工作的基本依据。定期对员工进行考核，考核结果将和员工薪资调整及职务升迁直接挂钩或作为重要参考依据。在条件成熟时，应不定期地对管理人员和技术人员进行适应性评价和潜能测量，为公司人力资源开发和各级主管履行人力资源管理责任提供参考信息。对不加强自我学习和发展，能力及学识明显落后于岗位及银行发展的要求者，予以降级、换岗，乃至淘汰。

5. 激励有力，约束有效。既要有效地激励，又要有力地约束，实现员工价值与企业价值的有机统一。银行风险暴露滞后的特点要求对人力资源的管理要充分考虑时间因素的影响，实现长期激励与长期约束的统一。根据个人贡献、工作态度、承担责任，并充分参照考核结果对工资及奖金进行分配,合理拉大差距,增加上升空间。为员工办理各项社会保险,尽最大可能解除员工后顾之忧。银行加强员工专业技术及管理技能培训,鼓励员工利用业余时间自我学习,争取让员工在整体素质上获得全面提高。

七、人力资源管理的基本活动

根据上述原则,人力资源管理可以分为12项职责:规划、岗位、招聘、配置、选拔任用、绩效、薪酬、培养与发展、员工关系管理、信息管理、顾问服务、业务操作。

顾问服务是人力资源部门服务其他部门的窗口,主要职责是了解各个部门的需求,帮助指导各个部门开展人力资源管理工作,解释人力资源管理的各项政策。

业务操作是集中统一办理各项人力资源操作事项的平台和中心,主要包括关系登记、行政关系、政审、组织关系、薪酬发放、劳动合同等等。

岗位,或者称之为组织发展(Organization development),主要是按照银行的发展战略,对企业的组织架构进行分析,及时进行调整,合理划分银行的岗位类别,对岗位进行分析和评价,确定岗位的主要职责、能力要求和绩效指标。

规划,是指对各类人才的需求进行分析,提出人才的补充、调整、退出的战略性安排,并在具体的年度中进行落实。

招聘,包括内部招聘和外部招聘,根据岗位需求,发布招聘信息,对应聘者进行遴选,并安排到合适的岗位上。

配置是企业根据需要主动进行人力资源的调整,充分发挥每个人的积极性、潜力,用人所长、避人所短,以达成银行的战略目标。

选拔任用，从广义上讲，属于人力资源配置的一种，这里之所以单独强调是因为在国有商业银行的实际运作中间，必须按照一定的干部管理政策和制度来操作，这包括选拔任用干部要进行民主推荐、要进行考察、要通过党委审议、要进行公示等等，与一般员工的配置有很大的不同。

绩效，是设定员工的工作目标和标准、对员工的工作进行评价、对员工进行反馈、根据绩效确定员工的薪酬、提出员工下一阶段努力方向的整体系统和循环流程。

薪酬，是公司提供给员工的报酬，一般包括工资（固定工资）、奖金（浮动工资）、福利等。

培养与发展，是公司根据企业发展战略目标、员工自身成长需求而采取的针对性措施。基于战略和能力是当前培养与发展的重点和方向。

员工关系管理，是对公司与员工之间契约关系的管理，主要包括劳动合同的签订、劳动争议的协调和处理。

信息管理，是对人力资源管理的各种信息进行整理、存储、分析、发布。在国有商业银行的人力资源信息中，人事档案是其中一个非常重要的方面。

上述方面，是人力资源管理的基本职能（见专栏1-1）。

专栏1-1　花旗银行的人力资源管理理念

花旗银行的历史。花旗银行成立于1812年，始终奉行开拓创新的发展战略，历经两个世纪的潜心开拓，已成为当今世界规模最大、声誉最响的全能金融集团。1998年4月和旅行者集团合并后，到2001年底，花旗集团共有26.8万员工，全年总收益达836.25亿美元，三年多的时间，总资产从合并之初的6 670亿

续

美元成长为10 514.5亿美元,年均递增16.39%,税后净利润从58.07亿美元增长到145.69亿美元,年均递增35.88%。

花旗银行秉承"金融服务企业"意识,在经营定位上始终奉行"客户至上",在经营理念上力创"AAA"银行(即银行及其客户服务网络必须能够在任何时候Anytime、任何地方Anywhere、以任何方式Anyhow为客户提供服务),将Citibank构建为全球卓越品牌,它曾经宣称:花旗银行不想在任何方面都成为世界最大的银行,它只想在客户所在领域成为最佳的选择银行。花旗集团具有自身鲜明的特征:(1)努力追求成长,以取得两位数的平均盈利成长为目标(不考虑购并因素);(2)以全球化为取向,但深深植根于业务所在的每一个当地市场;(3)分散盈利来源,即使在市场状况困难时也可获得丰厚利润;(4)将资本投入盈利率较高的业务,每项业务均能独立取得盈利丰厚的成长;(5)严格遵循财务规则,保持雄厚的财务实力,以便承受与回报相当的风险,把握有利可图的机会;(6)严密监控管理成本,同时审慎投资于集团的基本设施,精打细算,杜绝浪费;(7)注重技术创新,使多个平台紧密协同,向客户提供物超所值的服务。

花旗期望获得以下好名声:(1)恪守最高的道德标准和操守原则,于日常细微处赢得客户信任,言出必行;(2)在全球理财服务业名列前茅,每一项主要业务均占据市场领导地位,跻身于世界最佳公司之列;(3)做到两个"首选":最佳人才首选花旗集团为之效力,客户首选花旗集团作为其业务合作伙伴;(4)以客户为中心,提供无与伦比的服务,确保本集团兴旺发达、长久不衰;(5)公信力强,言行一致,业绩报告准确客观;

续

(6) 致力于社区服务，在业务所及的全球各地均发挥社区领导作用，让每个社区都因花旗的存在而受益。花旗在所有地区都遵守同样的高道德标准，公平贷款，公平提供金融服务，尊重客户隐私，录用多样化的员工，充分认识当地文化，对环境保持高度敏感性。作为一家高度本地化的国际企业，花旗集团希望延伸自身的资源，从而使更多的人受益。花旗集团认为，除了对员工、客户、股东、社会的"不断改进，不断进步"的承诺之外，花旗没有其他选择。花旗坚信，以自身现有的优势、资源、全球地位和领先的产品，花旗能以无与伦比的能力，去满足客户需求，使员工获得成就感，使股东获得稳定的高回报，从而使银行持续保持其领先地位。

花旗集团希望能成为金融服务的领导者，在每项主要业务上都要能够取得市场领导者地位。那么，其实力和影响力从何而来？与花旗同在一块土地上，同处一个时代，同在一样的社会经济环境和法律框架内的商业银行在美国有上万家，花旗何以能脱颖而出？很关键的一条就是"人"，花旗银行一直认为人才、技术和风险管理是保持自身领先地位的关键。

在和旅行者集团合并前，花旗银行的国际战略是："以网络为依托，以信用卡业务、外汇业务为重心，大力发展零售性和消费性金融业务，抓住东道国优势企业和20%的高收入阶层"。合并之后，花旗集团将全部业务分为四大块：消费金融业务、新兴市场、公司业务与投资银行业务、全球投资管理与私人银行业务；其战略定位为："以商业银行业务为基础，通过网络大力扩展投资银行业务和保险、基金业务，支持各产业部门发展，以求推动社区进步和经济变革"。其营销策略坚持"两个凡是"：凡是有利可赚的地方就要进去；凡是进去了的地方，就要做到最好。

续

　　围绕其战略目标的实现，花旗银行（集团）发展了一系列人力资源管理策略。其中员工哲学是其人力资源管理的核心。

　　员工哲学又称员工观、员工管理哲学，是解决"怎么看待自己的员工"这一人力资源管理的根本问题，也是其他一切人力资源管理政策和措施的出发点，有没有自己的员工哲学是判断一个企业和组织人力资源管理成熟程度的一个根本性标志。在任何企业里，管理层的"员工观"决定了企业对待员工的态度和方式，而企业对待员工的态度和方式又决定了员工对待企业的态度和方式，后者在一定程度上就决定了企业的命运。花旗银行建立以来长期秉承"不断创新，因为开心"的企业精神，信奉"没有快乐的员工就不会有满意度高的员工，就无法提供令客户满意的服务。把员工看成上帝，员工才会把顾客看作上帝"的员工哲学，其所有人力资源管理活动均围绕此展开。从花旗银行的这种员工哲学可以看出，它从根本上实践了"以人为本"的理念。

　　花旗每年年报的首页都会有一个专门部分，叫"花旗所看重的员工"，就集中体现了其员工哲学。花旗认为自己所看重的员工：(1) 以公司为自己的事业。相互关心，关心产品和服务品质，最重要的是关心自己为客户和股东提供的价值。(2) 工作态度严谨认真，坚持不懈地为客户和股东提供卓越服务。(3) 注重团队合作，消除门户之见。(4) 以身作则，认可他人的成功，对失败承担个人责任。(5) 有紧迫感，精神振奋，开诚布公，有洞察力，勇于创新，善于应对变化，挑战竞争的环境。(6) 能力超群，凡事力争卓越。花旗一直把员工作为自己取得成功的最关键因素，在银行要处理好的员工、客户、股东三

续

者之间的关系中,花旗一直都把"员工"摆在第一位。花旗认为,无论是过去、现在还是将来,无论对客户而言还是对股东而言,员工都是银行最重要的资产。花旗力求做到,无论是文化氛围、工作满意度还是机会与福利都要足够好,好得足以吸引并留住全世界最杰出的人才,并积极创造一个尊重个人,把官僚主义压缩到最低限度的工作环境。花旗还努力将员工的个人利益和银行利益结合起来,为此,花旗设计了多种股权计划,让员工直接持有银行股票,到2001年底,已有2/3以上员工直接持有银行股票,花旗的目标是将这一比例迅速提高到100%。目前,花旗的员工,通过股票期权计划、限制性股票计划、股票购买计划等形式,直接持有花旗集团4.5亿股普通股,花旗把这种做法看作是花旗集团取得成功的重要原因之一,当员工像业主一样思考和行动时,当他们的利益与银行利益联系得更紧密时,公司所取得的效果无疑就会更好。

花旗银行很早就实现了全球化,在业务与机构全球化的同时,在员工的引进、培养、使用上,也鼓励多元化,奉行四海一家的企业文化,并视其为花旗集团全球化的基础。花旗要求其员工具有时代感、紧迫感、激情、诚恳、敏锐的洞察力、丰富的想像力、不竭的创造力、以身作则,推功揽过,在经常变化、面临挑战和激烈竞争的环境中愈战愈勇。花旗的领导人一直都以拥有这样一支优秀的员工队伍而自豪。

花旗相信,当它对员工给予了足够的尊重、处处将员工放在首位时,它的员工也会将客户放在第一位,通过他们卓越的工作为客户提供优质服务,为客户也为银行创造出最佳效益。

仅举一例以说明花旗是如何看待自己的员工的。9·11事件

续

对美国人的打击是非常大的,在事件中,花旗失去了6位员工(当时的花旗集团共有26.8万名员工)。事发后,花旗不仅给其家属极大的安慰,还特别决定,将公司2002年的年报作为对这6位员工的纪念专刊,在主席的年报致辞中,特别提出悼念,在年报的封三,专门列出了这些员工的姓名以示纪念。

花旗还注重建设良好的工作环境:(1)反对官僚作风,鼓励企业精神,通过"开门"式管理简化决策程序;(2)倡导多元化,特别着眼于花旗集团的全球性特质;(3)员工所想所为皆采取主人的态度,因为他们就是主人;(4)容许出错、承认错误、纠正错误,以免成为难以解决的问题;(5)唯才是用,不论资排辈,根据员工个人职权范围内的业绩给予奖赏;(6)相互尊重,以礼相待;(7)让员工真正感觉到:无论企业发展到多大,他们每个人都能发挥作用。

总之,花旗人力资源管理哲学和实践给人的感觉是"润物细无声"的,已达到了很高的管理境界。正如有人所言:严谨而复杂的人力资源管理制度只有少数人能详尽道来,但最终留给大多数员工的也许就是一种工作感觉——被关怀与被尊重。

 第二章

人力资源管理架构的转型与设计

一、设计管理架构的侧重点

要实现人力资源部门的职能转换,必须对原有的人力资源管理部门的组织机构进行重新设计,对人力资源管理的流程进行重新梳理,对人力资源管理员工提出新的素质要求,只有这样,才能确保人力资源管理职能的成功转型。

在设计人力资源部门的架构时,要把握几个环节:

1. 要提高人力资源管理的专业性。人力资源管理是一门学科,专业性很强,在国内外大学里都有专门的系或专业,国内专门有人力资源师的专业技术资格系列,但是,在目前国内银行的人力资源管理中间,还缺乏对人力资源管理专业性的认识,还缺乏一批受到专业训练、有专业素质的从业人员,更为严重的是,当人力资源管理局限于日常事务、有技术含量的人力资源管理领域还是空白的时候,人力资源管理的专业性很难得到充分体现。

2. 要体现服务和经营导向。人力资源管理的价值是在其他部门认可的基础上实现的。有的人会说,人力资源是有限的,各个部门的需求得不到满足,人力资源部门与其他部门是一对天生的矛

盾，怎么可能让其他部门满意呢？这种看法本身只看到了问题的一面，问题的另外一面在于如果人力资源管理工作长期得不到部门认可，说明了人力资源管理工作存在问题，忽视这些问题无助于问题的解决，也不可能提高人力资源管理水平。

3. 要重点提高薄弱环节的管理能力。当前国有银行人力资源管理的薄弱能力在于人力资源管理的变革能力，薄弱环节在于绩效管理、能力管理和规划管理。绩效管理的缺乏，使人力资源管理与战略目标的实现之间缺乏清晰的联系，使整个人力资源管理缺乏枢纽。能力管理的缺乏，使员工的职业生涯长远规划得不到保障，员工发展的基础缺失。规划管理的缺乏，使人力资源管理处于只见树木、不见森林的阶段。

二、管理架构的设计思路

在设计具体的人力资源部门的功能模块时，要体现上述职责，具体的设计方式有如下几种思路：

1. 面向客户的流程设计。这种设计方法是将人力资源管理工作看成是服务其他部门的过程，要服务好其他部门，就要有服务客户的窗口（前台）、设计服务产品的部门（中台）、支持保障服务功能的部门（后台）。具体到国有商业银行而言，前台可以按照业务条线设置人力资源管理模块，具体模块的划分可粗可细，可以设一个模块，也可以设3~5个模块，比如，美国某大型银行在分管人力资源副行长下面，设置了公司业务人力资源总经理、个人业务人力资源总经理、投资业务人力资源总经理、战略规划人力资源总经理、薪酬福利总经理、领导力发展总经理，这种组织架构充分体现了业务单元（事业部）管理的特色。另外一种按照客户设置组织架构的方案是前台部门按照人员进行分类，比如可以分为管理人员、专业技术人员、普通员工三类。

按照业务单元或者区域设置管理结构,可以保持操作的一致性,更好地体现客户导向。

2. 面向功能实现的组织设计。这种模式下是将人力资源管理的各个职责归纳成若干个板块,对每一个板块成立相应的中心,比如将上一章讲述的职责可以划分为机构岗位中心、招聘配置中心、选拔任用中心、薪酬绩效中心、培养发展中心、员工管理中心,每一个中心都负责从规划、政策制度到操作的全部工作(见图2-1)。

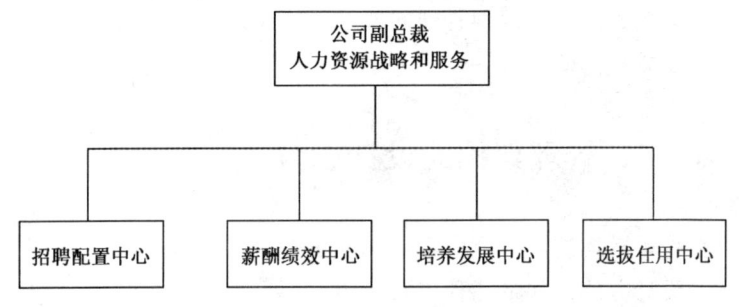

图2-1 面向功能实现的组织设计图

按照职能设计人力资源部门结构是一种传统安排,每一层级管理者对人力资源管理战略和操作都有重要职责,组织架构按照技术特长进行划分,可以从工作的专业分工中获得高效率。

3. 咨询与服务共享模式的结构设计。人力资源管理职能中分成两部分:一部分是管理服务职能;另一部分是战略和咨询设计服务职能。管理服务职能进行集中,作为员工与人力资源管理部门之间的基本平台和界面(见图2-2)。

在集团企业中间,人力资源管理有两种取向,一种是集中管理;另一种是分散管理。集中管理模式是将人力资源管理工作集中在总部,从政策制度,到实施操作,都由总部负责,具体到分公司

第二章 人力资源管理架构的转型与设计

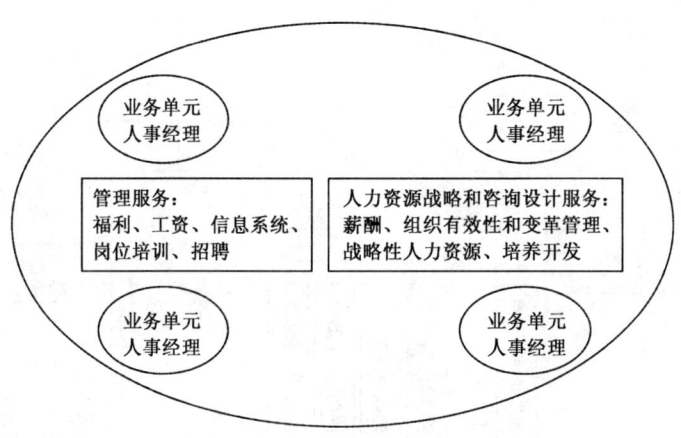

图2-2 咨询与服务共享模式的结构设计

或工厂的人力资源管理,由总部派出的人力资源经理负责。分散管理模式是将人力资源管理授权到各个子公司、分公司,授权的大小和范围也有不同,有的公司在坚持政策统一的前提下将具体实施和操作下放,有的则是将几乎全部职责下放到子公司、分公司或事业部,总部仅仅保留人才培养、信息管理系统等职能,有的公司在下放人力资源管理权限和职责的同时,向各个机构派出人事经理,人事经理由人力资源部门管理,这种模式相当于集中管理。

三、矩阵型的管理架构

国际上比较大的跨国公司都基本采用以事业部(业务单元)为主的管理模式,同时设置区域型的分支机构,这种架构能够很好地平衡专业性、区域特色和制衡性的关系,人力资源管理适应这种管理模式建立相应的管理架构,下面以美国大型银行为例,讲述这种架构的运作模式:

这种架构有这样一些要点(见图2-3):

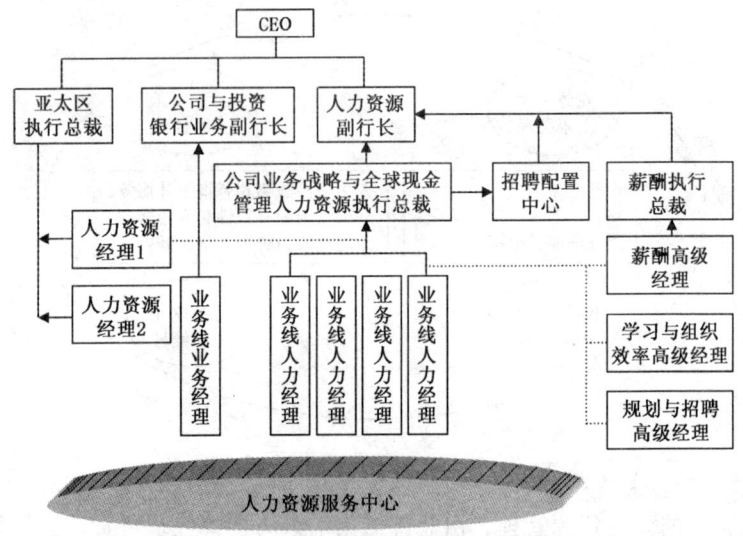

图 2-3 矩阵型的人力资源管理架构示意图

1. 在业务单元中建立人力资源管理团队。比如在美国银行全球现金管理业务单元，专门设立了人力资源管理团队，这一团队由 5 个人组成，团队执行总裁向人力资源副行长直接汇报，由人力资源副行长与全球公司与投资银行业务单元副行长协商后提名任命。这一团队管理全球现金管理业务单元的员工。

2. 人力资源团队负责整个业务单元的人员招聘、薪酬政策与规划、培训、组织效率、绩效管理等。

3. 在必要的时候，业务单元团队可以得到总部人力资源专业团队的支持，比如薪酬、培训、招聘等。

4. 整个人力资源管理工作得到了人力资源服务中心的支持，每个人的基本信息、薪酬福利发放、政策咨询等等都由人力资源服务中心负责。这大大提高了人力资源的管理效率。

5. 各业务单元人力资源团队在业务单元内工作，人力资源团

第二章　人力资源管理架构的转型与设计

队主管向业务单元负责人和人力资源负责人汇报,协助做好团队的各项工作,同时保持相对的独立性。

6. 在欧洲、美洲、亚太地区设置区域性总部,区域业务涉及业务单元相关业务发展,区域性总部同样给与一定的人力资源管理支持。

7. 业务单元人力资源管理团队的考核由业务单元和人力资源条线共同负责,业务单元的业绩指标是人力资源团队考核指标的一部分。

8. 美国大型银行与国有银行在人力资源管理方面最大的不同在于管理人员的选拔任用方式。美国的大型银行在晋升管理方面的一般做法是:第一,员工的晋升有明确的资格条件,一般与工作业绩直接挂钩;第二,晋升一般是由员工的上级提名,由业务单元自己决定;第三,培养出自己的接班人是员工晋升的必要条件;第四,人力资源管理团队的主要职责是审核晋升对象是否符合条件、晋升过程是否符合规定,并为员工晋升提供必要的培训;第五,晋升的制约因素很大一部分来自于成本,业务单元的人力费用通常不与人数挂钩,尤其是与绩效挂钩的薪酬(见专题讨论1、专题讨论2、专栏2-1)。

专题讨论1　业务单元模式下的人力资源管理

一、业务单元的特点及适用条件

所谓业务单元就是企业所经营的事业,按照客户来划分与设立的二级经营单位,是受公司控制的利润中心。这些经营单位拥有明确的经营产品和市场,拥有一定的经营自主权,实行独立核算,对产品设计、服务提供及销售等整体运营活动负有统一责任,但又不具有法人资格。

续

推行业务单元制,在条线业务中加强垂直管理,有利于发挥业务单元的专业特长,提高服务水平;有利于灵活自主地适应市场变化,拓展和维护客户资源,将相对独立的各分行连接为一个整体;有利于形成条块之间的制衡机制,有效防范风险,提高银行的综合竞争力。

业务单元制的改革涉及各单位、部门之间管理流程的改变和利益分配的调整,事关大局,应该审慎推进。要根据业务单元制的特点,科学分析业务品种具备的条件,循序渐进推进变革。采用业务单元制至少应具备以下基本条件:

1. 具备专业化优势。产品本身在生产、技术、经营等方面具有较强的专业性,按业务单元经营,便于组织专业化生产。较传统层级制模式下,相关业务分散在各个平级单位中的模式相比,更能有效地发挥专业优势,强化产品的风险预测和防范能力,实现更大效益。

2. 具有规模化优势。采用业务单元经营,应有助于实现资源共享,提高集约化程度,降低成本,形成品牌,提高组织经营管理效益。

3. 财务上能够核算其收益和成本。业务单元是个利润中心,实施独立核算,因此必须建立起衡量业务单元及其经理工作效率的标准,准确核算其收益和成本,并进行严格的考核,使得公司易于评价业务单元对公司总利润的贡献大小。

4. 具备良好的外部环境。一般而言,采用业务单元管理的产品应处于较为有利和稳定的外部环境中,业务也应处于生命周期相对成熟的阶段。

5. 受区域影响小。由于业务单元实施专业化经营、垂直化

续

管理,因此,相应业务开展应较少受区域政策环境、人际关系、客户资源等因素影响,相对容易实现本业务单元的独立经营和跨地区管理。

二、推行业务单元的产品选择

不同银行战略和定位不同,使不同银行之间的业务产品和客户状况存在较大差异,同样在组织结构设计上也各有不同。哪些业务适合实行业务单元制,应结合银行的实际情况予以具体分析:

在对公业务中,全球、全国性大型集团客户总部一般设在北京或上海,集中化管理趋势明显,这些客户希望有一个独立的机构为其服务,因此可作为业务单元试点。一般性公司业务受区域影响较大,主要需依托当地分行运用本地资源实施业务拓展,而且如果采用业务单元制,难以厘清业务单元和当地分行对业务的贡献度大小,因此暂不适宜采用业务单元制,但可以在二级分行辖内实行业务单元试点,强化二级分行本部的直接经营职能;机构业务中,基金业务、证券、保险业务客户也主要是全国性大型公司,由总行负责经营管理,客户也主要是全国性大型公司,可以实施业务单元制,但基金业务一般采用子公司模式。

在对私业务中,一般性客户及中高端客户适合区域分行经营,但高端顶级客户适合实施业务单元制;信用卡业务专业性强,客户群体相对高端,实现业务单元制有利于业务发展。

在中间业务上,结算、工程造价咨询、委托贷款等业务与分行其他业务联动性较强,且中间业务目前份额和盈利能力仍较弱,各地业务的差异性较大,因此不宜实行业务单元制。

续

所以,目前银行适合采用业务单元的主要是两类,一类是高端的对公和对私客户;另一类是产品相对单一、运作体系容易独立的信用卡、票据、代理保险等业务。

三、业务单元制人力资源管理模式设计

业务单元制结构中总部与各业务单元的关系因企业不同而不同,并没有一个通行的模式。两者关系主要体现在总部对业务单元的战略决策控制及业务单元的自主决策权力,有时还体现在总部的监控作用上,不同性质、不同规模、不同文化特点的企业在两者关系都有可能不同,这也决定了公司与业务单元之间人力资源管理职能划分的差异。

一般来说,业务单元中人力资源管理主要有两种模式:一是业务单元拥有适度的人力资源管理职能。业务单元设置人力资源岗位,在事权划分上,凡与战略发展有关的权力均集中在公司,而把人力资源基础性工作归于各业务单元。二是业务单元拥有较大的人力资源管理职能。公司只任命业务单元的负责人,由负责人全权负责业务单元内的各项管理工作。业务单元设立人力资源部,拥有人员招聘、任用、考核、培训、薪酬等人力资源管理与开发的普遍职能。

(一) 适度职能下的人力资源职责

1. 岗位管理。业务单元根据总行核定的内设机构、机构职责提出岗位设置、岗位职责、任职资格和人员编制方案,经总行批准后,作为用工管理的依据。业务单元所属各分部的岗位设置和人员编制方案经业务单元审核、总行批准后,作为用工管理的依据。

续

2. 员工招聘。由总行负责，总行根据业务单元的工作需要，统一招聘所需员工，并分配至业务单元，由业务单元决定其在本部或在各分部工作。

3. 劳动关系。业务单元员工（含各分部员工）与总行签订劳动合同，人员的行政关系和档案关系均转入总行。业务单元本部及其分部新招聘的应届毕业生，户口关系迁入本部或分部所在城市，除本部录用人员外，新录用应届毕业生的户口关系由业务单元委托分部所在一级分行办理。

4. 选拔任用。业务单元的负责人由总行聘任；高级经理级和各分部负责人由业务单元提出聘任意见，经人力资源部审核，并报经分管行领导和主要行领导批准后，由人力资源部聘任；业务经理级及以下人员由业务单元提出聘任意见，经人力资源部审核批准后，由人力资源部聘任。

5. 绩效管理。业务单元负责人由总行负责考核；高级经理级及以下人员由人力资源部负责考核，业务单元做好考核的基础性工作。

6. 薪酬管理。由总行制定工资分配管理办法并根据经营绩效确定业务单元工资总额。业务单元负责人作为年薪制人员，其薪酬由总行根据经营绩效等因素确定；非年薪制人员工资标准由总行确定。分部工资总额由业务单元根据各分部经营绩效决定并报人力资源部备案。

7. 培训开发。业务单元负责人及继任者培训由总行统筹负责；履岗能力、岗位资格培训纳入总行统一的培训计划，业务单元做好培训的具体工作。

8. 人力信息。业务单元及分部的人员信息由总行负责录入。

续

(二)较强职能下的人力资源职责

1. 岗位管理。业务单元根据总行核定的内设机构、机构职责提出岗位设置、岗位职责、任职资格和人员编制方案,经总行批准后,作为用工管理的依据。业务单元的岗位设置和人员编制方案由业务单元根据总行用工管理相关制度,结合业务需要确定,并报总行人力资源部备案。

2. 员工招聘。业务单元拥有员工招聘权,招聘的数量和人员分配由业务单元确定。总行对业务单元的人员数量不作行政性要求,主要通过人均利润、人均成本等指标与业务单元负责人薪酬收入挂钩的办法,运用市场化机制实施控制。

3. 劳动关系。经授权,业务单元可与员工(含各分部员工)签订劳动合同,人员的行政关系和档案关系均转入业务单元。业务单元本部及其分部新招聘的应届毕业生,户口关系迁入本部或分部所在城市,除本部录用人员外,新录用应届毕业生的户口关系由业务单元委托业务单元所在一级分行办理。

4. 选拔任用。业务单元的负责人由总行聘任;高级经理级及以下人员由业务单元按照总行相关办法予以聘任,并报总行备案。

5. 绩效管理。业务单元负责人由总行负责考核;高级经理级及以下人员由业务单元负责考核。

6. 薪酬管理。由总行制定工资分配管理办法并根据经营绩效确定业务单元工资总额。业务单元负责人的薪酬由总行根据经营绩效等因素确定;其他人员工资分配方案由业务单元根据总行工资分配管理办法确定,报总行人力资源部备案。工资总额由业务单元根据各分部经营绩效决定并报人力资源部备案。

续

7. 培训开发。业务单元负责人及继任者培训由总行统筹负责;其他人员及相关业务培训由业务单元负责具体落实。

8. 人力信息。业务单元及分部的人员信息由业务单元负责录入。

(三) 两种管理模式的区别

从以上两种人力资源管理模式中,可以看出,由于总行对业务单元控制力度不同,业务单元人力资源的权限和作用也不相同。与较强职能的模式相比,适度职能的管理模式有如下不同:在岗位设置上,总行决定业务单元岗位设置;在员工招聘上,总行负责招聘员工,业务单元无权招聘员工,只能决定总行招聘员工在本业务单元内的分配;在劳动关系上,业务单元员工均属总行员工;在选拔任用上,业务单元的人员聘任权限均属总行,业务单元无权自行聘任;在绩效管理上,业务单元人员的考核权限均属总行,业务单元主要做好基础性工作;在薪酬管理上,员工工资标准由总行确定;在培训开发上,业务单元纳入总行统一的培训计划;在人力信息上,均由总行统一维护录入。

(四) 银行业务单元人力资源管理的模式选择

对于实行业务单元制的银行,在初期人力资源管理可以采取融合两种模式的一种过渡性方案。这样有利于积累经验,保持人力资源政策的稳定性和持续性。这种模式要求总行人力资源工作进一步转变角色,重点强化规划、指导和服务职能。要配合业务发展需求,做好人力资源规划;加强人力资源管理专业和技能的研究,设计专业化的管理政策和服务产品;为业务单元提供专业化的指导,协助业务单元做好对人力资源的开发、培养和优化配置。业务单元人力资源管理的主要职责是在公司的总体战略方针

续

与原则下,落实人力资源整体政策,执行具体标准和程序,结合业务单元经营特点,承担人员计划与调配、职务聘任、绩效管理、薪酬管理、员工关系管理等职责,并做好人力资源的基础性工作。

其要点是:

1. 在业务单元内设置人力资源管理岗位,可安排2~3名工作人员。

2. 人力资源主管由总行人力资源部派出,接受总行人力资源部和业务单元负责人的双重领导,以人力资源部管理为主,其绩效考核由总行人力资源部和业务单元共同实施。

3. 岗位管理。业务单元根据总行核定的内设机构、机构职责提出岗位设置、岗位职责、任职资格和人员编制方案,经总行批准后,作为用工管理的依据。

4. 员工招聘。由总行负责,总行根据业务单元的工作需要,统一招聘所需员工,并分配至业务单元,由业务单元决定其工作。

5. 劳动关系。经授权,业务单元可与员工(含各分部员工)签订劳动合同,人员的行政关系和档案关系均转入业务单元。业务单元本部及其分部新招聘的应届毕业生,户口关系迁入本部或分部所在城市,除本部录用人员外,新录用应届毕业生的户口关系由业务单元委托分部所在一级分行办理。

6. 选拔任用。业务单元的负责人由总行聘任;其他人员由业务单元人力资源团队负责。

7. 绩效管理。业务单元负责人由总行负责考核;其他人员由业务单元负责考核,并将考核结果报人力资源部备案。

续

> 8. 薪酬管理。由总行制定工资分配管理办法并根据经营绩效确定业务单元工资总额。业务单元负责人的薪酬由总行根据经营绩效等因素确定;其他人员工资分配方案由业务单元根据总行工资分配管理办法确定,报总行人力资源部备案。工资总额由业务单元根据各分部经营绩效决定并报人力资源部备案。
>
> 9. 培训开发。业务单元负责人及继任者培训由总行统筹负责;履岗能力、岗位资格培训纳入总行统一的培训计划,业务单元做好培训的具体工作。
>
> 10. 人力信息。业务单元及分部的人员信息由业务单元负责录入。

专题讨论2　垂直条线下的人力资源管理

一、垂直条线的概念、特点及实施条件

所谓垂直条线,是指企业为保证关键性、专业性、独立性较强的管理职能作用的发挥,所设立的在全辖对该项职能实行垂直管理的专门机构,并使其成为所承担职能的责任单位,成为受总公司控制的成本中心。

垂直条线具有以下特点:一是所承担的是对企业经营有关键性影响的、专业性强的、独立运作性要求高的管理职能;二是不直接面对客户和市场销售产品,不直接为企业带来收入,是成本中心,通过发展相应职能的管理知识、方法和技巧,建立统一的专业化标准,提高企业经营管理效率和资源配置效率,间接为企业创造价值;三是通过对企业全辖相应管理职能实行垂直管理,发挥规模化优势,保持管理上的独立性。

续

因此,企业实施垂直条线管理,有利于维护关键职能作用发挥的独立性,在企业内部形成有效的制约机制;有利于发挥专业化和规模化管理优势;有利于建立专业性的绩效考核标准,落实关键职能的管理责任。

垂直条线与业务单元既有相同点,又有不同点。从相同点来看:一是都有利于更有效地发挥专业化优势;二是都有利于发挥规模化管理优势,减低成本;三是都有利于制定个性化的绩效考核标准,客观评价其对企业发展的作用;四是都有利于保持管理上的独立性。从不同点来看:一是定位不同,业务单元是利润中心,一般是按照产品、地区或客户市场等来划分设立的二级经营单位;而垂直条线是成本中心,一般是按企业经营管理的职能来划分设立的。二是担负的职能不同,事业部拥有一定的经营自主权,实行独立经营、独立核算,既有利润生产和管理的职能,又是产品责任单位或市场责任单位,对产品设计、生产制造及销售活动负有统一领导的职能;而垂直条线是所承担的专项管理职能履行的责任单位,对与该职能相关的管理活动负有统一领导的职能。

实行垂直条线管理,企业应满足一定的条件:

1. 企业具有一定规模。企业管理范围跨越区域,相对层级管理模式而言,实行垂直条线管理更有利于关键管理职能作用的发挥。

2. 具备垂直管理条件。企业部分关键性管理职能需要通过垂直管理减少外在因素的干扰以保障管理独立性,且具备垂直管理所需的人、财、物等条件。

3. 具备专业化管理水平。企业在关键性管理职能的履行上

续

积累了丰富的经验,建立了系统有效的制度,培养了大量专业人才,可以通过实行垂直管理进一步提高管理水平。

4. 具备规模化管理优势。企业实行垂直条线管理的职能,应具有通过规模管理降低成本的特点。

从银行的管理职能上看,审计、风险管理和信贷审批三项关键管理职能具备上述条件,比较适合实施垂直条线管理。

二、垂直条线在人力资源管理方面的难点

实施垂直管理的难点主要有以下三个方面:

1. 员工总量难以控制,容易形成人员膨胀。垂直条线所承担职能的专业化特点,使其在岗位设置上较人力资源部门具有更大的信息优势,拥有较多的发言权,从而可以以保障职能履行等方面的理由设置较多的岗位,突破总行所确定的人员编制,容易形成人浮于事、人员膨胀的局面。

2. 专业性强,员工发展渠道相对单一,难以保持组织活力。垂直条线的专业化特征和垂直管理特征,使得其从业人员的工作经验类型单一,在同级机构的其他岗位上流动的机会少,人员相对固定,组织活力小。

3. 工作地点幅度较宽,人力资源管理的标准不易确定。垂直条线的工作地点跨越不同区域,不同地区的人力资源管理标准需要因地制宜,从而不易确定。

三、垂直条线人力资源管理的参考模式

(一)相对独立模式

这种模式的核心是赋予垂直条线一定的人力资源管理职能,

续

但垂直条线内员工与所在地分行员工管理保持较强的一致性。

1. 机构和人员。垂直条线不设人力资源管理岗。垂直条线根据总行核定的内设机构、职责提出岗位设置、岗位职责、任职资格、用工方式及人员编制方案,经总行人力资源部批准后,作为用工管理的依据。

用工途径有五类:一是从分支机构所在地分行调入;二是从应届毕业生中录用和从人才市场引进高级专业人才;三是从总行本部选派;四是系统内借调;五是使用劳务工。前三类人员由总行人力资源部与之签订劳动合同。

前四类人员的行政关系和档案关系均转入总行。从分支机构所在地分行调入的员工,从应届毕业生中录用和从人才市场引进高级专业人才,其户口关系在分支机构所在城市。

2. 用人管理。垂直条线负责人由总行聘任;其他人员由垂直条线提出聘任意见,经人力资源部审核批准后聘任。

3. 绩效管理。垂直条线负责人由总行统一考核,其他人员由垂直条线自己负责。

4. 薪酬管理。包括工资总额管理、工资分配管理、福利分配管理和工资福利费用清算的管理等。其中,工资总额包括基本工资总额和绩效工资总额两部分,由总行年初下达预算,年终清算。工资分配管理中,垂直条线负责人工资分配由总行统一核定;其他人员的工资由垂直条线负责。

5. 培训管理。垂直条线负责人及继任者培训由总行人力资源部负责;履岗能力培训、岗位资格培训等其他培训纳入总行统一的培训计划,垂直条线做好培训的具体工作。

6. 人员发展。大部分人员在垂直条线内发展,少部分通过

续

竞聘、调动等方式可交流调配至其他条线或其他部门工作。

(二) 特派办模式：审计署特派办的人力资源管理模式

1. 机构和人员管理。全国现有特派办18个，分别管理若干个省的审计事务，特派办无下辖机构，独立于各省省政府之外，对各省审计厅也无指导或被指导的关系。特派办人员总数为2 000人左右，平均每个特派办约110人，每个特派办有负责金融审计的处室一至二个，人员在10～20人左右。特派办设有人事处。特派办的人员定编流程是：特派办报职数，审计署控制总量，中编办审批。每年特派办报进人指标，总署审批。所有特派办公务员的人事关系在总署，档案在特派办人事处管理，党员户口关系在省直机关工委管理。

值得参考的是，目前财政部也按区域设置专员办，为财政部的直属机构，与财政部各司同级。原来专员办在地市一级均有分支机构，后收缩归并，多余的人员到同级财政部门。专员办设有人事处。每个专员办人员总数30多人。其管理内容分工是：人员上，专员办副处级以上干部由财政部人事司派出处管理，其他人员由专员办人事处管理；业务上，由财政部监督监察局管理，包括业务经费预算的管理等；纪律检察上，由监察部驻部监察局（中纪委驻部纪检组）管理。

2. 用人管理。审计特派办的正处及以上岗位人员由总署任命；副处级岗位人员报总署备案，特派办任命；副处级以下岗位人员由特派办任命。

3. 考核和激励。针对审计项目，审计总署制定了近10项考核指标，由特派办的综合部门来做。考核结果主要与绩效奖金挂钩。

续

4. 薪酬管理。每年各特派办所在地区省级机构平均水平，给出一个总的盘子，然后由各特派办发放。

5. 人员发展。特派办的公务员大部分在本系统内发展，少数会调往省级审计局、审计厅等单位，而调往政府其他部门的比较少。

6. 培训。主要由总署规划组织，特派办自办的培训较少。

7. 审计费用。一是审计署总的预算，按照一定人均标准按人头分给各特派办；二是地方财政补贴。

（三）两种模式的比较

1. 相同点。一是都严格控制机构设置和人员总量，防止人员膨胀；二是培训都主要由总部来组织进行；三是人员发展主要在本条线、本系统内进行。

2. 不同点。特派办人力资源管理在管理范围、独立性等方面要远大于相对独立模式，具体表现在，机构设置上，特派办设有人力资源管理处室，相对独立模式没有；职务管理上，特派办比相对独立模式拥有更多的建议权和决定权；绩效管理上，特派办比相对独立模式设计的考核指标更详细，更有针对性；薪酬管理上，特派办注重总量管理。

四、模式选择

银行实行条线管理，为保证审计、风险管理和信贷审批等关键职能的独立性，充分发挥其作用，在人力资源管理上既不能抓得太紧，也不能一下放得太松，因此，建议采取介于两者之间的管理方法，将垂直条线作为与一级分行同层次的机构，制定有关人力资源管理细则。

续

1. 机构设置。垂直条线一级和二级机构设人力资源管理岗，人员由总行派出。各条线人力资源管理岗负责组织落实总行人力资源管理政策，执行岗位管理和人员编制、招聘配置、培训管理、绩效管理、薪酬管理、能力管理和员工发展等管理工作。工资发放、户口关系、档案管理等基础管理工作外包给同级人力资源部办理。

2. 岗位设置和人员总量管理。参考同业标准，听取咨询公司专业意见，掌握与垂直条线职能有效发挥相匹配的岗位总数和人员编制标准。垂直条线根据总行核定的内设机构、机构职责提出岗位设置、岗位职责、任职资格、用工方式及人员编制方案，报总行人力资源部。总行人力资源部综合平衡后拟订方案，报行领导批准后作为用工管理的依据。每年垂直条线增加人员时，需向人力资源部申请核准后方可进行。建立有效机制，引导垂直条线管理中注重人事匹配，促进人力资源存量的合理配置，抑制扩张人员的冲动。

3. 劳动关系管理。条线部门副总经理级及以上人员由总行与之签订劳动合同；经授权，垂直条线高级经理及以下干部与条线总部签订劳动合同。所有垂直条线人员人事关系在总行，户口关系在当地并委托同级分行办理。

4. 用人及绩效管理。应根据条线管理内容特点，设计个性化的绩效考核标准，激励员工切实履行条线管理职能。垂直条线部门副总经理级及以上干部由总行人力资源部聘任和考核；高级经理及以下干部由条线总部考察报总行人力资源部备案后进行聘任和考核。

5. 薪酬和费用管理。实行工资和费用总额管理。董事会根

续

据全行总额的一定比例确定垂直条线的工资总额、费用总额，"增人不增资，减人不减资"。垂直条线负责人的年薪确定与人均费用等指标挂钩。垂直条线总部根据有关政策制定薪酬福利和费用分配方案。

6. 员工发展。制定垂直条线人员流动规则，协调员工岗位专业性与拓宽职业发展空间的关系，提高组织活力。

7. 培训管理。主要由条线总部开发培训项目，报总行人力资源部核准后组织条线人员参加。

专栏2-1 花旗银行的人力资源管理架构

花旗集团的人力资源组织架构是比较分散的，其特点是不设立专门的人事部门，把人事管理的权力分散到各个地区或各个业务部门，因为用人部门对本部门员工的情况更为了解，更有权处理人事方面的问题。因此，花旗集团总部并没有真正集中、功能齐全的人力资源管理部门，人力资源管理职能分散在各个地区或各个业务管理线中。

一、矩阵管理

花旗银行总行职能部门与下属各事业部（SBU）之间的管理采用的是一种矩阵方式。

1. 矩阵管理的具体内容。矩阵管理即行政主管领导和上级专业领导两条线管理。人力资源部主管同时接受所属行长和上一级人力资源部主管的领导并向他们请示、汇报工作。如上海分行的人力资源主管需同时向上海分行行长和中国区人力资源部主

续

管负责，接受两人的领导。这是一种多元化的领导体制，在每个层面上对所属专业均有两位不同职务的上级来监管。这种做法的优点是分散风险：限制权力过分集中，消除一个人说了算的弊病，决策比较公平。

2. 两级审批。第一级：直属行长和上级业务主管对下级提出的问题同时具有决策权；第二级：直属行长和上级业务主管对下级提出的问题进行决策后，还需向他们的上级主管进行汇报，经同意后方可下达执行。也就是说，某项请示需经上级和上上级两个层面的领导批准后方可执行。这对于跨越上下级间工作的沟通和了解、信息交流起到了积极作用。

3. 合作伙伴关系。在花旗银行内部，人力资源部门和业务职能部门、上下级及平级之间都是一种合作伙伴关系，强调团队精神，互相信任和理解，透明度高。它将本国和所在国的有关政策、法规及花旗集团自身的规章制度等均输入电脑网络中，员工可随时上网自由访问、查询、对照。如工资，花旗认为工资体现了一种人身价值。因此，对每位新进员工，人力资源部门均要与其作一次交底谈话，就你的岗位、职责、应得工资、为什么要拿这些工资、你的劳动力价值等问题进行交底，使你知晓自己的工作和工资。作为一种合作伙伴关系，员工可随时找主管谈话，亦可越级谈话、申述，并可向所在主管说明，主管或上级主管不可以找借口进行推脱。因此，花旗已具有某种学习型银行的特征了。

二、战略性人力资源管理

花旗银行的人力资源管理模式已经从传统模式，历经现代模

续

式，发展到了战略模式，也就是把人力资源管理放在战略性的位置上。

如在人员使用上，花旗就认为要充分发挥每个人的才能。第一，提出：我们把合适人员安排在合适岗位上了吗？如果发生过多的没有"把合适人员安排在合适岗位上"的情况，则被认为是形成了人力资源使用浪费；如果发生太少的没有"把合适人员安排在合适岗位上"的情况，则意味着失去了一种发展机会。第二，在技能掌握上，始终牢固地树立在国际金融市场激烈的竞争中发掘自己的人力资源的意识，在人才技能培养上提出："我们的人员需要哪些技能/能力以备竞争"的理念。第三，在行为表现上，提出了"我们人员的行为与战略性/竞争性的目标要求是否相一致"的行为准则，并把它作为职位管理、绩效管理和薪酬管理等各项人力资源工作的基本原则。

三、人力资源主管的角色

一位花旗银行的人力资源部主管所处的是一个全方位的角色转换，纵向的上方是行政、业务主管，下方是人力资源部门人员和银行职员，横向是同级业务部门。对待上级和同级业务部门是从业务角度去研究、探讨和沟通工作；而对待人力资源部门人员和银行职员是从专业角度去协调、辅导和授权工作。作为一名人力资源人士，要随时把握好专业与业务的关系；不断地变换着角色，完成好自己的工作任务。这就需要一名人力资源经理，除应具备学历、职称、工作经历等一些硬件条件外，还应具备领导者的"软能力"，即：领导能力、行政能力、思维能力、业务专长、人际关系能力、沟通能力、激励能力、自我管理能力等。

续

四、两类人力资源人士

花旗把人力资源管理人员分为两类：一类负责处理一般性事务，主要是帮助业务经理为员工制订年度目标并对员工进行绩效考核；另一类处理特殊事务，属专家型人员，为员工制订职业发展计划，设计职业发展路径，确定员工收入，为业务发展寻找专业性人才，帮助业务部门进行人员配置，进行市场调研等技术性工作。因此，在花旗银行，人力资源管理是业务发展的一部分，人力资源部和人力资源专业人士是为了满足业务发展需要而设置和招聘的。其总部人力资源部门只是负责制定全行的人事管理制度，如薪酬、养老金政策等，人力资源管理的具体工作则由各个地区分行及部门自行管理。在花旗银行一个新兴市场业务每年盈利高达120亿美元，有几万人从事这项业务，但总部只有12人负责这个新兴市场的人力资源政策的制定。每个地区的经理与人力资源管理人员共同商讨具体事务，如与业务发展部门商谈人员雇佣计划（人数、学历、工作经验要求等），并对员工进行培训，以符合业务部门的人员需要、确立个人业务指标和薪酬标准等。

五、人力资源部门的三类工作

人力资源部门的工作分为三个层次：第一层是人力资源伙伴工作，主要渗透在各个业务部门，做人力资源的具体工作，发挥建议者的作用，如零售银行部就会有这样的一个人，既懂软件部门的业务又理解人力资源需求，便于为管理者提供相应的服务。第二层是人力资源专家，主要任务是考虑整个组织架构是否合

续

> 理,招聘来的人才是否能很好地完成任务,并对银行未来需要的高级人才进行储备。第三层是执行服务中心,主要关注组织氛围的形成、绩效考核、人员的数量和质量,这部分工作并不是我们常说的事务性工作,而是难度比较大的,因为不论是自己培养还是从外部招聘人才,要把这些变成绩效和效率都并非易事,这些跟管理、技能和文化都密不可分。

第三章

战略性人力资源规划

凡事预则立，不预则废，人力资源更是如此。做好人力资源规划正在成为人力资源管理实践中日益被重视的课题，很多公司开始了这方面的探索，尤其是具有较大规模、经营历史较长、有相对市场竞争优势的企业，更强调人力资源的规划。银行，尤其是国有银行，在人力资源规划方面的应用还比较少，是人力资源管理急需加强和改进的一个重要方面。

第一，人力资源规划是企业对人力资源需求的保证。对于处于快速变化的环境和激烈市场竞争中的企业，人力资源的需求和供给的平衡不可能自动实现，必须分析供求的差异，采取适当的手段调整差异，这也是人力资源规划的基本职能。

第二，人力资源规划是控制人工成本的重要手段。企业工资总额在很大程度上取决于企业中的人员分布状况。人员分布状况是指企业中的人员在不同职务、级别上的数量状况。当一个企业规模小的时候，问题不大，但随着时间的推移，人员数量的增加和职务等级水平的上升，人工成本可能将超过企业所能承担的能力。而在没有人力资源规划的情况下，未来的人工成本是未知的，很难控制，企业的效益就没有保障。因此，在预测未来企业发展的条件时，有计划地逐步调整人员的分布状况，把人工成本控制在合理的支付范围内，规划就变得尤为重要。

第三，人力资源规划是人力资源管理的基础，也可以说是"纲"。随着企业规模的扩大和结构的复杂化，管理的工作量和难度都在迅速提高，无论是确定人员的需求量、供给量和职位，还是岗位职责的调整，不通过一定的周密计划显然难以实现。例如，何时需要补充人员，补充哪些层次的人员，如何补充；如何组织多种需求的培训，对不同层次和部门的员工如何考评和激励等。这些管理工作在没有人力资源规划的情况下，必然陷入相互割裂和混乱的状况。因此，人力资源规划是组织管理的重要依据，它会为组织的录用、培训、考核、激励、人员调整以及人工成本的控制等活动，提供准确的信息和依据。

第四，人力资源规划能够充分调动员工努力工作。只有在人力资源规划的基础上，才能引导员工进行职业生涯规划和发展。让员工清晰地看到自己的发展前景，从而去积极地努力争取，这对调动员工的积极性非常有益。

一、人力资源规划的内容

人力资源规划，是根据银行发展战略和目标确定银行所需要的人力资源数量、素质和获取方式的一系列安排。在实践中，人力资源规划主要分为以下内容：

1. 银行整体层面的总量规划。一个银行到底需要多少员工，如何安排员工的来源与数量。

2. 银行某一领域的专业人才规划，重点解决专业人才的数量、素质和获取方式问题。

3. 银行不同区域的分布安排。重点解决人力资源在空间上的分布问题。

4. 银行不同层级的分布安排。重点解决人才资源在银行内部的更替与发展问题，反映了人力资源在时间上的分布问题。

上述四个方面，根据编制规划的时间长短分为中长期规划、年度计划、短期计划，按照对象不同分为不同的专向规划。在西方企业人力资源管理中，有时将一些具体的人力资源工作称为规划，如接班人规划（Successor planning），本书将专设一章讨论领导力培养问题。

二、人力资源规划面临的困境

"规划规划，纸上划划，墙上挂挂"，这形象地反映了人力资源规划的现实情景，为什么会出现这种局面，主要是因为：

1. 业务变化频繁。目前国内银行是正处于一个急剧变化的时期，不断进行组织架构调整，不断创新业务产品，这种变化使人力资源规划的基础不牢，规划就难以贯彻和持久。

2. 缺乏灵活的人力资源调整机制。银行，尤其是国有银行受制于文化、政府、社会保障等因素，并没有员工自由进出的机制，银行工作仍被称为铁饭碗，比如银行为提高经营效率裁减人员，政府从维护当地就业发展的角度、建设和谐社会的角度，不支持这种行为；员工从历史等角度提出，作为从事业单位转制而来的国有银行不应当将原来具有国家干部身份的员工推向社会，社会保障机制不健全，使下岗员工面临生计难题，在特定情况下可能引发群体事件。所有这些都使人力资源规划面临只增不减的境地，规划也就失去了实际价值。

3. 国有银行特殊性使人力资源规划无从谈起。工农中建四家银行的员工数量都位居世界银行前列，可能分列前四名，庞大的员工数量使国有银行面临的最大难题就是如何精简人员,自 1995 年专业银行向商业银行转型以来,国有商业银行在减员方面取得了相当大的成效,与此同时,四家银行的业务量、经营业绩不断增长,这使业务与人员数量之间几乎无联系规律,因此,做人力资源规划就失去意义。

三、强调人力资源规划的现实背景与意义

尽管人力资源面临着许多体制性困难,但是银行的决策层逐渐加强了人力资源规划的意识,提出了人力资源规划的工作要求,其内在原因是:

1. 经过多年的调整,国有银行人员的浮肿和水分已经被有效排挤。进一步精简的难度已经很大,管理层自然产生这样的疑问,到底业务发展需要多少人?回答这一问题不仅很迫切,而且也有必要,不做人力资源规划就无法回答这样的问题。

2. 国有银行人力资源队伍在新时期的重点内容是有增有减,而不是单一方向的精简,问题自然随之而来,哪些领域的人员增长?哪些领域的人员减少?为什么?结构调整没有规划和安排是不行的。更为矛盾的是,很多业务条线都提出了人员增长计划,是任由人员增长还是在总量减少的前提下局部增长,没有一个通盘的规划,人力资源容易陷入头痛医头、脚痛医脚的境地。

3. 国有银行正处于业务转型时期,对人员的数量和素质都提出了新的要求,比如,进入 21 世纪,银行纷纷提出战略性发展个人银行业务、建立事业部制的业务管理模式、建立综合型的金融集团等等战略目标,实现这些目标都需要新的员工队伍,或者新的员工素质,能否获取或者提升现有人员的素质,以适应战略转型的需要,制定人力资源规划是实现这些战略目标的必然之路。

正是这些背景,使得银行开始重视人力资源规划工作。从一定意义讲,人力资源规划是发挥人力资源战略功能的最重要体现。

四、制定人力资源规划的一般步骤

制定人力资源规划(见案例 3-1),一般分为五步:

1. 分析企业的战略、经营环境和组织结构,这是人力资源规划的前提。不同的产品组合、生产技术、生产规模、经营区域对人员会提出不同的要求。而诸如人口、法律、竞争、择业期望则构成外部人力供给的多种制约因素。

2. 分析企业现有人力资源状况,这是制定人力资源规划的基础工作。实现企业战略,首先要立足于开发现有的人力资源,因此必须采用科学的评价分析方法。人力资源主管要对本企业各类人力数量、分布、利用及潜力状况、流动比率进行统计。

3. 对企业人力资源需求与供给进行预测,这是人力资源规划中技术性较强的关键工作,全部人力资源开发、管理的计划都必须根据预测决定。预测的要求是指出计划期内各类人力的余缺状况。

4. 制定人力资源开发管理计划,这是编制人力资源规划过程中比较具体细致的工作,它要求人力资源主管根据人力供求预测提出人力资源规划各项要求。

5. 不断对人力资源规划的执行过程进行监督、分析、评价,找出规划的不足,给予适当调整,以确保企业整体目标的实现。

案例3-1 人力资源规划现状分析报告

随着我国加入WTO后全面开放金融市场的时间日益临近,银行业将不可避免地面临着更加激烈的市场竞争。当前,各家银行都已经认识到,金融业作为一个知本密集型的行业,其竞争首先表现为人才的竞争,如何建设一支数量充足、结构合理、素质优良、门类齐全的优秀人才队伍,成为摆在银行面前具有战略意义的问题。本报告将对银行人力资源队伍的历史和现状进行统计分析,为银行制定切实可行的人才战略提供依据。

第一部分 人力资源整体分析

一、员工年龄构成情况

截至××年底,员工平均年龄为37岁,其中:35岁以下的员工占比50.5%;36~45岁的员工占比33.6%;46~54岁的员工占比13.7%;55岁以上的员工占比2.2%。

从员工的年龄结构看,有以下两个特点:

1. 35岁以下员工比例下降,35岁以上员工比例上升;员工平均年龄上升较快,每年增长1岁。
2. 员工队伍整体比较年轻,35岁以下员工仍占主体。

二、员工学历构成情况

截至××年底,员工中,硕士研究生及以上占1%;大学本科占24%;大学专科占42%;中专占17%;高中及以下占16%。

近年来,员工结构调整取得了较好的效果,员工队伍素质不断提高。大学本科以上学历人员4年增幅25.7%。

续

第二部分 领导人员队伍分析

一、领导人员队伍整体情况

(一) 总量分析

领导人员与中长期合同制员工之比呈增加趋势。

(二) 年龄分析 (见表 3-1)

表 3-1　　银行领导人员年龄分布历年情况表　　单位：%

年　龄		X	X+1	X+2	X+3	X+4	X+5	X+6
25 岁以下	领导人员	0.9	0.8	0.6	0.3	0.3	0.2	0.1
	一般员工	27.7	21	14.3	8	6.3	4.3	3.2
25~30 岁	领导人员	10.3	9.9	8.9	8.3	8.3	7	6.4
	一般员工	32	35.1	37.3	34.1	30.8	22.8	18.8
31~35 岁	领导人员	22.2	23.5	22	19.4	20.6	20.8	22.4
	一般员工	17.2	19.6	21.4	25.5	28.2	33.4	35.3
36~40 岁	领导人员	21.4	19.8	21.5	23	24.1	25.1	25.8
	一般员工	10.5	10.4	11.7	14.2	15.6	17.9	19.6
41~45 岁	领导人员	20.2	21.5	23	22.4	20.3	18.8	17.3
	一般员工	6.8	7.9	8.9	10	10.1	10.5	10.4
45~50 岁	领导人员	11.8	12.3	13.5	15.1	15.3	16.3	16.5
	一般员工	3.2	3.5	4.1	5.2	5.9	7.2	8.2
51 岁以上	领导人员	13.1	12.2	10.5	11.5	11.1	11.8	11.4
	一般员工	2.6	2.7	2.3	3	3.3	4	4.5
领导人员平均年龄		47.2	41.7	41.2	40.3	40.1	40.7	40.4
一般员工平均年龄		30.1	31.5	32.1	33.3	34.2	35.2	36

续

年龄分析结论：

1. 银行领导人员平均年龄基本保持稳定。与领导人员年龄保持稳定相比，银行普通员工的平均年龄呈现增大的趋势。

2. 31~40岁的领导人员是银行的中坚力量。这一年龄段的占比不断提高。

（三）学历分析（见表3-2）

表3-2　　　银行领导人员学历分布历年情况表　　　单位：%

类　别	X	X+1	X+2	X+3	X+4	X+5	X+6
研究生	1.2	1.4	1.7	1.9	2.3	2.5	2.5
本科	16.0	19.0	22.3	25.5	28.6	30	33.2
大专	40.8	41.5	42.4	42.3	42.2	42	42
中专以下	42.0	38.1	33.6	30.3	27.0	25.5	22.3

从学历分析结果看，银行领导人员的学历结构有了较大改善。

（四）层级分析（略）

二、一级分行行级领导队伍现状分析（略）

三、基层行领导人员现状分析（略）

第三部分　专业技术人员队伍情况

一、银行专业技术人员现状

1. 按专业技术的级别划分：银行现有高级专业技术人员占

续

员工总数的1.98%;中级专业技术人员占职工总数的30.92%;初级专业技术人员占职工总数的45.03%,占专业技术人员总数的57.78%。专业技术人员队伍已经成为银行的主体员工队伍,对银行的发展起着关键性的作用。

从历史数据来看,具备初级资格人员数有不断减少的趋势,而具备高级和中级专业技术资格人员数则呈现出增长的态势(见图3-1)。

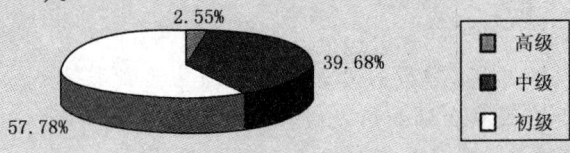

图3-1 专业技术级别占比图

银行网点众多,大量的初级专业技术人员分布在业务岗位的第一线,为银行业务发展提供了有力的专业技术力量。但是在整体的专业技术人员队伍中,57.78%的比例显然过高,影响银行专业技术人员队伍的总体水平,无法满足银行业务发展的需求,更不能适应大量的金融创新对专业技术人员的要求,与银行推行股份制现代商业银行经营管理体制不适应。应该加大中、高级专业技术人才队伍的建设,积极引进高级专业技术人才,使得专业技术人员队伍的层次结构更加合理,充分发挥其在业务发展中的作用。

2. 按专业技术人员学历分:现有专业技术人员中具有硕士研究生及以上学历占总数的1.25%,具有大学本科学历的占总数的27.33%,具有大学专科学历的占总数的45.06%,具有中专及中专以下学历的占总数的26.36%(见图3-2)。

续

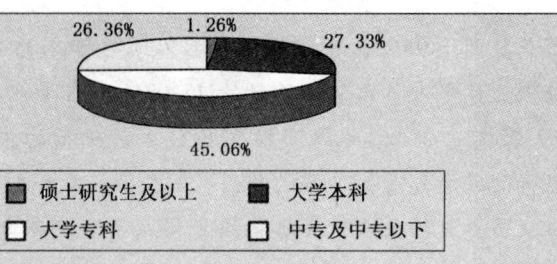

图3-2 专业技术人员学历图

从上述数据可以看出,银行专业技术人员队伍的总体学历偏低。大专及其以下学历的专业技术人员占专业技术人员总数的71.42%,在现在金融知识更新较快,金融产品不断创新的形势下,无法适应现代商业银行发展需要。一方面需要我们加强对专业技术人员的岗位培训和再教育,鼓励广大专业技术人员继续学习,参加社会考试,巩固拓宽自己的专业技术;另一方面我们还要继续吸收大量高学历金融、管理人才充实到我们的人力资源库中,不断优化银行专业技术人员队伍的素质。

3. 按专业技术人员年龄分:40岁以下的专业技术人员占专业技术人员总数的71.55%,40岁以上的专业技术人员占专业技术人员总数的28.45%(见图3-3)。

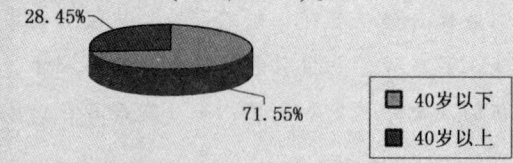

图3-3 专业技术人员年龄图

从中可以看出银行专业技术人员队伍整体年龄结构相对还是比较年轻的,但是具备高师资格人员的年龄结构偏老化。

五、人力资源规划的工具

人力资源规划本身尚在不断探索之中,缺乏系统的方法论,在实践中一般有三种工具:

第一种,战略分析法。从银行的发展战略入手,分析实现战略需要怎样的人力资源支持,需要多少的人员数量,需要什么样素质的人员,如何进行调配和补充,这种方法比较适合专业人才的规划。

第二种,作业分析法。通过对业务流程的分析,界定工作岗位或工作单元,对每一个岗位、每一个人员的工作进行时间和工作分析,优化业务流程,规范工作标准,在此基础上,提出员工配置标准和需求量。这种方法比较适用于人力资源局部效率的优化,解决人力资源微观最优配置问题。

第三种,投入产出法。分析银行的经营业绩与人力资源投入之间的关系,寻求人力资源投入的最佳状态。人力资源投入是一种成本,投入的产出一般是边际递减的,银行自然寻求最优的人力资源投入量,实现投入与产出的最佳配比。这种方法比较适合总量分析,从总体上解决银行人力资源规模控制问题。

做一个完善的人力资源规划,需要上述三种方法的结合,这样才能使规划有理有据,落到实处。

(一)战略分析法

大型商业银行在新发展阶段的战略目标是成为国际一流商业银行,实现这一发展目标,关键是实现一系列的战略转变:一是要从区域管理向条线管理转变,从目前分行的管理模式转变为分行和业务单元并存的管理模式;二是要从以对公业务为主向对公业务和个人业务并重转变，对公业务单笔金额大、期限长、客户数量相对较少，但是，个人业务确实单笔金额小、客户分散、期限变化大、效率要求高，但比较稳定、总体质量高；三是从粗放经营向集约经营转变，这种集约不但是层次的集中，更是经营效果、投入产出效率的提升。实现这些战略转变，在目前的环境下非常艰难，需要银行具备一系列新的能力，总体而言，要强化如下能力：

1. 要强化变革能力，员工要有创新精神，要上下共同推进变革，具有设计变革、实施变革的素养和专业水平。

2. 要强化零售营销能力，个人客户与公司客户有很大的不同，对公司客户的营销和服务方式不适用于对个人客户的营销和服务，传统的银行员工未必能够适应零售业务发展的需要。

3. 要强化专业技能，业务单元的运作从本质上讲是按照专业进行分工的，其优越于区域管理的地方也正在于其专业性，通过专业管理，提高了服务的专业水平，提升了服务的价值创造能力，因此各个单元的员工必须具备更高的专业技能才能发挥出单元管理的优势。

4. 要提高风险回报的平衡能力，业务本身都存在收益与风险，提高投入产出效率、为股东提供回报，必须实现两者的平衡。

从上述四种能力出发，就需要审核目前员工的数量和素质是否能够满足战略需要，中间的差距在哪里，如何补充？

下面以风险管理队伍规划为例，说明规划的过程：

1. 数量分析。国内大型（综合性）商业银行风险管理类人员约占全员的1%~2%，某银行风险和信审类人员数量占全行总人数的1.9%，其中风险管理人员数量占全行总人数的0.99%；信贷审批人员数量占全行总人数的0.91%。

国际同业中，大型（综合性）商业银行的风险和信贷人员之和占全员平均比例为5.8%，其中信审类人员约占5%（针对个人和小企业的零售业务的面访评估信审人员的比重占到近3.5%~4%,其他的信贷分析评价等人员占1%~1.5%);由于国际市场成熟度相对高、信贷产品种类和组合多样化相对强,尤其是个人贷款、中小企业贷款、按揭贷款数量巨大,所以需要大量专职面访评估人员。所以,对于银行近期发展战略而言,更有意义的信审类人员数量占比标杆为1%~1.5%;银行信贷审批人员数量占全行总人数的0.91%;略低于1.5%的占比。基于银行战略,公司贷款业务年均增长10%,结合该银行强化中台风险控制职能以及加强专职审批人制度的战略举措,并考虑与国际标杆的靠近,未来信贷审批人员需增长15%,占全行规划目标人员总量的1.2%;未来随着业务量的进一步增加,该类人员占比将进一步与国际同行水平靠拢。

在人员层次分布上,未来高级、中级和初级风险和信审人员的构成向国际银行比较普遍的梯形结构转移,即高级、中级和初级的比例可能约为15%、35%、50%。

2. 素质分析。从专业领域发展趋势看,随着利率市场化改革的进一步推进,关于市场风险的管理能力要求进一步提高;随着巴塞尔新资本协议的实施,对信贷风险、市场风险和操作风险管理能力要求进一步提高,尤其是要具备和掌握开发内部评级所需的模型与工具。

从管理体制角度看,银行要在风险管理方面实行全行垂直管理,提高风险管理的独立性,并配以风险管理流程和监控体系的统一变革,风险管理人员的变革能力、流程重组的能力必须增强。

从现有人员的能力素质分析,根据对管理层的问卷调研,全行风险和信审类人员目前素质相对的强弱项如表3-3所示,相对强项中C2、C4、C7平均胜任度分别为77%、77%、74%;相对弱项中C1、C5平均胜任度分别为63%、68%;另外两项素质C3、C6

处于中等水平,平均胜任度分别为73%、72%。

表3-3 素 质 表

素质要求相对强项 ——由高到低(现状)	素质要求处于中间 水平(现状)	素质要求相对弱项 ——由低到高(现状)
C2——银行产品知识	C3——业务操作流程	C5——风险监控研究分析
C4——相关法律法规、产业政策	C6——信用风险分析	C1——风险计量技术
C7——系统、工具运用能力		

综合上述分析,风险管理人员需要加强的能力为:C1——风险计量技术、C5——风险监控研究分析、C6——信用风险分析、C3——业务操作流程(见图3-4)。

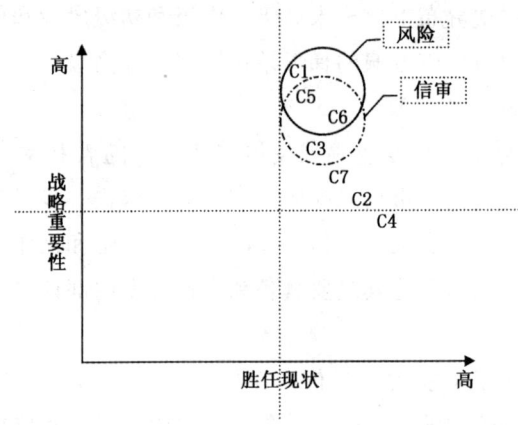

图3-4 素 质 图

3.人才需求。具体到人才需求上,银行未来需要能够把握和推动整体风险管理流程重组、整体风险管控机制建立和运作的高端人才;需要掌握并能灵活运用风险计量技术,进行风险监控的高级风险管理人才;需要能够开发符合业务动态发展所需的内部评级模型和工具,并具有较强的风险计量和评估能力的高级信审人才;需要熟悉业务操作流程、掌握个人客户风险评价的中级信审管理人才。当前风险和信审类人员的增加以建模统计分析人员为主,3年内全行应具备不少于3名具有丰富运作经验、了解成熟市场的业内风险计量分析专家作为组织内部的技术专家,并加快培养具有计量经济、统计、金融等专业背景和专业水平的风险建模分析团队;随着信贷审批功能向总行和一级分行集中,信审类人员的分布将逐渐集中至总行和一级分行,最资深的信审人员主要在总行,但在贷款业务规模前10位的、战略区域的一级分行,也应考虑配备1~2名资深的信审专业人员。

4. 人才补充措施。基于风险和信审战略举措要求,即将发生的风险管理流程的变革,以及以"效益"为核心的量化分析评估职能的强化,必然促使风险和信审功能和角色定位的变化。配合功能定位转变,从而满足未来业务发展要求,对于信审人员,银行需要培养或引进未来所需的人才;对于风险管理人员,银行需要在合理控制总量的前提下,进行人员培养和人员更替。

首先,要基于未来的风险信审系统的功能和要求,改进组织结构,梳理重组业务流程和风险管理流程,科学地设置和定义岗位。尤其是风险计量建模分析、信贷风险分析和评价、专职信贷审批人的职责、角色和绩效考核指标;同时基于素质要求和历史经验制定任职资格要求、加强以业绩和能力双维度的任职资格评审,以推动风险和信审类人员的转型。

其次,在人才来源方面,对于高端的风险建模分析人才,考虑外部引进、内部培养等多种模式;基于成本控制要求,初、中级风险和信审类人员则以内部培养为主(占90%)、外部引进为辅(占10%)。引进的高级风险和信审类人员,应是具有5年以上国内外银行信贷审批工作经验,独立主持过大型企业大额贷款审批的高端人才；或具有5年以上国内外银行风险管理工作经验，带领团队研发和创新风险计量模型，并取得突出贡献的高端人才。中级风险和信审人员的选择标准包括：了解银行的主要业务运作、熟悉业务和管理流程、具备良好的风险分析和评估能力和一定的风险计量建模能力。初级风险和信审人员的选择标准主要考虑：熟悉银行产品、相关法律法规并具备系统和工具的应用能力。

再次，随着国内金融市场机制、信用、法制环境的进一步成熟，以及IT技术在银行应用程度的日益提高，银行风险管理流程的重组，将导致风险管理人员的收缩，需要考虑人员的再就业问题。

为强化初中级风险和信审类人员对业务操作流程和风险管理流程的掌握，对初中级风险信审人员的业务操作流程和风险管理流程培训和再更新培训需要达到100%；为强化全行风险和信审类人员建模、量化评估分析以及模型运用能力，相关信审、风险工具培训的覆盖率要达到100%。

（二）工作分析法

银行的管理层次一般分为总行、分行、支行、营业网点。有的中小银行管理层次相对扁平化，分为总行、分行、支行。每一个支行都是一个全功能的服务经营机构，下面不再设立营业机构。下面分别分析：

1. 储蓄所。储蓄所的岗位设置基本相同，其人员数量主要取决于开立的服务窗口数量。一般开设2~3个窗口，以3个为例，同时临柜需要3个柜员，考虑储蓄所周六周日需要提供服务，需要1个人轮休，需要4个人，会计主管、储蓄所主任各1人，则需要6个人，储蓄所的综合事务、授权、大堂服务等还需要1个人，因此如果开1个储蓄所，6个人是最低限度了，人员上没有弹性。如果银行的储蓄所有3 000个，需要员工人数18 000人（见图3-5）。

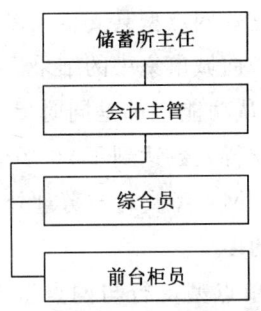

图3-5 B支行X储蓄所岗位图

2. 分理处。银行储蓄所和分理处的区别在于业务范围的不同，储蓄所一般是只对个人客户提供服务，分理处则可以为企业客户提供服务。在岗位设计上，分理处比储蓄所多了1个对公业务岗位，1个窗口至少需要两个人，2个窗口需要3个人，在这方面弹性也很小。

如果银行的分理处有6 000个，则人数需求为54 000人，平均9人。为了提高效率，缩短层次，很多银行都已经将业务量大的分理处升格为网点型或单点型支行（见图3-6）。

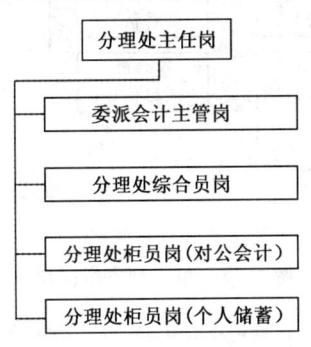

图3-6 B支行X分理处岗位图

3. 网点型支行。网点型支行从名称上称为支行，从管理层次上，上移了一个层次，从财务上可能具有一定的自主权，大部分的网点型支行从分理处转变或升格而来。网点型支行有城区的网点型支行；也有县支行，这些网点型县支行大多是改革过程中，银行的经营中心从农村、县城向城市集中的结果。从人数行看，网点型支行平均人数为15人，从功能上都是同时提供个人或者企业金融服务的营业场所，多的支行人数达到了20多个人，少的也有低于10人的。从岗位设置上，网点型支行与分理处并没有很大的不同，主要区别在于服务窗口的多少。

4. 单点型支行。单点型支行与网点型支行、分理处、储蓄所最大的不同，在于它有一定的营销职能。从人数上看，单点型支行平均人数为25人左右，从功能上都是同时提供个人或者企业服务的营业场所，多的支行人数达到了50多人（见图3-7）。

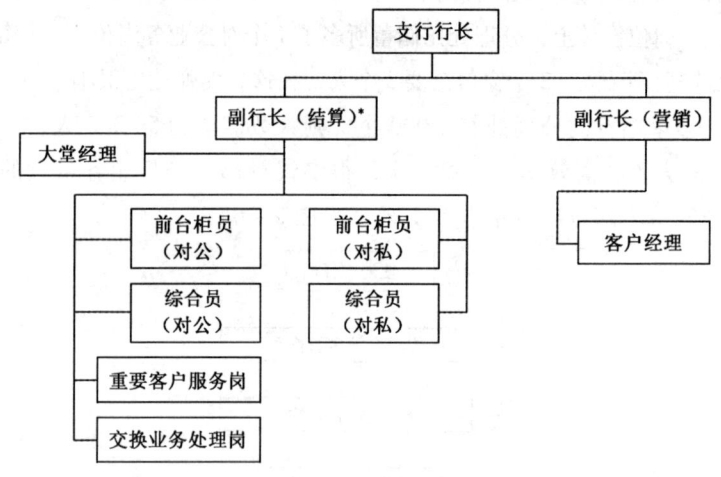

图3-7 单点型支行岗位图

注：* 承担部门质量经理/风险代表职责

5. 综合性支行。综合性支行与前面的机构有很大的不同，它的规模一般较大，设有一定的职能部门，同时管辖营业网点，营业网点的多少取决于当地业务的开展情况。岗位设置，一般都设有公司业务部、个人银行部、风险管理部、财务会计部和办公室。公司业务部一般设置经理岗、客户经理岗、综合岗、评估评价岗，客户经理岗根据工作性质不同，分为不良贷款岗、市场拓展客户经理等。个人银行部设置产品岗和客户经理岗，风险管理部设置政策制度岗、风险经理岗、合规与法律事务岗，财务会计部设置财务岗、会计督导岗、稽核岗、考评岗、信息岗，办公室设置人力资源岗、档案岗、文书岗、信息技术岗、综合事务岗、安全保卫岗。因此，综合性支行的人员数量较多也是情理之中的事情了。在岗位设置上，也有不同的模式（见图3-8、图3-9、图3-10）。

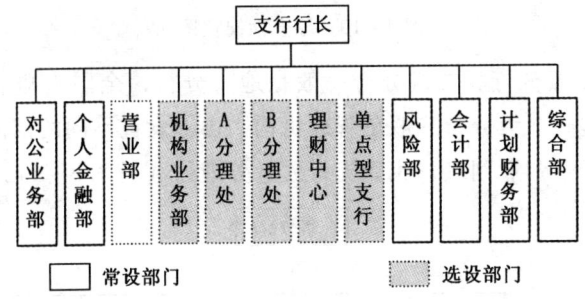

图3-8 综合性岗位图1

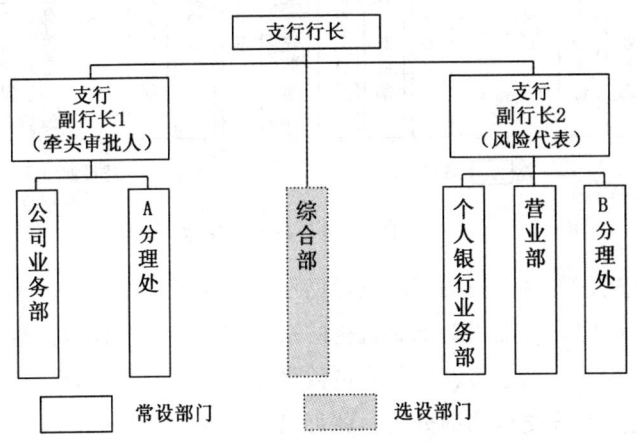

图3-9 综合性岗位图2

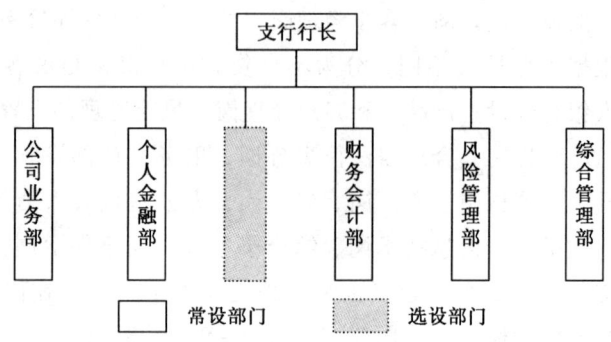

图 3-10 综合性岗位图 3

6. 二级分行。二级分行一般是地市分行,全国大概有 300 个地市,这些二级分行一般是管理机构,内部设置不同的部门,下面管理若干个营业网点,比如支行或者分理处(见图 3-11)。

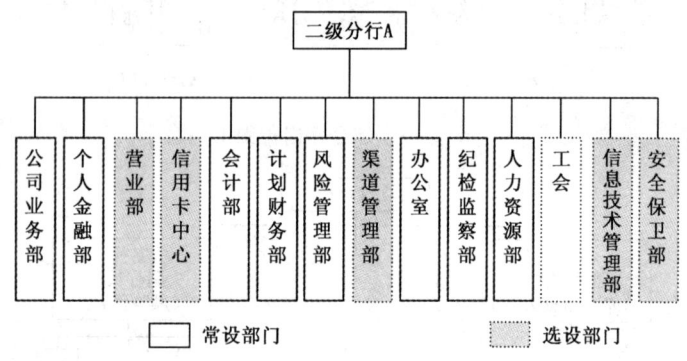

图 3-11 二级分行本部岗位图

显然,二级分行的管理色彩已经非常重了,设置了多个专业化的职能部门,以加强对下属机构的指导和管理,在大型银行这样的二级分行并不是很多,但是人员数量并不少,平均为 200 多人。

通过对分支机构的分析,就可以规划人员的数量,比如一个分行有储蓄所 20 个,分理处 20 个,单点型支行 100 个,网点型支行

20个,综合性支行20个,二级分行20个,这个分行需要的人数大约为10 000人,详见估算表(见表3–4)。

表3–4 一级分行人员估算表

	数量	平均人数	人员数量
储蓄所	20	6	120
分理处	20	9	180
单点型支行	100	25	2 500
网点型支行	20	15	300
综合性支行	20	150	3 000
二级分行	20	200	4 000
小 计			10 100

(三)投入产出分析法

这种分析方法是分析人力资源投入与最后产出之间的关系,经济学的生产函数模型为这种分析提供了基本的理论基础。从生产函数来看,$Y = AK^a L^b$,K代表资本,应是所有的资本即总资产的概念,整理上述方程可以得到如下等式:

$$\frac{Y^a}{K^a} = AL^b Y^{a-1}$$

$$\left(\frac{Y}{K}\right)^a = AL^{b+a-1}\left(\frac{Y}{L}\right)^{a-1}$$

Y/K可以理解为资产回报率,Y/L可以理解为人均收入,这从原理上就建立了效益和劳动生产率的关系。另外,资产回报率与劳动力数量有直接关系。

在反映效益的指标上,一般可以考虑利润、经济增加值等绝对量指标,也可以考虑资产回报率、净资产收益率等相对量指标。资产回报率是一个比较好的指标,因为数据比较容易得到,资产回报率可以用 EBIT/总资产来代表，EBIT 可以用银行的利息收入来近似，因为国内银行的中间业务收入很小，可以忽略不计；其次从研究角度，银行投入的资本不能只考虑所有者权益即净资产，还需要考虑负债资本的投入，用资产可以代表所有的资本投入，资产回报率更加合理。

在解释银行效益的变量中，可以考虑这样的几个方面：第一，当地的金融资源，用各省的存款总量、贷款总量、人均 GDP 等指标考量是否是外部因素导致效益差异。第二，银行的规模，分行的存款总量、贷款总量、资产总量等，是不是规模大其投入产出效率就高呢？在经济学上一般存在规模经济的门槛和边界，可以分析一下银行是否也存在规模经济问题。第三，业务增长，主要指标是存款增长率、贷款增长率等，要分析判断是否因为业务增长率高带来银行效益高？第四，劳动生产率指标，包括人均贷款、人均存款、人均营业收入、人均资产等指标。第五，劳动力资源，比如人口数量、员工人数等，通过这些指标考察是否员工的投入能够提高效益（见表 3-5）。

表 3-5　　　　　　　　劳动生产率指标表

指标类别	指　　标	指标类别	指　　标
金融资源	省存款余额	劳动生产率	人均存款
	省贷款余额		人均贷款
	GDP		人均营业收入
	人均 GDP		人均资产
劳动力资源	人口密度	分行增长速度	人均 GDP 增长
	人口数量		存款增长
分行规模	人数		贷款增长
	资产总额	市场份额	存款份额
	存款余额		贷款份额
	贷款余额	分行盈利情况	账面利润
投入产出	贷款比存款		营业净收入

1. 数据分析。为了分析劳动生产率和效益的关系,收集的样本包括某银行所有一级分行在 2003 年和 2004 年的上述变量数据,对上述变量数据分析如下(见表 3-6):

(1) 资产回报率的分布图(见图 3-12)。

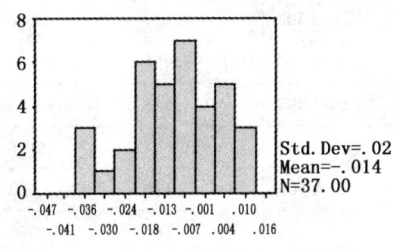
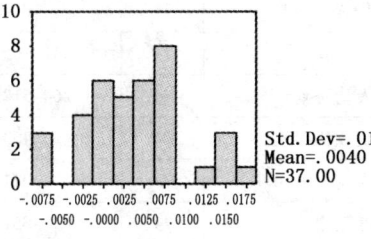

图 3-12 资产回报率分布

(2) 人均营业收入分布图(见图 3-13)。

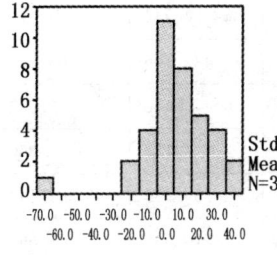
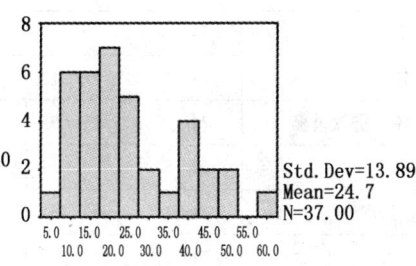

图 3-13 人均营业收入分布

表 3-6　　　　　各指标统计分布分析表

	N	最小值	最大值	平均值	标准差
ROAA	74	-.130	.019	-.005	.019
人均收入	74	-73.832	60.408	15.282	19.238
人均 GDP	74	3.474	60.175	17.242	14.779

续表

	N	最小值	最大值	平均值	标准差
人口密度	74	2.213	3 059.903	482.246	600.379
存款份额	74	.095	.276	.146	.042
贷款份额	74	.064	.307	.127	.040
人均存款	74	351.765	3 053.260	1 039.955	595.643
人均贷款	74	264.512	2 040.995	714.548	409.695
贷款比存款	74	.463	1.147	.693	.148
人均 GDP 增长	73	-.021	.508	.170	.083
存款增长	74	.051	.709	.184	.092
贷款增长	74	-.013	.956	.176	.137
账面利润	74	-582 305	450 764.5	-28 834.5	151 031.092
人口数量	74	-.130	.019	-.005	.019
存款余额	74	-73.832	60.408	15.282	19.238
贷款余额	74	3.474	60.175	17.242	14.779
各省存款余额	74	2.213	3 059.903	482.246	600.379
各省贷款余额	74	.095	.276	.146	.042
GDP	74	.064	.307	.127	.040
人均资产	74	351.765	3 053.260	1 039.955	595.643
人数	74	264.512	2 040.995	714.548	409.695
资产总额	74	.463	1.147	.693	.148
营业净收入	74	-.021	-.508	.170	.083
Valid N（listwise）	73	.051	.709	.184	.092

2. 计量分析过程。计量分析常采用多元线性回归。将资产回报率作为因变量，人均营业收入、人均 GDP 等指标作为自变量，为了确定选入的自变量，分别采用逐步法、前向法、后向法等方法进行测试，发现选入的变量和结果（见表 3-7）。

表 3-7　　　　　多元线性回归变量系数表

	选入变量	相关系数 R	F 检验值
逐步法	人均收入，人均贷款	.90	158.35
前向法	人均收入，人均贷款	.90	158.35
后向法	营业净收入，贷款增长，贷款份额，人口密度，人口数量，人均收入，人均GDP，人数，GDP，账面利润，资产总额，存款余额	.95	46.54

从上述分析可以看到，人均营业收入和人均贷款是两个比较一致的变量，采用趋势面分析的方法，引入人均收入平方作为一个变量，采用3个变量回归：人均收入、人均收入平方、人均贷款，发现回归系数显著提高为0.956。

如果采用后向法得到的变量，再加上人均收入平方进行回归，发现拟合效果进一步提高，但资产总额和存款余额有很强的相关性，去掉存款余额进行回归，发现拟合系数基本保持不变（见表3-8）。

表 3-8　　　　　拟 合 效 果 表

情况设计	自变量	R	F 检验值
情形一	人均收入，人均贷款，人均收入平方	0.956	247.896
情形二	营业净收入，贷款增长，贷款份额，人口密度，人口数量，人均收入，人均GDP，人数，GDP，账面利润，资产总额，存款余额，人均收入平方	0.976	101.195
情形三	营业净收入，贷款增长，贷款份额，人口密度，人口数量，人均收入，人均GDP，人数，GDP，账面利润，资产总额，人均收入平方	0.975	108.146

对情形三中的变量进行 t 检验，可以采用的变量是：营业净收入、人均收入、GDP、账面利润、人均收入平方（见表3-9）。

表 3-9　　　　　　　　变量 t 检验表

模型参数	非标准化系数		标准化系数	t	Sig.	多重共线性统计	
	B	Std. Error	Beta			Tolerance	VIF
常数	-1.13E-02	.003		-3.690	.000		
人均营业收入	8.61E-04	.000	.867	13.428	.000	.192	5.215
人均营业收入平方	-9.08E-06	.000	-.434	-9.937	.000	.418	2.393
营业净收入	-6.23E-08	.000	-.526	-3.161	.002	.029	34.722
贷款增长	1.074E-03	.004	.008	.242	.810	.789	1.267
贷款份额	1.481E-02	.016	.031	.899	.372	.656	1.524
人口密度	4.433E-07	.000	.014	.294	.770	.357	2.803
人口数量	-5.00E-07	.000	-.073	-1.083	.283	.176	5.675
人均 GDP	-6.34E-05	.000	-.049	-.684	.497	.156	6.426
GDP	1.386E-06	.000	.272	3.062	.003	.101	9.889
账面利润	6.934E-08	.000	.548	4.684	.000	.058	17.125
资产总额	2.835E-10	.000	.117	1.399	.167	.115	8.725

a. Dependent Variable: ROAA

从方差膨胀因子可以发现，营业净收入和账面利润的方差膨胀因子较大，说明多重线性问题存在，需要甄别相关性高的变量。从经济意义上理解，营业净收入与账面利润存在较高的相关性，应该去掉一个。

$$ROAA = a + 0.867 \text{人均营业收入} - 0.434 \text{人均营业收入}^2$$
$$- 0.526 \text{营业净收入} + 0.548 \text{账面利润} + 0.272 GDP$$

从影响因素上分析，可以得到如下判断：

（1）资产回报率与人均营业收入有很强的联系，并且这种关系呈现二次方特征，这也意味着人均营业收入的提高在开始的时候能够提高资产回报率，但是增加到一定程度，资产回报率会达到最大，即不再提高，随后反而会下降，资产回报率可以代表银行绩效水平，人均营业收入可以代表劳动生产率，这也就说明劳动生产率与银行绩效的关系存在一个最大值，劳动生产率的提高可以提高银行绩效，但是会达到一个顶峰，超过这一顶峰，则劳动生产率的提高可能降低银行绩效。

（2）资产回报率与GDP相关，则可以理解为GDP越大，意味着金融资源越丰富，相应的银行业务的回报率越高。

（3）根据资产回报与人均营业收入之间的关系，可以寻求一个机构资产回报最高时对人力资源的需求，这也就为制定人力资源规划奠定了一个基础。

六、在制定人力资源规划过程中要考虑的关系

1. 总部与分支机构。在制定和执行人力资源规划的过程中，总部和分支机构扮演着不同的角色。人力资源规划一般是由银行的总部和高层管理机构来进行，总部根据银行的整体战略规划对人力资源进行通盘考虑，根据需要达成的战略目标，规划银行的人才数量、质量和结构。银行的分支机构更多的是按照整体规划制定详细的执行计划，并在执行的过程中及时发现和反馈问题，并采取相应的调整措施。

2. 高层与中基层。银行的高层管理团队对于人力资源规划有着更多更深刻的思考，往往是银行的最高领导者或人力资源主管领导主导着人力资源规划，而具体制定规划的是人力资源部门的负责人。因此，人力资源规划者应积极与高管进行沟通，明确银行远景规划，领会领导意图，并取得高管的支持。

人力资源需求规划应根据银行发展的不同阶段和不同对象区别对待，突出重点。在客观分析银行人力资源现状的基础上，按照银

行实现战略目标的要求,寻找人力资源现状与目标的差距,然后进行调整。对于基层的员工,更多的是关注人员数量和结构调整;而中高层管理人员,应更多地关注基于银行文化和经营理念基础上的人员能力、素质的提高,价值观念和行为取向的转变。

3. 执行、理念与形式。从国际和国内的大银行来看,人力资源规划在理念和具体执行方面体现得很多,而以明确的书面形式出现的并不多。因此,银行在制定和执行人力资源规划的过程中,更多的精力应该关注在人力资源规划的核心理念和具体执行措施上,关注其具体的实施效果,而不必拘泥于其具体的表现形式。

通俗地说,银行经营里处处体现着人力资源规划,但并不都有厚厚一打人力资源规划的文件。

4. 广义与狭义。做好人力资源管理需要三部曲,确定战略规划——人力资源规划——人力资源管理体系与具体的执行计划,彼此之间是层次递进的关系。

从狭义来看,人力资源规划就是"纲"。人力资源规划描述的是银行要达到未来目标所需要的人员的数量、质量和结构。

银行的整体发展战略目标决定了人力资源规划的内容,而这些内容又为建立人力资源管理体系、制定具体的人员补充计划、人员使用计划、人员接替与晋升计划、教育培训计划、评估与激励计划、劳动关系计划、退休解聘计划等等提供了方向指引和依据,因此,广义上的人力资源规划又包含了这些具体的内容。

人力资源规划是银行发展战略规划的重要组成部分,同时也是银行各项人力资源管理工作的基础和依据。

5. 稳定与变化。在银行处于不同的发展阶段和环境中时,人力资源规划所发挥的作用和关注点也是不同的。在银行处于稳定的发展阶段时,人力资源规划发挥的作用更大一些,中高层管理者更加关注职业技能、行业知识等因素;而当银行处于高度不确定的环境时,人力资源规划的难度就更大一些,对于中高层管理者,更加关注短期内业务发展与人力资源的匹配关系。

6. 静态与动态。人力资源规划的制定往往是在银行明确了战略发展方向和目标的基础上,在某一时段基于对未来的分析和判断做出的,是一种静态的决策。而当银行面对快速变化的内外部复杂环境时,就必须根据实际情况的变化对规划提出合理的调整,以适应环境,并尽量减少反应的滞后性。因此,人力资源规划又是动态调整的,而不是一劳永逸的,最重要的是要关注其实际的执行效果。同时每年都应该对上一年度的人力资源规划进行修订(见案例3-2)。

案例3-2 战略性人力资源规划

一、华为的战略性人力资源规划:抢占人才高地、垄断继任者

华为曾经是一个名不见经传的民营企业,在短短的十几年间,发展成为利润率最高、研发投入率最高的中国电子信息百强企业之一。究其成功的原因,其中重要的因素之一是按照战略规划目标,制定人力资源规划并大规模进行相关人才储备。

华为创业之始仅有10多人,逐步增加到100多人,20世纪90年代中期以后,在确定了"华为将长期专注于通信网络从核心层到接入层整体解决方案的研究开发,同时以标准的中间件形式向用户提供开放的业务平台,并关注宽带化、分组化、个人化的网络发展方向"的战略发展方向之后,华为进行了人力资源的规划,开始了大规模的人才引进和储备。1998~2000年,平均每年员工增长人数在3 000~4 000左右,居国内首位。以

续

1998年为例，中国科学技术大学1998年毕业研究生除继续在国内外求学的，共有400人左右找工作，其中近90人到了华为公司，而华中理工大学则有近200人到了华为。到2001年华为已有员工15 000余人，其中85%具有本科以上学历，45%具有硕士、博士和博士后学历，员工平均年龄27岁。从人员结构看：科研人员占40%，市场营销和服务人员占35%，生产人员占10%，管理及其他人员占15%（2001年数字）。

本案例值得关注的是，华为对人力资源的规划并非中规中矩，按照供给和需求的预测做出的，而是更多地从切断竞争对手人才补给线的战略高度出发制定实施的。正是这一基于人力资源规划的战略举措，为华为的发展奠定了雄厚的基础，同时也对其他竞争对手产生了巨大的压力。

二、AT&T人力资源规划的核心：关注高层管理者的素质模型

AT&T公司和许多跨国公司一样，在人力资源规划方面，极其重视对所需人员，尤其高管人员的能力要求。公司需要一种"新类型"的经理，这些人对于公司的新产品和服务有丰富的知识，有能力对收购与合并进行管理，并有能力在不确定的环境中有效地行使其职能。

AT&T重新进行了详细的人力资源规划，并重点对高层管理者的素质和技能进行了描述，借助开发和实行一套职业生涯管理系统来解决了高层管理者配备的管理问题。这一系统有两方面的目的：第一，确认公司的新的全球商业计划所要求的管理技能；第二，追踪所有有志于高层管理职位的现有经理的技能水平。这

第三章 战略性人力资源规划

续

样一个系统将允许 AT&T 能在出现空缺时去"推荐"并最终选择就任人选。

系统中储存了有关 AT&T 的人员和职位的大量的信息。例如,"人员档案"包括了有关每一个经理的信息,如工作历史、教育程度、优点和缺点、领导开发需要、开发计划、培训(参加过的和计划参加的)和特殊技能(例如,对外语的精通程度)。对于每个作为目标的高层管理职位,"职位档案"都列出了如职位头衔、就任地点、技能要求(现在的和将来的)以及这一职位的可能的继任者。

AT&T 借助人力资源规划保持了其组织的高层领导的连续性,具体地说,就是描述定义对于不同的高级职位所需的领导技能,了解有资格升至某个确定职位的雇员,对每个候选人进行充分的培训开发。

通过这些做法,公司掌握了一个在高层管理职位出现空缺时可以从中进行挑选的全世界的合格内部候选人的后备库。而且,规划具有相当的灵活性,允许公司对突然的变化需要做出快速反应。例如,当巴黎的高层管理职位由于合并而突然出现悬而未决的情况时,这一系统会迅速地确定一个能流畅地使用法语的合格候选人。

通过一系列案例,我们可以得出一个结论:人力资源规划就是围绕组织未来的战略目标,经过人才供需分析,对所需人员从数量、质量到结构的预测和规划。

# 第四章

人力资源管理的基础——岗位和职务

从人本主义的角度出发,人力资源管理的根本目的就是实现人和岗位的最优匹配,充分发挥每一个人的积极性和主动性,调动每一个人的潜能,但是要实现这一目标,首先要明确一个概念,就是岗位的内涵和外延是什么?

回答这一问题很难,尤其是对一个像银行这样的服务企业,原因在于,岗位的概念产生于社会分工的思想,正像亚当·斯密在《国富论》中所讲的例子,生产针的工序细分为多个以后,每个工序的工作效率大大提高,整体的劳动生产率大大提高,原来一天只能制造 10 个针,现在可以制造上百个,在这样的流水线上,区分为不同的岗位是必要的,也是可行的。用这样的思想来分析银行的工作,可以发现只有银行营业网点的部分工作可以划分为界限相对清晰的岗位。在网点的工作需要面对消费者,其时间和成果都有明确的要求。但对大量的银行工作而言,有的是可以相对固化的,比如对公贷款,按照相关规定,需要进行市场调查、撰写分析报告、组织人员进行审批、与客户签订合同、对贷款质量进行评价、回收贷款本金和利息等环节。在总行和分行这些管理层次,很多工作相当柔性和宽泛,需要进行大量的创新和思考,在这些层次,岗位就

第四章　人力资源管理的基础——岗位和职务

变得很难确定。正因为如此，才导致银行的管理人员队伍不断膨胀，占用了相当大的资源。这也说明在总行和分行层面进行岗位分析具有很大的挑战性。

尽管如此，作为管理的基础平台，明确岗位并不是做不到。所谓岗位，是一系列具有内在相似性的工作职责的组合，这些工作职责的组合能够构成工作流程中一个相对独立的单元，有明确的绩效衡量指标，能够保证工作的饱满。理解这一概念，有几个关键：

第一，职责和具体工作不同。职责体现了工作的目的，工作则是具体的活动。比如客户经理，为客户提供优质服务是其职责，走访客户、了解客户需求、撰写客户分析报告等等，这些是客户经理的工作。

第二，岗位与流程环节不同。岗位与流程密不可分，但不是任何一个工作流程的一个环节都可以成为一个岗位，在实践中，要抓住主要工作流程，也就是完成部门目标的核心流程，这种流程一般不超过3个。比如前台营销部门，一般就是客户服务流程；中台产品研发支持部门，一般就是产品研发流程；后台办公室、监察室这样的部门，可能工作的对象、头绪多一些，但一般也可以分为2~3个领域和流程，比如办公室，一般分为文档管理流程、后勤保障流程、宣传报道流程等。

第三，职责组合的方式是多种多样的，从某种意义上讲岗位是不确定的，但岗位要求的组合必须满足一定的边界条件，即同质性条件，也就是要有相通性，员工在这样的岗位上工作比较饱满。比如一些产品研发处室，按照产品分为不同的岗位应该说是可以的，但是如果产品划分过细，员工的工作可能不饱满。

第四，工作发生的频率是判定岗位工作饱满程度的重要依据。如果一个活动天天发生，而且工作量较大，就有必要设置专门的岗位，比如文件收发与处理。在管理部门，文件是一种经常性的管理工具，每天都有来自于不同部门的文件，要进行登记、处理、催办，一般每个部门都有必要设置相应的岗位。

第五，相互之间的制约。岗位之间相互制约是为了防范风险，比如最典型的是贷款审批与客户营销，两者之间一般是分开的。在计划经济时代，银行的贷款业务往往是信贷员一个人全部包揽，在监管不力的情况下，很容易发生道德风险，银行的贷款质量很低以及发生的一些案件都说明上述体制存在严重弊端，进行改革非常必要，从而设置了两个相互分开的岗位。

一、商业银行的岗位规范

银行的业务可以分为很多类，中国银行业的管理层次比较多，加上缺乏比较完善的劳动力市场，岗位划分缺乏公认的标准，随意性较大。比如国内银行业早期没有资产保全部门，在相关部门内部设立相应的资产保全岗位，经过一段时间，有的银行成立资产保全部门，有的银行开始模仿，也设立了资产保全岗位，但是，有的银行还是没有设立资产保全岗位，银行业目前还缺乏统一性的岗位设置。尽管如此，银行业的岗位设置仍然可以找到很多相通的做法和规律性的东西。

银行是一个金融服务企业，其存在的价值就是能为客户提供资金融通，包括存款、贷款、结算、投资等服务，如果把银行看作一个系统，其输入要素为资本、劳动、技术、管理（企业家），其产出为银行的各类产品或服务，完成这一转换过程，主要是两类流程：一类是经营流程，即如何对客户服务；另一类是管理流程，即如何使整个过程效率提高，风险得到控制。

按照上述分析，银行的岗位可以分为以下几类：

客户服务类、产品研发类、风险控制类、信息技术类、战略规划类、财务会计类、人力资源管理类、管理类、行政管理类。

上述分类可以称为职类,在每一个职类里面,可以分为不同的种类,在人力资源管理里称为职种。

客户服务类可以分为网点服务、电子服务和关系服务。网点服务是在银行的服务柜台为客户提供直接银行服务的岗位,一般称为综合柜员。电子服务一般是借助电话等电子渠道为客户提供服务的岗位,一般称为座席岗位,如呼叫中心座席员。关系服务是为客户提供全方位金融服务的专业性岗位,其目的是不断深化银行和客户之间的关系,提高客户的价值贡献度,如对公司客户的客户经理和对个人客户的客户经理。

产品研发类可以按照产品区分岗位,但一个技术难题是如何界定银行的产品并对其分类。其困难在于:第一,银行的产品研发往往与信息技术密切相关,很难将其从中单独区分出来。比如银行结算服务,是银行的基本服务产品,其研发有两个重要方面:一是制度流程,尤其是会计核算、资金汇划规定;二是信息技术,没有网络系统支持,结算产品很难实现。将会计核算工作和系统研发工作、产品研发工作分开,很难称为产品研发工作。第二,银行提供服务的过程本身就是产品研发的过程,很难将产品研发与客户服务单独区分出来。比如为客户提供资金管理方案,往往需要根据客户情况量身定做,更多情况下创新性的产品是客户服务人员设计创造出来的,产品研发和服务合二为一。从实际情况来看,可在一些技术复杂程度高、创新性强的领域设置产品经理岗,比如贸易融资、结构融资、个人理财等。

风险控制类可以分为风险管理、审计、合规、监察等四类。风险管理一般是指风险的分析、识别、度量和控制;审计是对内控状况进行检查评价;合规是对业务操作是否符合规范进行管理;监察一般是对责任人进行监督处理。

信息技术类可以根据信息系统开发的过程分为系统架构、系统开发、系统运营维护。系统架构包括公司技术路线、系统整体开发思路设计、系统设计等全局性的工作；系统开发则是在系统架构基本确定的前提下开发系统的各个功能模块，实现系统功能；系统运营维护则是在系统投产后对系统进行管理并对问题进行处理。

战略规划类主要是在银行总部和一级分行存在，其最主要的职责是对信息进行管理、对银行的发展战略进行研究和管理，使银行的发展更加稳健和持续。

财务会计类主要包括如何配置资本金、如何进行投资、如何进行融资（对银行来讲就是如何合理确定各项存款的规模和结构）、如何合理进行投入，以及对上述活动如何进行核算。

人力资源管理类主要是人力资源的优化配置和人力资源管理机制建设。

管理类分为各个层次机构、各个组织单元的负责人，他们一般承担着所在机构或部门各项工作的计划、组织、协调、领导和控制。

行政管理类岗位主要是维持和保障银行各项业务正常运转的辅助性岗位，一般有公共关系管理、安全保卫、企业文化管理、文件和档案管理、物业管理，在国有企业中的党政工团等职能可以单列，也可以并入行政管理类（见表4-1）。

表4-1　　　　　　　　岗位分类表

岗位大类	岗位中类	岗位小类
客户服务类	营销类	市场营销
		市场分析
	网点服务	综合柜员
	关系服务	客户经理
		客户评价/项目评估
	电子服务	座席员

续表

岗位大类	岗位中类	岗位小类
产品研发类	对公业务	贸易融资
		国际融资
		项目融资
	个人业务	个人理财
风险控制类	风险管理	
	审计	
	合规	
	监察	
信息技术类	系统架构设计	
	系统开发	
	系统维护	
战略规划类	信息分析	
	战略研究	
财务会计类	财务管理	
	会计管理	
人力资源管理类	人才管理	
	机制设计	
行政管理类	公共关系	
	企业文化	
	文件档案	
	安全保卫	
	物业管理	
管理类	机构负责人	
	职能部门负责人	

二、岗位分析

岗位分析，有的也称为工作分析，是围绕银行战略目标，科学合理界定部门的工作职责，并将这些职责分解到每一个岗位上的过程，这一过程的成果体现和载体是岗位说明书。这里有四个关键点需要把握：第一，岗位分析工作必须紧紧围绕发展战略，不能偏离战略方向，换句话讲，战略作了调整，也要重新对组织和岗位进行梳理和审视。岗位分析是将战略分解落实、实施到位的过程。第二，岗位分析前需要对部门职责进行澄清，这一工作的作用有两个：一是界定了各个部门的职责，这是岗位分析的前提；二是通过这一过程，进一步对流程进行优化，寻找各个部门职责的灰色领域。第三，要在职责澄清分析的基础上，确定岗位的设置，也就是通常所说的定编工作。第四，岗位分析是对岗位的理性要求，而不是岗位的现状或者岗位现任者的情况，要在现有基础上进行优化和完善。

在岗位分析过程中，经常听到"一人一岗"、"一人多岗"、"一岗多人"、"一事一岗"等多种表述，那么这些说法是否都正确，是否都成立，需要我们认真分析。

前面已经论述了岗位的内涵和定义，岗位是一系列具有内在相似性的工作职责的组合，这些工作职责的组合能够构成工作流程中一个相对独立的单元，有明确的绩效衡量指标，能够保证工作的饱满。因此一般意义上，一人一岗应该是一个比较正常的现象和事情，一事一岗在一般情况下是不成立的，一人多岗说明对岗位的职责合并得还不够。一般讲一岗多人也是不成立的，在实践中，有时对工作职责、工作要求等完全相同的岗位称为一个岗位，但这个岗位需要比较多的人，这时从形式上就存在一岗多人的情况，这种情况从本质上讲是多个完全相同岗位的简化处理,岗位数量取决于工作量和个人所能承担工作的比例关系,本质上还是一人一岗。因此,在一人多岗或一岗多人的争论中,判断其正确与否的关键是对岗位的界定。在适当的岗位概念下,一人一岗是主要的形式;如果岗位内涵过小,可能存在一人多岗的现象发生;如果岗位内涵过大,也可能存在一岗多人的现象。

三、信息收集

在进行岗位分析时,要收集相关信息,经常用到的收集信息的工具和方式主要有:

1. 访谈法。这种方法一般是先围绕访谈的主题准备一个提纲,在岗位分析时,一般的问题是:

你这个岗位存在的目的是什么?

你经常做的工作是什么?

如何衡量你的工作产出?

需要什么样的能力要求才能胜任工作?

你经常联系的岗位、部门有哪些?如何协调与他们的关系?

2. 问卷法。这种方法是设计格式化的调查问卷,了解岗位信息。一般而言,问卷包括四个部分:基本信息、岗位职责、绩效指标、能力要求。基本信息主要是了解岗位在组织中所处的位置,上下级的情况等。岗位职责,一般是要求列出不超过10项的工作任务,这些工作任务按照重要性、发生的频率等标准进行排列,必要时要注明占用的时间比例。绩效指标是与岗位职责紧密对应的,完成一项工作职责需要一定的标准进行衡量,这些标准可以是定性的,也可以是定量的。能力要求,也称为素质模型,是岗位对任职者的各项素质要求,一般包括教育背景、工作经验、知识、技能、价值观、态度、动机等。

3. 观察法。这种方法也是岗位分析最古老的一种方法。最早是19世纪末、20世纪初的泰勒，采用这种方法分析工人铲煤，他通过分析比较，总结出用多大的铲子铲煤才最有效率。后来，这种方法也被用于岗位分析，即通过写实，详细地记录岗位上经常发生的事件以及办理的情况，作为分析的基本素材。

四、职责澄清

职责澄清一般分为如下几个步骤：

1. 澄清部门职责。完成这样的工作，经常需要回答的问题是：
部门在实现全行战略中所处的位置在哪里？存在的价值是什么？
部门在全行主要业务流程中的位置在哪里？
部门的主要职责是什么？是如何体现部门的作用和价值的？
部门的主要业务流程是什么？
部门的主要职责与其他部门职责之间是否存在交叉？

2. 对部门职责进行归纳整理。重点回答以下问题：
部门的职责可以分为几个部分或者模块？
完成部门的职责而采取的经常性关键活动是什么？
履行职责的活动是否存在差异，是否需要分为不同的层次？不同层次的岗位在具体的工作职责上有哪些不同？
有哪些职责没有分解到具体的岗位？

3. 分解部门职责。重点回答两个问题：
如何将部门职责落实到不同的岗位上？
同一个职责在不同岗位上如何进行区分？
在做这些区分时，有的咨询公司总结了一些工具，比如可以将职责区分为五个层次：审批（Approval – Veto）、负责（Responsibility）、参与（Participate）、咨询（Consultation）、通知（Inform）。审批是岗位具有批准或否决的权利；负责是岗位需要启动并跟踪某一活动，并确保该活动的顺利完成，对该活动的结果负责；参与是作为行动小组成员之一参与某项活动；咨询是为某活动提供咨询、建议；通知是岗位对某项任务没有直接影响力，只是起到上传下达的桥梁作用。举一个例子，制定规划，这是很多部门都有的一项职责，落实到岗位上，部门负责人的职责是审批，职能处室或者副总的职责是负责，特定岗位的职责是参与或者咨询。

■ 五、绩效指标与任职条件

在岗位分析时，确定岗位职责是其中的一个任务，梳理明确绩效指标和任职资格条件是另外两个任务。其一般性的方法是：

1. 根据工作职责和任务，从最终结果的产出、质量、效率等方面进行归纳。比如产品研发岗位，其主要的职责是根据市场和客户的需求，开发有针对性的产品或服务，评价这一岗位的绩效指标有：研发产品的数量（产出）、产品被市场/客户的认可程度（质量）、产品实现的价值收入、产品研发的周期（效率）等。

2. 借用平衡计分卡的方法，从财务、客户、流程、学习创新等四个方面设计绩效指标。比如客户经理岗，从客户角度，可以设计客户满意度指标；从财务角度，可以有利润、经济增加值、客户回报率等指标；从流程角度，可以有服务效率、内部配合等指标；从学习创新角度，可以有合理化建议、接受培训的时间和次数等等。

3. 可以借用不同的素质结构，分析岗位对素质的要求。比如，有的咨询公司提出从资格（教育程度、工作经验等）、知识、技能、流程、系统、工具、特质等方面勾画岗位的任职条件。

在绩效指标和任职条件设计时,要注意几个问题:

第一,绩效指标的设计一般要遵从 SMART 原则。其中 S 代表 specific,意思是指标必须是具体的,可理解的,可告诉员工具体要做什么或者完成什么。

M 代表 Measurable,意思是指标要能够衡量,并且能够反映员工的工作结果。

A 代表 Attainable,意思是指标是可达到的、可以实现的。

R 代表 Realistic,意思是可实现的,员工要知道绩效是可证明的或观察的。

T 代表是 Time-bound,意思指有时限的,员工应该在什么时间完成。

第二,对任职资格条件的理解有两种:一种认为是履行岗位职责所需要的最低要求和条件;另外一种是在岗位上做出优秀业绩的能力要求,在岗位分析阶段,比较倾向于确定在特定岗位上所需要的最低要求和条件。

第三,要认真推敲不同层次岗位在绩效指标和资格条件方面的差异。比如在资格条件方面,在明确知识、能力、流程、特质等方面的要求时,要考虑不同岗位的需要,对不同层次岗位,对某一领域知识的要求是不同的;对同一知识领域,对不同岗位的要求是不一样的。在知识的要求上,可能存在上级岗位的要求低于下级岗位要求的情况。对任职经历的要求,也要客观看待,对高层次岗位,要求一定的经验和经历是必要的,但对大部分初级岗位而言,任职者都是第一次担任职务,经验要求一般可以忽略。

六、职 务

职务,可以理解为是一个人在企业中的头衔,是对员工能力、

第四章 人力资源管理的基础——岗位和职务

贡献、资历等多方面因素的体现。在大型企业里面绝对是一个不能忽视的事情。在企业里面，强调的是以人为本，强调的是员工的长期职业生涯发展，职务是一个非常重要的工具和资源。与岗位不同，岗位与员工没有关系，员工可以变化很大，但对一个相对成熟的企业而言，岗位是相对固定的，所谓"铁打的营盘流水的兵"，但对员工而言，尽管岗位没有变化，但其仍然需要相应的激励，在这种情况下，职务是其中一个重要的方面。在历史上，这种做法也处处可见，比如过去的皇帝在奖励大臣时，大臣的岗位不可能永远升迁下去，只有在职务上晋升，比如加封一等公、一等伯等等。以清朝为例，从岗位（机构）上讲，其主要设置是军机处、六部（兵、吏、礼、户、刑、工）、地方长官、监察、翰林院等，在同一岗位的职务上，又可以分为几个层次，比如同样都是六部的尚书，在职务的等级上分为正二品、从二品。

理解岗位与职务的关系，有几个关键：

1. 岗位名称可能与职务名称相同，也可能不相同，总体而言，不相同的要多一些。比如银行行长，行长是一个岗位，承担着银行改革发展的重要职责，同时行长也是一个职务，表示是一家银行的经营管理者。比如银行内部存在行政事务岗，在这个岗位上工作的人的职务可以称为经理，在这个例子中，岗位的名称和职务的名称就不一样。

2. 岗位是对事而言的，职务是对人而言的。岗位上没有人，岗位同样可以存在；职务如果离开任职者，离开岗位就缺乏真实的意义。比如同样是部长这一职务称谓，国家部委的部长与企业内部一个部门的部长是两个截然不同的含义，离开具体的岗位背景，部长几乎没有真实的内涵。

3. 岗位和职务之间不是一一对应的关系，可以一对多。比如说对客户经理这一个岗位，其职务可以是客户经理、高级客户经理或者资深客户经理。对一个部门内设处室而言,其负责人的职务可以是高级副经理、高级经理或者高级经理助理。

4. 岗位等级和职务等级之间是两个不同的范畴。岗位等级更多的是反映岗位的相对价值,职务等级更多的是反映个人的地位、资历或者年功。

在这里反反复复讲述岗位和职务的关系,不是为了做词语的辨析,而是两者对人力资源管理有重要的价值,其最大的内在原因是,只有在这一点上想清楚,才可能搭建员工长远的职业生涯发展道路,才可能构造内部公平、外部有竞争性的薪酬体系。因为银行内部的岗位毕竟是有限的,不可能划分得太细、层次太多,这样员工的职业生涯就受到一定的影响,职务则打开了另一个渠道和空间,两者组合在一起,可以发挥更大的激励约束作用。

对具体职务而言,其名称取决于岗位在企业中的位置和等级,针对前面讲述过的岗位,银行业一般可以参考的职务名称如下:

决策层:董事长、副董事长、执行董事、非执行董事,独立董事。

高管层:行长、副行长、首席风险官、首席财务官、首席信息技术官、行长助理、董事会秘书、总审计师。

管理层:分行行长、副行长、行长助理、总经理、副总经理、总经理助理、主任、副主任、主任助理、高级经理、高级副经理、主管、经理、副经理等。

专业人员:首席专业人员、资深专业人员、高级专业人员。

有了这种职务的区分,结合岗位特征,就可能组合出很多种变化,每一种变化都代表一种新的职业阶段,就可能为银行员工创造出发展的空间。比如客户经理,同样在做为客户服务的工作,随着经验的积累、能力的提升、业绩的创造,尽管工作的内容变化不大,但员工的职务可以不断变化,从客户经理、高级客户经理逐步发展到资深客户经理,从而满足员工的职业追求,提供发展的空间(见专栏4-1)。

> **专栏4-1 花旗银行的职务与等级**
>
> 花旗集团的职级体系分为两类:一是商业银行部分;二是投资银行部分。
>
> 在商业银行部分,其职级从低到高为:经理(Officer)、助理副总裁(Assistant Vice President)、副总裁(Vice President)、高级副总裁(Senior Vice President)、执行副总裁(Executive Vice President)、高级执行副总裁(Senior Executive Vice President)、各首席官员(COO,CFO,CTO,CA,GC)、副主席(Vice Chairman)、高级副主席(Senior Vice Chairman)、总裁(President)、主席办公室成员(Member, Office of the Chairman)、主席兼CEO(Chairman & CEO)。
>
> 在投资银行部分,其职级从低到高为:分析师(Analyst)、经理(Associate)、副总裁(Vice President)、总经理(Director)、执行总经理(Managing Director)、副主席(Vice Chairman)、总裁(President)、主席兼CEO(Chairman & CEO)。

■ 七、因人设岗与因事设岗

前面讲述的岗位与职务的关系,其核心和立足点是根据任务和职责来设置的,一般都是因事设岗,这对于一个规范化的银行而言当然是重要的,但是也应该看到另外一种情况。随着知识经济的发展和工作弹性的加大,尤其是对一些高层次的岗位,其工作的灵活性较大、创新要求高、工作过程难以衡量,而且为了进一步发展员工,有时采用因人设岗的方式,也就是根据员工的工作能力来安排工作,能者多劳,当然在晋升、薪酬等方面也会有相应的制度安排。在咨询业、会计师事务所等企业中,没有明确的岗位,只有一些专业头衔,可以看作是职务,因人设岗的色彩更浓一些。

八、专业技术岗位

银行人才的流失,非常重要的部分就是专业技术人才,如何将最重要和最关键的岗位分配给最优秀的员工,实现能力、岗位、待遇的合理匹配,是银行人才管理的重要课题。在岗位分析的基础上设置专业技术岗位,留住人才、吸引人才,加强银行专业技术人员队伍建设,拓宽员工的发展空间和晋升通道,完善专业技术人才管理机制,是人力资源转轨改革的一项重要工作。

需要强调的是,说一个岗位是专业技术岗位,并不是说其他岗位没有专业性,一般意义上讲,任何一个岗位都需要一定的专业技能,这里强调的专业技术岗位是指具有技术含量高、劳动复杂程度高、替代成本高的岗位,在这些岗位上的员工,既是银行的核心专业技术人才,也是市场上人才竞争的主要对象。

(一)专业技术岗位的确定标准

如何区分这些岗位呢?一般可以有如下标准:

1. 专业性强。工作需要丰富的专业知识和技能,而且这些知识和技能需要一定时间的积累。

2. 知识密集。工作需要大量的知识储备,以抽象思维为主。

3. 创新性强。工作不是程序化、流水线式的重复操作,而是需要创造性地工作。

4. 附加值高。工作具有明显的直接创造价值或减少损失的效果。

5. 替代成本高。如果该岗位人员流失,将给银行带来较大损失,或者培养此类专业人才需要较高的成本。

6. 业务的关键环节。优先考虑在直接创造价值的关键岗位设置。

7. 独立性强。工作相对比较独立,与经办岗位、管理岗位的区分比较明显。

8. 管理活动少。工作不以计划、组织、协调、领导、监督等活动为主,而是以一对一的问题解决为主。

(二) 专业技术岗位的分析

根据系统论的认识和原理,银行是一个系统,系统的输入是各种要素:资金、劳动、管理、信息等等,系统的输出是银行的各类服务、银行的价值实现等。在整个投入和产出的过程中,存在两大类流程:一是经营流程,即从市场和客户的需求出发,将银行的服务和产品提供给社会和消费者。二是管理流程,即有效地配置银行各类资源和要素,使整个经营流程顺利进行,实现银行价值的最大化。

从经营流程来看,一般包括客户需求的采集、分析、产品研发、审批决策、服务提供、检查监督到获取价值,在这条价值增值链上,有三个基本环节或者岗位起着关键性的作用,即客户经理、产品经理、风险经理,客户经理承担着客户关系管理、服务方案设计、客户价值实现等重要职责,产品经理承担着产品或服务研发的职责,风险经理承担风险识别、决策、监测、化解的职责,三者的有机结合使银行的经营流程有效进行。具体到银行的业务实际,根据业务性质和岗位特点,需设置的系列是:客户经理、产品经理、交易员、风险经理、审计师、法律顾问等。

从管理流程来看，一般认为银行配置的基本要素是资金（包括债权人和投资者的资金）、劳动、企业家、信息等四种要素。因为管理流程中大量的岗位是管理岗位，因此在管理流程中主要设置管理岗位职务，在管理岗位覆盖不到的专业技术岗位才考虑设置专业技术岗位职务。资源综合管理和配置的核心工作是战略管理、规划、分析，可设置研究分析员系列。

资金资源管理中的专业岗位主要是财务资源的配置和资金的保值增值，可设立财务师系列。

企业家资源属于管理岗位，不再设立专业技术岗位职务。非企业家员工的管理只要体现在人才的培训和识别环节，可设立培训师系列。

信息资源配置涉及软件与硬件两个大专业，可设立信息工程师、会计师两个系列。

（三）设置专业技术岗位时要注意的问题

1. 在进行岗位设置时，既要考虑当前的业务需要，也要充分考虑未来的业务管理架构和发展规划。在有效激励现有业务岗位专业技术人员，拓宽他们的发展空间和晋升通道的同时，也要充分考虑未来相关业务发展需要的专业技术人员队伍的培养和建设，保证专业技术岗位职务系列设置能够满足当前和未来一定时期内银行经营管理的需要。

2. 专业技术岗位职务的系列设置要打破部门主义。岗位不是以某个部门为单位，而是依据银行业务特点和市场发展需要，按照岗位特点来设置，要打破部门的界限。如客户经理，可以横跨公司业务、机构业务、国际业务、个人银行业务等多个部门。

3. 职数设定问题。影响专业技术岗位职务职数的因素主要有：

业务量的大小、专业人数的数量、质量、机构的层次、岗位的分布等因素。不同专业技术岗位职务系列差异比较大,有的系列专业技术岗位主要集中在总行,有的主要集中在基层行,因此各级行、各个系列都要根据自身的特点制定详细的职数确定方法。在具体核定方法上,可以进行岗位分析,根据三高原则确定岗位职数的需求,也可以进行粗略估算,从各种角度考虑职数多少,获得大致区域,再经过合理的比例系数进行调节,获得一个近似值,只要满足一定的误差要求,按照这个值掌握,同样可以收到较好的效果(见图4-1)。

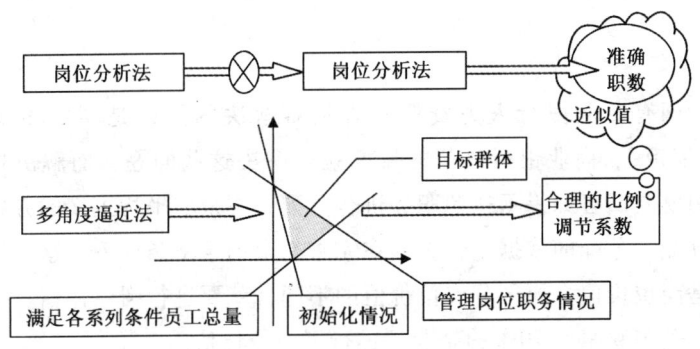

图4-1 岗位设置图

 第五章

人力资源管理的难点突破
——岗位评估

国有商业银行人力资源管理最难解决的问题是"官本位"、"大锅饭",商业银行改革的目标就是解决这些问题,而解决这些问题就要回答如果不按照职务进行分配、不采取平均主义的方式进行分配,分配的依据是什么?在完善的市场经济条件下,这一依据就是岗位价值,要区分岗位价值的不同,就要进行岗位评估。据统计,美国60%~70%的企业都进行了岗位评估。

岗位评估是对岗位价值的衡量。在人力资源管理中,追求的是将合适的人才配置到合适的岗位上去创造最大化价值,对岗位进行合理的区分和衡量,便成为人才配置的重要依据。岗位评估就是要解决这样的问题。既然岗位评估是对岗位价值的衡量,就需要明确价值的内涵。一般讲到价值,有两种理解:第一种是绝对价值,即人们经常说的"一个岗位到底值多少钱";第二种是相对价值,即哪个岗位比哪个岗位更有价值一些。在岗位评估中,一般用到的都是相对价值的概念。岗位的绝对价值,一般采用薪酬作为衡量的标准。在本章中,主要讨论岗位相对价值的衡量问题。

衡量岗位价值的方法很多,有代表性的有两个:一个是要素评

分法；另一个是两两对比法。

要素评分法是选取一定的指标作为评价岗位价值的因素，分别进行评分并进行汇总，根据总的得分情况确定岗位的价值等级。要素评分法的优点在于：第一，理解相对容易，操作相对简单；第二，它是一种准确、系统、量化的方法；第三，不仅能够给出岗位的相对位置，而且能够给出岗位的绝对位置，即岗位之间在价值方面具体的差距有多少；第四，有相对成熟的市场对标体系做参照。这种方法的主要难点在于评价要素的选择是否合理、评价要素与岗位等级之间的逻辑关系如何确定等。

两两对比法是将要评价的岗位两两进行比较，并将判别的结果运用统计的方法进行处理，确定岗位的等级。两两比较法的优点在于它抛开了具体的评价要素，直接对岗位整体进行比较，使结果与实际情况更容易吻合，缺点在于当岗位数量太大时，岗位之间的比较容易失去标准，导致最后结果的不合理。

■ 一、要素评分法举例

要素评分法是一种传统且常用的方法，国际上著名的咨询公司都有自己的评价模型，尽管指标略有不同，但基本内涵是相同的，下面举两个例子。

H公司的要素评分法是根据岗位在投入、过程、产出三个环节的共性，选取知识技能、沟通、资源调配与监管、工作条件与压力、解决问题和制定决策、影响和责任等六个要素作为评估标准，每一个要素划分为不同水平等级，并根据权重赋予不同分值。通过评估可确定各岗位在六个要素上分别达到的水平等级和相应的得分，然后根据岗位的评估总分，确定该岗位在全行岗位体系中的相对位置，并通过与外部市场的对比，确定其岗位工资。具体涵义及所占比重如下（见表 5-1）。

表 5-1　　　　H 公司岗位评价指标体系

衡量要素	要素涵义	权重
知识技能	专业知识水平、工作经验、技术方法掌握程度等方面的要求	15%
沟通	书面及口头表达、内外联系、人际合作与协调等方面的水平和层次要求	15%
资源调配与监管	管理控制权限、工作独立性、实施或接受监督与指导的范围等	20%
工作条件与压力	工作条件艰苦程度、付出体力和脑力劳动的强度、所承受的精神压力程度等	10%
解决问题和制定政策	承担职责任务的复杂程度，以及在任务完成中进行决策判断的层次和难度	20%
影响和责任	工作结果对于组织的战略实现、目标达成、持续发展的直接和间接作用，以及对结果影响所承担责任的大小	20%

二、M 公司评估方法详细介绍

M 公司提出的岗位评估体系通过对影响岗位价值的多个因素进行分析，提炼归纳出四个因素：影响、沟通、创新和知识。该公司认为，这些因素能够反映银行的经营价值导向、在一定程度上适用于所有的岗位、反映出岗位价值的本质、各个因素之间保持独立，每个因素包含 2~3 个子因素，称为维度，一共十个维度，每个维度分为若干等级，每一个等级对应一定的分数，相当于分数权重，不同的维度，其权重也各不相同（见表 5-2）。

表 5-2　　　　　　　岗 位 因 素 表

因素	因素定义	维度	维度定义
影响 （50%）	岗位对其职责涉及区域的影响范围和本质	组织规模	根据企业的营业收入、资产、员工数量确定的组织规模
		影响	岗位在组织中的影响类型和层次
		贡献	在给定影响层次上的影响力度和范围

续表

因　素	因素定义	维　度	维度定义
沟通 (10%)	岗位在组织内外部所需进行沟通的难度	沟通性质	岗位履行职责所发生的难度最高的沟通
		沟通情景	岗位沟通的范围是组织内部还是外部、沟通双方的立足点、意愿是一致的还是分歧的
创新 (15%)	岗位要求对流程、方法、技术进行改进的程度，或者创造新的概念、方法论、技术和服务的程度	创新要求	岗位要履行职责对流程、方法、技术的调整、修改、创造的能力
		复杂性	岗位任职者在创新的时候，需要自己解决的问题的复杂程度
知识 (25%)	衡量岗位为达成岗位目标、创造价值，要求对知识和应用的掌握程度	知识要求	履行岗位职责所需要的必备知识
		团队角色	岗位要求以何种方式应用知识：将知识运用到自己的工作中，通过领导一个团队来运用知识，还是通过领导多个团队来运用知识
		应用宽度	岗位要求运用知识的宽度或环境，反映了岗位知识运用所覆盖的地理范围

根据该公司岗位评估方法，其将组织类型划分为三类：第一类是基于销售额或费用收入，比如制造和销售、商业服务、投资银行、组装和销售、保险、销售、零售、贸易等行业；第二类是基于成本或者预算，比如制造业、研究和开发、政府服务等行业；第三类是基于资产，比如商业银行、零售业、房地产、物业公司等。确定组织类型后，根据企业的销售额、资产、成本等计算组织的经济规模，根据员工数量计算人员规模，根据经济规模和人员规模确定其组织规模。

在这一方法中，企业越大、人员越多，企业的组织规模就越大，这多少有些以"规模论英雄"的味道。在市场经济条件下，企业以追求价值最大化为目标，企业的资源约束很强，但对国有企业而言，其兼有政府和企业双重属性，一方面它参与市场竞争；另一方面它承担社会职能,经营上体现出"投资饥渴症"、"预算软约束"的特征。用规模作为衡量岗位等级的标准,不仅不符合实际,而且可能进一步助长追求规模、不顾效益的情况,在具体应用时需要进行必要的调整,采用有效规模的概念,一个企业的有效规模等于企业的规模除以单位企业规模的回报(见表5-3)。

表 5-3　　　　　　　　影 响 层 次 表

影响层次	定 义	判别特征	备 注
交付性	根据明确的操作标准或说明交付工作成果	按照明确的流程规范具体工作,比如银行的柜员	
操作性	独立工作以达到操作性目标或服务标准	按照设定的目标工作并独立完成工作成果,也可能领导一个团队	
战术性	基于组织整体经营策略,制定和实施某业务/职能的战术规划,或者确定组织的新产品、流程的规划	负责一个业务单元或者公司级产品、流程,比如银行内设部门的负责人岗位	
战略性	根据组织的远景,建立和实施着眼于长远(典型的为3~5年)的公司级的中长期战略	根据组织的愿景,建立和实施长期的经营策略,比如银行负责战略的管理者或职能岗位	
远见性	领导一个组织发展和实现其使命、远景和价值观	一般是银行的最高决策者和管理者	评分范围为1~5分
有限	对于运作结果,仅有难以辨别的贡献	在交付性的层次上,判断贡献的主要依据是工作的范围、对其他人的影响程度,比如银行经营网点,网点负责人或者技术指导可能定位于直接或者显著水平;在操作性的层面上,一般分析这一层面的岗位对上一层次的绩效结果的影响程度,比如判断处室负责人的岗位贡献要借助于其对部门的影响;在战略或战术层面,往往需要通过排序的方法确定各岗位的贡献度,首先找到贡献度为"直接"的岗位作为标杆,其他岗位与其相比较,从而确定贡献度的次序	
部分	对于结果的取得具有易于辨别的贡献,但通常是间接的贡献		
直接	对于决定结果取得的行动过程有直接和清晰的影响		
显著	对于结果的取得,具有显著的或根本的影响		
首要	对于结果的取得起着决定性的作用		

续表

沟通性质	定 义	判别特征	备 注
传达	通过陈述、建议、手势或表情等进行信息传递	核心行为特征是传达	评分范围为1~5分
交互和交流	通过灵活的解释、表述,使对方理解	核心行为特征是解释	
影响	通过沟通而非命令或外力使对方接受或改变	核心行为特征是说服别人	
谈判	通过磋商和有技巧的相互妥协而把握沟通过程,最终达成一致	核心行为特征是双方讨价还价而且要达成一致	
战略性谈判	控制对组织具有长期战略意义和深远影响的沟通	核心行为特征是协调多方通过讨价还价达成一致	
沟通情景	定义(评分范围为1~4分,不能打0.5分。)		
内部共享	在组织内部,有对某问题达成一致的共同意愿		
外部共享	在组织外部,有对某问题达成一致的共同意愿		
内部分歧	在组织内部,目标或意愿的冲突使双方难以达成一致		
外部分歧	在组织外部,目标或意愿的冲突使双方难以达成一致		

创新要求	定义(评分范围为1~6分)	复杂性	定义(评分范围为1~4分)
跟从	和既定的原则、流程或技术对比,不要求变化	明确的	需要解决的问题属于单一的工作领域;问题的范围已被清楚的界定
核查	基于既定的原则、流程、技术解决个别问题	困难的	问题是模糊不清的,需要进一步的分析和调查。问题解决可能涉及相关的领域
改进	加强或改进某一技术、流程中环节的性能或效率	复合的	问题的解决需要同时涉及和调整运营、财务和人力资源这三种资源的两种
提升	通过提升整个现有的流程、体系或方法,作出重大改变	多维的	问题具多维性,需要设计整体解决方案,对运营、财务、人力资源都必须有调整和影响
创造/概念化	创造新的概念或方法		
科学的/技术的突破	在知识和技术方面形成并带来新的革命性的变革		

续表

知识层次	定义（评分范围1~5分）	团队角色	定 义
有限的工作知识	掌握基本工作惯例和标准的基础知识，以履行狭小范围内的工作任务	团队成员	独立工作，没有领导他人的直接责任，评分为1分
基本的工作知识	需要掌握岗位特定的业务（商业、贸易）知识和技能或者需要精通某种特定技术/操作	团队领导	领导团队成员（至少3个）工作，分配、协调、监督团队成员工作，评分为2分
宽泛的工作知识	需要在一个专业领域内，具有多个不同方面的广泛的知识和理论	多团队经理	指导2个以上团队，决定团队的结构和团队成员的角色，评分为3分
专业知识	某个特定领域具备精通的专业技能和知识，并能够基于理论整合公司的实际	本地	一个国家，或者具有相似经营环境的相邻国家，评分为1分
宽广的职能领域知识/资深专业知识	一个职能内各个方面具备既深且广的知识和应用能力；对特定专业领域具备企业内部专家程度	洲际	洲际地区（欧洲、亚洲、拉丁美洲），评分为2分
		全球	全球所有区域，评分为3分

在对每个维度进行评分以后，为了使整个评估有更高的区分度，需要将每个维度的得分转换为一定的分数，根据转换分数进行岗位等级的区分。这也是岗位等级评估的核心技术。

三、岗位评估的方式

有了评价的标准和等级，也就是有了评估工具以后，需要进行岗位评估。在实际操作中，比较常用的评价方式有以下几种：

第一种，组成一个专门的委员会，由这个委员会对所有的部门进行评价打分。这种方法的好处在于其统一性，因为有一个委员会评价，便于掌握评价的尺度，便于不同岗位之间的平衡。但是，这种方法要求委员会的成员要对所有被评估的岗位比较熟悉,要抽出大量的时间和精力,要具有相当的权威性,其评价的结果经常受到部门或者岗位的质疑。

第二种,由岗位的直接上两级管理人员进行讨论评估。比如对部门总经理岗位,由行长和副行长进行讨论评估,对部门内部岗位,可以由部门总经理和副总经理进行讨论评估,确定每一项要素的评价得分。这种方法的优点是其权威性,因为岗位的直接上两级管理人员非常了解岗位情况,由其直接评价,可以大大减少后期对结果的讨论和争议,但是这种讨论评估的方式要求评估者之间要勇于发表个人意见、企业内部具有自由讨论的文化氛围,否则很容易变成最高管理人员自己进行评估,缺乏足够的讨论和沟通。

第三种,由岗位的直接上两级管理人员背对背分别进行评分。采用这种方法评估,一方面能够使最了解岗位情况的管理者充分发表意见;另一方面能够避免当面讨论或争论的尴尬。但是,由于缺乏当面沟通验证的过程,这种方法不能有效避免评分者主观性进行不客观评价的情况,尤其是对本部门的岗位,很可能故意评高分。解决这个问题,一方面在评估时要明确有效评分的区间和范围;另一方面在对数据进行处理时,要剔除无效的分数,最后要充分考虑主要负责人的意见,在出现差异较大的情况时,可以就评价情况与主要负责人进行再次当面沟通。

■ 四、评估会议的组织

无论采取哪种方法,都需要召集会议进行评估,做好评估会议的准备工作非常重要,一般需要准备和考虑的问题有:

1. 会议材料。岗位评估是一种高强度的脑力活动,在进行岗位评估时一般需要准备岗位评估手册(包括如何认识岗位评估、如何组织岗位评估、岗位评估的理论等)、岗位说明书（包括岗位主要职责、关键绩效指标、能力要求等)、评分表。从尊重评委的角度，最好人手一册，但当材料比较多时，也可以3~5个评委共用一套岗位评估手册和岗位说明书。会议材料一般在会上发给评委即可。

2. 会议场所。评估会议的地点要能满足评委独立评分的需要，不宜太小。一般在开始前需要专家或顾问进行讲解，因此要准备好笔记本电脑、投影仪、幕布、插线板等工具，并提前做好调试。对于委员会讨论评价的模式，一般还需要准备黑板和水笔。其他如话筒、笔、橡皮、茶水等会议用品也要提前考虑好。

3. 会议组织。评估会议的安排一般分为两个阶段：第一个阶段是方法讲解，通过简明扼要的方法讲解，使评委进一步统一思想，加深对评估理论和目的的理解；第二个阶段是进行评分，根据评价工具的不同开展评估，可以所有因素一起评估、也可以分因素进行评估。最好能够在一个单位时间（3小时左右）完成待评估岗位的评估工作。如果现场要进行结果的讨论，就需要安排专门的人员进行分数的录入和转换，安排结果的输出。

■ 五、岗位评估结果的整理与反馈

采用委员会评估方式得到的结果，是否直接呈报给决策者，取决于企业的文化和评估的质量。一般情况下，需要评估机构或部门进行必要的平衡和完善，主要的工作包括：

1. 要对委员会评估的分数进行必要处理。如果采用讨论评估的方式，因为结果在现场已经进行了平衡和沟通，因此原则上不再对单一场次的评估分数进行处理。但是，对于不同场次的分数，因为评委的不同、尺度的不同，有可能会使评估结果产生系统性误差，因此不同场次的结果进行平衡是必要的。如果采取背对背评分的方式，需要一一分析每一位评委是否按照既定的规则进行评分，如果没有按照既定的规则评分，需要对其评分进行处理。总之，对评估的分数进行必要调整是必要的，这种调整最主要的依据就是最高决策者的战略意图和导向，这可以通过访谈来确定基本原则和标准。

2. 要将评估的初步结果与一定管理层进行沟通。评估的目的不是为了评估而评估，不是仅仅得到一个结果，重要的是能够使用，要确保结果能够使用，必须得到广泛的认同和理解，因此将评估的初步结果与管理层沟通是必要的。在沟通的形式上，可以采取自上而下的沟通、也可以采取自下而上的沟通、还可以两种方式同时进行。但一个基本要求是，要由岗位的上级来确定岗位价值等级，而不是相反，通过沟通，要确保两个基本符合实际：一是部门内部的岗位价值排序基本符合实际；二是部门之间的岗位价值关系基本符合实际。

3. 要解决好副职岗位的评估问题。在国外银行，一般不设副职岗位，岗位与岗位之间的关系主要采取汇报路线的方式确定。但在国内企业内部，部门、处室都设立副职，这些副职的职数、职责、权限、考核指标、能力标准比较难以确定，经常会发生变化，因此，在评估时也不太容易确定其级别。在实践中，可以采用杠杆法确定副职岗位的等级。杠杆法的基本原理是，部门副职的主要职责是做好分管处室的工作、协助部门总经理工作，因此，其岗位价值等级取决于部门总经理的等级和分管处室的等级，而且分管的处室越多，其职责越接近于总经理的岗位等级，相应的等级应该越高。例如，一个部门内部的处室个数为 a，部门副职分管的处室个数为 b，总经理的岗位等级为 $p1$，分管处室的岗位等级为 $p2$，则部门副职的岗位等级 c 可以通过如下公式确定：

$$c = \frac{b}{a}p1 + \frac{a-b}{a}p2$$

如果 $a=10$,$b=3$,$p1=60$,$p2=50$,$c=0.3\times60+0.7\times50=53$

采用这种方法还可以有效制约部门副职的数量,在人力资源管理中,部门副职数量一直是一个难点,采用上述方法确定岗位等级,副职职数越多,其分管的事项越少,岗位的价值含量越小,反之,部门副职越少,其分管的事项越多,岗位的价值含量越大。

4. 要科学设计岗位的等级。一般而言,采用国际咨询公司的评估工具得到的岗位等级,往往比较细、等级也比较多,有的咨询公司的岗位等级分为80多级,银行内部显然不可能分成那么多等级,即使是有30万~40万人的大银行,也需要对评价出来的结果进行归集和合并。一般而言,国内银行按照传统的行政职务分为正厅、副厅、正处、副处、正科、副科、正股、副股、一般员工等级别,进行岗位价值评估就是要打破这种行政级别,如果每个层级有5个等级,其中有两个等级与下一层级重合,则需要29级即可满足要求,如果每个层级假设有3个等级,其中有一个等级与下一层级重合,则需要19级即可满足要求。

六、岗位评估在实施中的难点

很多企业,尤其是进行股份制改造的国有企业都开展岗位评估,但是实施的效果差异很大。从这些企业进行岗位评估的经验来看,存在很多共同的难点,主要的问题是:

1. 文化和理念问题。在西方企业,尤其是美国企业,管理思想是两分法,一个岗位重要还是不重要,只有一个答案,并且要把这个答案明明白白地讲出来,告诉大家,这是西方的文化。在中国企业,包括银行,存在一定的规则,一个岗位是否重要的判别标准存在于评价人的心中,但这种重要性是不需要说出来,说出来往往会适得其反。比如在银行,大家都能理解和明白,规模、效益排在前面的分行行长要比排在后面的更加重要一些,虽然从职务的等级上都是一样的,在人们心目中会把从后面的分行行长调到前面的分行,视同是一种晋升,反之被认为是降职,但从表面上丝毫看不出区别。如果把这种评价公开化,尽管在岗位分析和评估中一再强调是对岗不对人,排在后面的分行行长会感觉不公平,进而导致企业人际关系的紧张。这种文化理念的巨大差异使岗位分析评价的结果很难在实践中实施。

2. 配套机制问题。通过岗位评估,可以明确不同岗位的等级差异,但是对一个已经在运作的银行而言,每个岗位上都有任职者,这些任职者的能力水平是否与岗位的价值相匹配,很难进行准确的衡量。而且现在的任职者都会讲,是银行将自己安排在现在的岗位上而不是自己的意愿或者公平竞争的结果,因此,从根本上对岗位评估的实施表示怀疑,甚至不接受。要解决这一问题,有的银行采取了全体起立、统一聘任、竞争上岗的模式,在初期进行初始化,大家都离开原来的岗位,由上级管理者和符合条件的人员进行双向选择聘任,落聘人员进行竞争上岗。这对一家银行而言,是一次影响很大的变革,需要决策者和管理者有充分的决心和高超的执行艺术。

3. 岗位交流问题。岗位交流是员工职业生涯发展的重要组成部分,在没有进行岗位价值区分的时候,只要职务不变,在任何岗位上工作没有薪酬方面的差异,但是如果进行了岗位评估,即使职务不发生变化,但薪酬仍然可能存在差异,岗位交流的壁垒就无形中增加了、变厚了,如何解决这一问题,是岗位评估实施阶段必须认真思考的问题。

第六章
人才选拔培养的标准——素质模型

  银行业是一个知识密集与人才密集型行业，随着银行业的开放与发展，高层次核心人才的竞争已经成为银行之间竞争的重要内容。这种竞争体现在两个方面：一方面要培养银行经营管理需要的人才；另一方面要保持银行培养开发的优秀人才。国内各家银行都加强了上述两个方面的工作，比如建立培训中心、举办培训班、邀请著名学者讲课、提高人才薪酬水平等等，但银行在人才培养实践中普遍碰到一个难题即"投入了很大资源、但效果不很理想"，产生这一问题的根源在于整个人才培养缺乏科学理性的基础，即银行没有真正掌握银行到底需要什么样的素质要求，没有按照这种素质要求和现有人才的素质差距进行针对性培养。国际先进银行和企业都建立了非常完备的人才培养体系，积累了解决这一问题的很多经验，其中最基本的一条就是围绕银行的战略要求建立关键岗位的素质模型，并将素质模型作为培养、选拔人才的基础。本章将对素质模型问题进行专题研究，希望国内银行能够借鉴国际银行的做法，建立基于素质模型的人力资源开发体系，提高银行的核心竞争力。

第六章 人才选拔培养的标准——素质模型

■ 一、素质模型的基本内涵

素质模型（Competence model），也有人称胜任能力模型，是指在特定岗位上产生高绩效的一系列素质及其水平的组合。素质模型的研究和应用起源于美国。20世纪70年代，美国国务院需要遴选一批外交官，他们委托哈佛大学的麦克利兰（Mcclelland）主持这项工作，在实施过程中他设计了行为访谈法，并从成功外交官身上归纳提炼了若干素质特征，然后再用这些素质特征作为尺度筛选潜在的外交人员。1973年，麦克利兰发表了题为《测量素质而非智力》（*Testing for Competence Rather Than for Intelligence*）的文章，论证行为品质和特征较之智力测试能够更加有效地决定人们工作绩效的高低，他指出，应该改变过去那种对人的认知能力进行总体测试的方法，转而衡量那些对人在某一特定工作中的绩效表现有直接影响的特征。他把这些特征称作素质。麦克利兰建议测量一个人的特征来判断此人是否适合执行某项工作，而不是使用一种笼统的测量方法来判断其综合认知能力。这篇论文为素质理论的诞生奠定了基础。其后，始于这篇论文的研究工作引发了数以百计的素质研究论文。众多的国内外研究者都对素质进行了探讨，在此基础上，企业构建与应用素质模型的实践又不断地丰富着这一领域的理论。素质模型逐渐成为企业人力资源开发的重要基础性工具。

在理解和应用素质模型方面，有三个关键：

1. 素质是构成模型的基本单元。这里讲的素质，是指一个人所具有的某种品质和状态。在关于素质的冰山模型中，将素质分为两大部分：第一部分是冰山上的素质，包括一个人的知识和技能；第二部分是冰山下的素质，包括一个人的态度、价值观、动机等内容。在建立素质模型的实践中，很多学者、中介机构通过长期的研究和积累，已经提出了系统化的素质体系，一般称"素质词典"，比如美国学者 Spencer 提出了管理者素质模型常用的 21 项素质项目，这些素质词典成为建立素质模型的基础性工具（见图 6-1）。

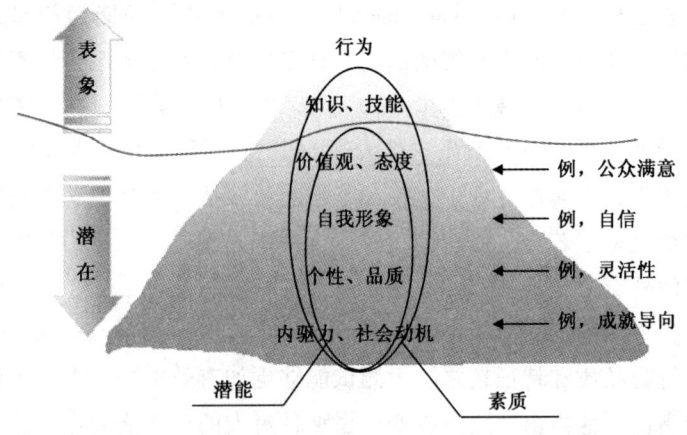

图 6-1　素质模型冰山图

素质和能力、领导力的概念存在一定的不同。广义上讲，素质涵盖了能力和领导力的概念，素质不仅包括能力，还包括态度、价值观、动机等因素，能力更多的是外在表现出来的特征。领导力是研究企业家特征时提出的概念，其基本内涵是如何成为一个优秀的企业家，在一些场合也指管理者应该具备的素质，而素质模型不仅可以指管理人员，而且适用于专业技术人员，甚至一般员工。

2. 可区分是素质模型的基本特征。素质模型的一个根本性任务是要区分一个人是否能在未来的岗位上取得高绩效，这种区分性通过两个方面来保证：第一，只有产生高绩效的素质才能纳入素质模型，因此，进入素质模型的项目是有选择的，而且强调重点，突出主要因素，一般而言，素质模型中的素质项目不超过 10 个。第二，对每一种素质都分为不同的等级，建立的素质模型对每一个素质都有一定的水平要求。

第六章 人才选拔培养的标准——素质模型

3. 可衡量是素质模型的基本要求。要实现区分性，必须寻找适当的方法能够观测、比较、衡量素质模型中的各个素质，只有这样，才能使素质模型从理论变为实践。近年来，素质测评发展很快，以评价中心为代表产生了一系列的方法工具，这些理论和实践为素质模型的应用奠定了基础。

二、素质模型在银行战略实施中的作用

素质模型受到很多著名银行的重视，有其内在的原因。

1. 实现战略目标需要素质模型为基础。20世纪80年代开始，战略管理是银行界的主流管理思想。面对复杂多变、日益激烈的外部竞争环境，制定一个清晰可行的战略并贯彻执行是银行成功的关键因素，战略明晰后，银行必须明确如何实现战略、实现战略目标需要哪些资源和组织能力。组织能力是一个个具有特定素质的员工组合后体现出来的能力，这种能力分解后体现为员工的素质，只有通过战略目标、组织能力、岗位素质的依次分解，才能使银行战略不再是空中楼阁，才可能具备现实可实现性。

2. 素质模型使银行的人力资源管理提升到战略层次。所谓战略层次，一是人力资源管理提升到战略高度，人力资源管理从日常的事务性工作转为战略的支持、推动、谋划功能，素质模型的建立能够在理念、文化、人员配置、能力提升等方面提供战略支持，与战略密切相连。二是人力资源管理具备支持战略实现的前瞻性。一般银行人力资源管理强调绩效管理，以业绩论英雄，这本身并不错，但是绩效管理具有事后性，在选拔使用一个员工时仅仅通过绩效合同是无法知道最后结果的，如果等事后发现绩效没有实现目标再采取措施，银行可能已经丧失了机遇。素质模型有一定的预测性，使人力资源管理具有了前瞻性。

3. 素质模型为银行核心人才的培养和使用奠定了基础。这种基础性作用体现在：首先，素质模型使银行的岗位管理具有了完整的规范。银行的关键岗位管理要明确岗位的职责、素质要求、绩效目标、考核标准和薪酬安排，缺乏素质要求的岗位管理是不完整、不齐全的。其次，素质模型使银行能够发现、使用有潜力的员工。因为素质模型提供了一套发现、评估人才潜力的标准和方法，这将大大提高人才甄选的准确性。最后，素质模型使人才开发具有针对性。通过素质模型可以清楚地看到实现战略目标、产生高绩效到底需要什么素质、现有员工与素质要求之间的差距，这样才能有针对性设计培养项目，实施继任者计划，提高培养效果。

由于素质模型关注于优秀任职者的行为标准，如果使这些标准成为员工招募、甄选、绩效管理、薪酬、培训、发展和晋升的基础，素质模型就具有整合人力资源管理系统的能力（见图6-2）。

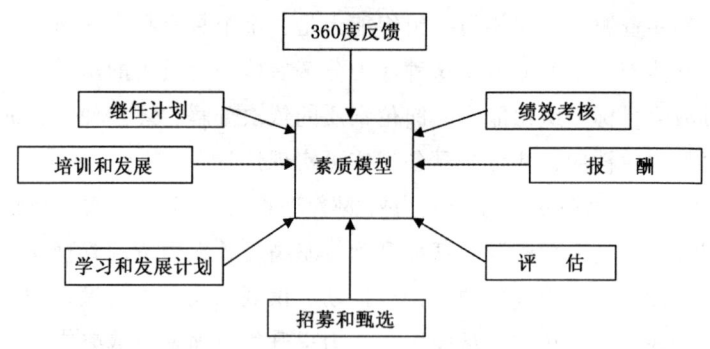

图6-2 素质模型在人力资源管理中的整合作用

综上所述，素质模型在人力资源管理实践中发挥着越来越重要的作用，人力资源管理帮助个体和组织在实现更高绩效的过程中实现自我增值。在这个充满挑战的世界中，素质模型为整合所有的人力资源职能，服务于个人、公司甚至社会，使其变得更具生产力，提供了一种共同语言（见案例6-1）。

第六章 人才选拔培养的标准——素质模型

案例6-1 领导力素质模型在美国某银行人力资源管理中的应用

一、美国某银行领导力素质模型的结构

该银行的领导力素质模型包含14项核心能力及相应的行为表现、价值观,并将这14项能力归纳为4大类管理者都必须长期重视、关注的方面(见表6-1)。模型按照管理者层级分为高级、中级、初级3个版本,每个层级都有相应的能力素质要求和行为特征描述(见表6-2)。

表6-1 某银行领导力素质模型结构

类别 clusters	所有领导人都必须长期加以重视的关键方面
能力 competencies	使管理者取得高绩效的知识、技能和能力
行为 Behaviors	体现能力的、可观察、可测量的行动(即言行)
价值观 Values	作为行为源动力的信仰和原则

表6-2 某银行领导力素质模型结构
——四大类能力与管理层级的对应关系

能力类别 层级	建立以客户为驱动的环境	激发下属的敬业精神和凝聚力	执行管理层的意志和纪律	不断提高工作要求
高级管理者	针对不同层级,将四大类能力细化为每个层级对应的核心能力和行为表现、价值观。			
中级管理者				
员工				

二、某银行领导力素质模型的应用

领导力素质模型是该银行人力资源管理的基础性工具,为该银行各层级管理者领导力培养提供了一个清晰的框架。

续

1. 领导力素质模型提升了战略执行力。领导力素质模型将战略计划细化为具体的能力素质要求，使管理人员在年初制定绩效计划、执行计划、调整计划、年终评定绩效的各个环节都增加了对公司战略的关注，从而大大提高了银行战略的执行力。

2. 领导力素质模型为管理人员的选拔、入职提供基本标准和努力方向。以领导力素质模型为基础，建立针对岗位的成功要素表（Success Profile），为针对具体岗位选拔管理者提供量化标准。并根据成功要素表，为新入职的管理者制订入职计划（On-boarding Plan），帮助管理者尽快适应新的领导岗位。

3. 领导力素质模型为管理人员的绩效评估提供依据。按照领导力素质模型要求，设计年度绩效计划，并通过利益相关者审查（Stakeholder Review）、360度反馈等方式，收集管理人员绩效计划执行情况的相关信息，从而对管理者进行评估。

4. 领导力素质模型为管理人员的培养指明方向。领导力素质模型明确了取得高绩效管理者需要具备的素质，在领导力开发工作中，人力资源、业务条线和员工本人就可以根据情况，有针对性的进行人才培养。这方面，该银行的比较成熟的培养项目包括：继任者加速培养计划、领导人论坛等。

三、建立素质模型的方法

建立素质模型有多种方法，包括同业比较法、专家小组、问卷调查、观察法等。但是，目前得到公认且最有效的方法是麦克利兰结合关键事件法和主题统觉测验而提出来的行为事件访谈法（behavioral event interview，BEI）。行为事件访谈法采用开放式的行

第六章 人才选拔培养的标准——素质模型

为回顾式探察技术,通过让被访谈者找出和描述他们在工作中最成功和最不成功的事情,然后详细地报告当时发生了什么。具体包括:这个情境是怎样引起的?牵涉到哪些人?被访谈者当时是怎么想的,感觉如何?在当时的情境中想完成什么,实际上又做了些什么?结果如何?然后,对访谈内容进行内容分析,来确定访谈者所表现出来的素质。通过对比担任某一任务角色的卓越成就者和表现平平者所体现出的素质差异,确定该任务角色的素质模型。作为建立素质模型最主要的方法,行为事件访谈法的可信性和有效性也得到了研究结果的支持。

在目前的实践中,一般会综合应用行为访谈、标杆分析(Benchmarking)、战略研究等多种方法,其基本的程序是:

1. 战略和标高研究。首先要收集银行未来发展战略、规划、方向、企业文化等方面的资料,对其进行研究,将战略细化为组织能力和岗位素质要求。同时根据国内外同业的标准,对要建立的素质模型提出参考性的方向要求。

2. 确定访谈对象。先由专家小组确定效标样本的选择标准,然后确定参加行为事件访谈的优秀组人选和普通组人选。

3. 行为访谈。这是建立素质模型的关键性基础步骤。一般要准备详细的访谈提纲,防止访谈采集的信息不完整。要由经验丰富的专业人员主持访谈,并全程进行速记和录音。要打消被访谈人的顾虑,防止采集的信息失真。访谈采用双盲设计,即被访谈者只知道自己被选来进行访谈,并不知道在样本选取时的优秀/普通的区别;访谈者事先也不知道被访谈者究竟是属于优秀组,还是普通组。每人的谈话一般在2小时左右。

4. 素质编码。这是建立素质模型的核心。一般要选择2~3名专业水平较高的人员进行编码,在正式编码前,要进行试编码,减少编码的差异性。要结合前期的战略和标杆研究,提出素质构成和水平要求。要分析素质频率及其重要性,通过统计方法验证素质模型的信度和效度。

5. 模型验证。素质模型建立后,要对国际、国内先进同行的领导力素质模型进行对照研究,通过发放问卷、征求高管层意见等方式,对领导力素质模型初稿进行验证。要召开不同层次的讨论会,一方面听取银行不同层面人员的意见,另一方面能使大家的认识和理念得到统一。一般要向银行高管层汇报、与人力资源部门交流、与素质模型应用的岗位人员交流。

6. 高管层审核模型,最终定稿。这一步非常重要,因为只有高管层认可接受,素质模型才可能发挥作用(见图6-3)。

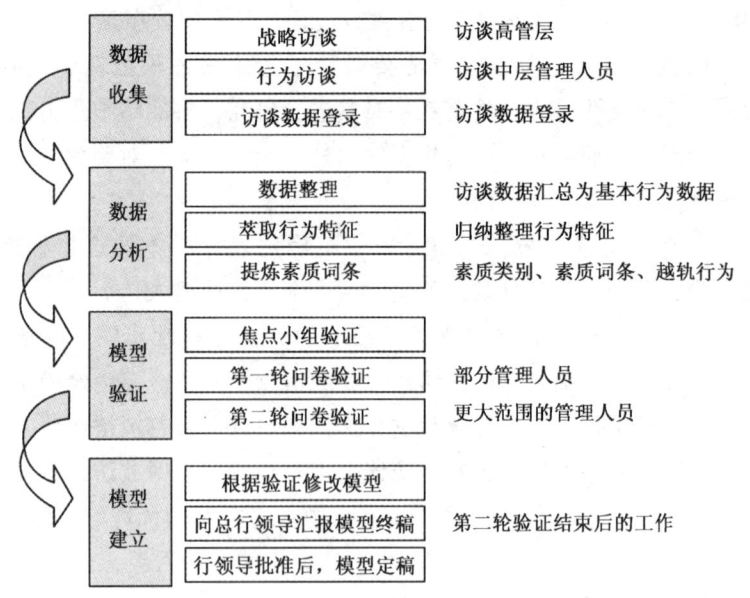

图6-3 建立素质模型流程图

尽管建立以素质模型为基础的人力资源开发培养体系对实现银行战略具有重要意义,但是,因为人力资源管理本身具有的复杂性和实践性,要提高素质模型的应用效果,需要银行员工,尤其是高级管理者对素质模型的必要性、科学性、可行性等形成共识,其重要性不亚于建立素质模型本身。建立素质模型仅仅是第一步,银行要结合素质模型完善测评体系、培养体系、选拔体系,只有建立起一个完整的系统,才可能真正使素质模型起到支持战略、提升人力资源管理水平的作用。

四、行为事件访谈法操作详解

"行为事件访谈法"是一种基于素质进行提问,以便观察和评估素质的结构性访谈。访谈者会要求被访谈者描述在过去的一段时间内(通常是2年内),他感觉到最成功或者最沮丧的事情,并观察他在当时表现来的行为。通过这种方式,访谈者可以勾勒出他们在某个(或某几个)素质上表现出的优势和弱势。传统的访谈倾向于关注访谈者经验、教育和培训、闲暇时的活动、动机、目标和对未来的计划等等,而"行为事件访谈法"是一种更新更全面的方法。"行为事件访谈法"目的在于更精确和更有效地提取被访谈者行为方面的信息。除非特别标明,下面所说的"访谈"都是指"行为事件访谈法"。

(一)访谈过程

为了得到最有价值的行为素质数据,访谈的整个过程会有一个特定的结构。访谈的总时间在3个小时左右,访谈的主要过程见图6-4。

(二)访谈步骤

根据访谈的过程和结构,整个访谈可以分为四个步骤。为了帮

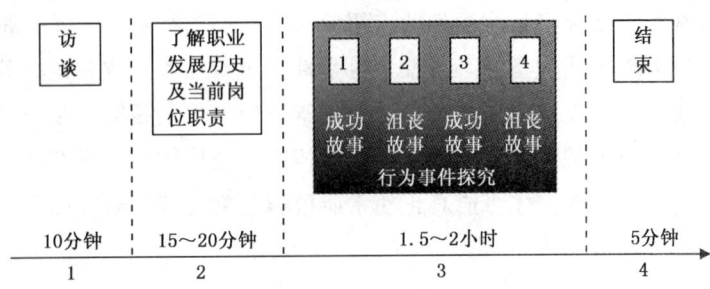

图 6-4　访谈流程图

助访谈者可以更好地进行操作，下面列出了每个步骤所需要注意的事项。

1. 访谈介绍：

介绍你自己以及你在整个访谈过程中的角色；

说明这次访谈将花费的时间和访谈接下来的几个步骤；

简单介绍什么是"行为事件访谈法"；

询问被访谈者对访谈本身及其流程是否有任何问题；

强调你会在访谈过程中作一些笔录，如果被访谈者也希望作笔录，请提供给他纸和笔；

强调这个访谈过程需要了解的是被访谈者自己的、具体的行为，而不是一个工作团队的集体行为；

告知被访谈者，为了了解他具体的行为，在访谈过程中可能要常常打断他的谈话，请他谅解；

告诉被访谈者在访谈结束前也会留一定时间给他提问题；

告诉被访谈者整个访谈过程需要进行录音，强调访谈者所说的一切都会得到保密；

在征得被访谈者的允许后进行录音。

2. 了解职业发展历史及当前岗位职责：

职业发展的历史应该从第一份工作开始了解，但是将主要关注

第六章 人才选拔培养的标准——素质模型

于在银行内的职业发展历程；

主要了解的内容是：所任职的岗位名称、任职的时间（从××年到××年）、岗位的主要职责。

为了掌握当前的岗位职责，需要被访谈者提供比较详细的信息，这些信息包括：所在的部门的名称、当前岗位名称、从什么时候开始在现在这个岗位上工作、主要的岗位职责和活动、时间上的分配（以百分比表示）、直接下属的人数及岗位名称、间接下属的人数。当被访谈者描述自己的岗位职责时，往往会开始使用一些不够具体的动词，比如"管理""带领"等等。这个时候访谈者就应该开始"引导"他们，描述具体的事情，让他们的描述更具体、更明确。比如可以通过提问的方式让他们进行进一步的澄清："你说的管理在这里是什么意思？主要是指哪些活动呢？""你是怎么'带领'他们的呢？可以举个例子吗？"

这个部分对时间的控制往往比较重要。因为，被访谈者常常会愿意花很多时间来介绍自己以前和现在的工作。访谈者的角色就是要控制他们在 20 分钟左右结束对自己职业的介绍。

3. 行为事件探究：

整个行为事件的探究过程中，被访谈者需要讲述 2~4 个他亲身经历的故事；具体的故事数量可以根据时间进行调整，但是建议不少于 3 个故事；

这些故事必须要是过去 2 年内发生的，因为太久远的故事可能难以记住细节；

在故事开始前，再一次地强调这个故事必须是自己为主人公的故事，而且所要讲述的行为必须非常具体；

第一个问题一般是："你可以谈谈在过去的 2 年内发生在你自己身上的最成功（沮丧）的故事吗？"要注意给被访谈者一定的时间来思考回忆所要讲述的故事。

故事的讲述方式有明确的流程：第一，让他给所要讲的故事取一个名称，故事名称为主谓宾结构，主语必须是被访谈者自己；第二，让他明确故事的时间节点，从什么时候开始，什么时候结束；第三，让他描述故事的起因是什么，结果是怎么样的；第四，让他把故事按照发展进程分成几个段落，每个段落也需要明确时间节点；第五，开始按照段落的顺序让他讲述故事，并针对他的描述进行提问；第六，了解是什么让他觉得这是一个成功/沮丧的故事。

被访谈者往往在描述故事的起因和结果的时候，或者把故事分段落的时候就会详细地描述故事的进程，这个时候可以告诉他之后会详细地了解更多细节，现在只要把故事构建出一个框架就好。

在针对被访谈者的描述进行提问的时候，往往用到的问题是：你当时是怎么说的？你当时的感受是什么？你当时的想法是什么？你可以重复当时与他的对话内容吗？你可以举一个例子吗？你可以多聊聊刚才提到的那个事情吗？

每个故事结束之后可以询问被访谈者是否需要休息；当访谈者难以明确故事内的某些细节或主要角色时，必须要马上打断并进行进一步的澄清；访谈者不可以提出有明确导向型的问题，如"你当时是不是觉得很沮丧？""那么那件事过后你是不是感觉心情很低落？"访谈者应该注意不要一次问太多有针对性的问题，或者关注了对具体行动的探究，而忽视了对个人感觉的探究。

4. 结束访谈。感谢被访谈者花时间来参与访谈，并分享了很多有用的信息；给被访谈者一段时间，让他来提问他想了解的问题，并作出回答。

■ 五、银行管理人员素质模型示例

传统的党政干部要求是"德、能、勤、绩、廉"五个方面，这就是一个高度浓缩的素质模型，只是其中的绩是指工作业绩，使这五个方面更像是一把考核的尺子。在中央召开的人才工作会议上，提出评价人才要以业绩为基础，从知识、能力、品质等方面评价人才，这也是一个新的素质模型。就银行而言，纵观所有的素质模型例子，对管理人员的素质模型，一般可以分为三部分：第一部分是领导力模型；第二部分是专业能力模型；第三部分是职业操守模型。下面给出几个例子：

（一）六种能力模型

作为一个管理者，必须具备统筹规划能力、洞察决策能力、学习创新能力、沟通协调能力、知人善任能力、语言文字能力。

统筹规划能力是指管理者根据市场发展规律、外部经营环境和信息状况的变化，科学制订计划、合理分派任务、有效配置资源的能力，是银行发展战略能否得到有效执行的重要基础和保证。

洞察决策能力是指管理者始终保持对市场、对客户、对竞争对手、对技术发展前沿敏锐的洞察力，能在变化和机会来临时迅速果断地出击。这样一种能力要求具备熟练、牢固、自然的辨证思维和逻辑推理能力，能够系统全面地思考问题，能够抓住问题要害和本质，能够兼听并议地确保重大决策的科学民主和正确无误。

学习创新能力是能够根据内外部环境的变化，准确把握未来发展方向，不断进行观念、组织、流程、制度的变革和创新。学习创新能力是创建学习型领导和学习型银行的重要基础，是银行获得持续不断发展动力源泉的重要保证。

沟通协调能力是能保持与上级、同级及下级之间的顺畅交流，具有良好的沟通、合作意识和倾听能力，善于化解矛盾和冲突，工作中富有责任感和大局观。

知人善任能力是管理者在识才、爱才、用才、育才方面总能表现出特别的胆识，在工作中能发现人才并能正确使用人才，既有惟才是举、求贤若渴的宽大气量，同时又善于放手授权、驾驭下属，表现出良好的团队精神和激励能力。

语言文字能力是管理者能够娴熟地掌握书面表达和口头阐述的技巧，传递战略意图、凝聚团队士气、实现管理目标。上情下达、下情上达，没有一定的语言文字能力做基础是不能胜任的。

（二）八种能力领导力模型

通过对20位银行管理人员的访谈，发现进取精神、监控能力、人际影响、积极主动、激励领导、战略思维、风险控制、提升组织效能是关键素质。

进取精神是指一切以绩效为导向，追求价值创造，不断超越，努力达成优异业绩的行为特征。

监控能力是指为了让他人达成尽职尽责的承诺，采用奖惩机制，并适当地运用职务权力或个人意志使别人达到工作标准和工作要求的行为特征。

人际影响是指通过采取各种各样的行动去说服和影响他人，从而获取他人支持自己的想法和计划的行为特征。这里被影响的对象也可以是一个团体。

积极主动是指思考具有前瞻性，主动地认识或预见到可能出现的问题或潜在机会，愿意主动地采取行动，并取得成果的行为特征。

激励领导是指作为一个团队的领袖，为了达成团队整体目标，带领、鼓舞和激励下属的行为特征。这里所指的团队不仅仅是指那些按照具体任务而组成的业务团队，也可以是指整个公司。

战略思维是指可以站在整个银行的角度，从大局出发看待目前的情况，并预测未来可能发生的问题的行为特征。这需要对自己公司的优势和劣势有清醒的认识，还涉及理解市场和竞争对手的情况。

风险控制是指对各类可能存在的金融风险保持警觉,并采取多种方法去防范风险的行为特征。

提升组织效能是指明确银行在职能、结构、流程及人员配置等方面需要改善的地方并采取行动实施变革,提高组织的整体效能的行为特征。

(三) 世界500强选人标准

因素一:进取心和热情。他们能够清楚地表明,对企业做出贡献是他们的首要任务,有热情和积极的愿望参与竞争。

因素二:沟通技能。能够清楚而有说服力地传递信息、想法和态度,能够通过书面和口头语言有效地影响别人。

因素三:成功经历。虽然成功的过去并不意味着未来一定成功,但是过去的成功能够揭示一个人潜在的素质。

因素四:理性思考。企业最需要而且各个层次都缺乏的是那些善于思考的人,具备清晰、理性的思考能力并且能够创造性地进行思考,是成功的关键。

因素五:成熟度。能够在困难和挑战中生存,具有责任感,能够应对复杂局面。

因素六:计划与组织。有了清晰的工作思路以后,要能够将思路在分析问题、制订目标、形成解决问题的策略以及实施计划和评价成果时体现出来。

因素七:面对压力。能够承受压力、积极面对压力,寻求解决问题的途径和办法。

(四) 盖洛普调查

盖洛普通过广泛调查,提出了34个成功的才干,也就是素质,并将这些素质分为四类:

第一类，人际交往能力。有效地建立、发展和维持人际关系的能力，包括沟通、体谅、和谐、包容、交往和责任。

第二类，影响力。善于为团队和个人设定前进路线，然后推动他们前进，包括领导、竞争、伯乐、完美、积极、取悦。

第三类，成就动机。推动个人完成任务，取得成果，建功立业。包括成就、行动、适应、信仰、纪律、专注、排难、自信、追求。

第四类，思维才干。如何收集信息并进行分析和决策。包括分析、统筹、关联、公平、回顾、审慎、前瞻、理念、收集、思维、学习和战略。

(五) 韦尔奇的用人标准

随着 GE 在全球的成功发展，韦尔奇成为一个传奇般的人物，其提出了管理人才和员工的素质要求。对管理人员，他认为：第一，要有积极向上的活力（Energy），渴望行动，喜欢变革，满怀热情地工作，热爱生活。第二，要有激励别人的能力（Energize），对业务有精深的了解，并且掌握出色的说服技巧，创造能够唤醒他人的氛围。第三，要有决断力（Edge），对麻烦的是非问题做出决定的勇气，有决断力的人知道什么时候应该停止评论，即使他并没有得到全部的信息，也需要做出坚决的决定。第四，要有执行力（Execute），落实工作任务的能力，这是一种专门的独特的技能，它意味着一个人要知道怎样把决定付诸行动，并继续向前推进，最终完成目标，其中还要经历阻力、混乱或者意外的干扰。第五，要有激情（Passion），对工作有一种衷心的、强烈的、真实的兴奋感，热爱学习、热爱进步，对周围的一切充满了激情。

对高层人士，一个主要部门或者公司的负责人，还需要考虑如下的特征：第一个特征是真诚。有关自信和信念的品质，体现在同别人的交流过程中，体现在他们的感情里。第二个特征是对变化来临的敏感性。优秀的领导者必须有一种预见意外变化的特殊才能，那些最出色的领导者在残酷的竞争环境中对市场变化有第六感，也能感知现有竞争者和后来者的动向。第三个特征是爱才。那是一种强烈的倾向，领导者希望周围的人能够比自己更优秀、更聪明。第四个特征是韧性。任何人都会遇到挫折，当挫折出现时，管理者是否能够重新振作起来，以全新的速度、理想和自信心继续前进，每个管理者都有可能不止一次地滚鞍落马，但他必须知道怎样才能重新骑上去。

阅读材料　素质模型建立过程示例

下面举一个例子说明素质模型建立的过程，这个例子来源于公开发表的资料[①]：

一、组成专家小组，确定优秀组绩效标准，并挑选访谈对象

根据行为事件访谈的要求，应该先由专家小组确定效标样本的选择标准，然后提名参加行为事件访谈的优秀组人选和普通组人选。专家小组由公司人力资源管理者、部门经理、专家等人员组成。专家小组确定优秀组的人选必须达到如下标准：(1) 业绩考核优秀。(2) 必须是所建素质模型层级的优秀分子；(3) 有一定的管理经验。(4) 其他。

二、实施行为事件访谈

根据所设计的"行为事件访谈纲要"，由经验丰富的心理学

---

① 时勘、王继承、李超平：《企业高层管理者胜任特征模型评价的研究》，中国科学院心理研究所。

续

工作者对被试进行了行为事件访谈,并对访谈内容进行录音。访谈采用双盲设计,即被访谈者只知道自己被选来进行访谈,并不知道在样本选取时的优秀/普通的区别;访谈者事先也不知道被访谈者究竟是属于优秀组,还是普通组。每人的谈话最长有3.5小时,最短有1.5小时,平均2小时。

三、访谈结果编码

第一步 将访谈录音整理成文稿。

第二步 编码训练。采用Spencer等的胜任素质编码词典,由心理学研究生组成的4人编码小组分别对一份访谈录音文稿进行试编码。在编码过程中,一方面对原有的编码词典根据中国的具体情况进行修订和补充;另一方面经过不断的讨论,使得4人对这份访谈文稿的编码达成了一致意见。然后,根据修订的编码词典再由4人分别对1份访谈文稿进行编码,并通过讨论达成一致意见。

第三步 正式编码。选择编码训练过程中编码一致性较高的2人形成正式的编码小组,根据编码词典对20份访谈文稿进行独立编码。

四、数据处理

对两个分析员独立编码得到的数据进行汇总和统计处理。统计分析采用SPSS和Genova完成。Genova软件是美国大学测验委员会ACT的J. E. Crick和R. L. Brenman在1983年编制的专用于概化分析的软件。

续

五、建立素质模型

对优秀组和普通组每一胜任素质的平均分数进行差异显著性检验，找出差异显著的胜任素质，建立高层管理者的素质模型。

六、素质模型结果分析

1. 访谈长度（时间和字数）的分析。为了确保优秀组和普通组在各胜任素质上的差异不是由访谈长度所引起的，我们先对优秀组和普通组的访谈长度进行了差异显著性检验（见表6-3）。

表6-3　　　优秀组与普通组的访谈长度比较表

访谈长度	优秀组		普通组		t	Df	p
	M	SD	M	SD			
字数	15 510	8 796	13 219	5 880.7	0.685	18	0.502
时间	2.1	0.56	1.95	0.5	0.636	18	0.533

差异显著性结果表明，优秀组和普通组不论是在访谈的时间上，还是在访谈所得文稿的字数上的差异都没有达到显著水平。可见，访谈的长度不会影响优秀组和普通组在胜任素质上的差异。

2. 胜任素质发生频次、平均分数和最高分数的分析。根据Spencer等的建议，在编码和统计处理时，既可以采用胜任素质出现的发生频次，也可以采用平均分数，或者采用最高分数。为了考察采用哪种指标更为稳定，我们考察了这些指标与访谈文稿字数之间的关系（见表6-4）。

续

表6-4　胜任素质发生频次、平均分数、最高分数与访谈长度的关系表

	长度与频次	长度与平均分数	长度与最高分数
成就欲	0.703**	0.203	0.472
关注质量与秩序	0.603*	0.395	0.735**
主动性	0.693**	0.476	0.488
信息寻求	0.225	-0.259	-0.066
人际洞察力	0.632*	-0.124	0.139
客户服务意识	0.339	0.509	0.421
影响力	0.669**	0.149	0.266
权限意识	0.305	0.066	0.151
公关	-0.156	-0.294	-0.153
发展他人	0.247	0.198	0.252
指挥	0.762**	0.096	0.384
团队协作	-0.169	0.168	0.295
团队领导	0.555*	0.244	0.479
分析性思维	0.45	0.236	0.472
概念性思维	0.595*	0.116	0.407
技术专长	0.486	-0.088	0.078
自控	0.611*	0.548*	0.696**
自信	0.244	0.291	-0.048
灵活性	-0.271	0.339	0.345
组织承诺	0.632*	0.357	0.417

注：*表示在.05水平上显著相关；**表示在.01水平上显著相关。

相关分析结果（见表6-4）表明，采用频次计分，有10项胜任素质与访谈长度（字数）相关达到显著水平；最高分数则有2项胜任素质与访谈长度（字数）相关显著；平均分数则只

续

有1项胜任素质与访谈长度（字数）相关。由此可见，采用平均分数这项指标所得结果应该更稳定。因此，在下面的分析过程中，我们均采用平均分数这一项指标。

3. 胜任素质评价法的概化系数。为了在总体上考察胜任素质评价方法的信度指标，运用了概化理论的信度指标进行计算。根据概化理论，先进行G研究，分析不同的"面"对于总体方差的贡献。下表是用GENOVA软件进行处理的结果（见表6-5）。

表6-5　　P×L×C设计的G研究结果表
（20被访谈者×20胜任素质项目×2编码者）

变异源	平方和	自由度	均方	变异分量	占总变异分量的百分比
被访谈者	600.68	19	31.61	0.677	15.2
胜任素质项目	326.70	19	17.19	0.093	2.1
编码者	6.12	1	6.12	(0.0)	(0.0)
被访谈者×胜任素质项目	1 188.36	361	3.29	0.167	3.7
编码者×被访谈者	79.55	19	4.19	0.061	1.4
编码者×胜任素质项目	249.37	19	13.12	0.508	11.4
编码者×被访谈者×胜任素质项目	1 067.43	361	2.96	2.957	66.3

由表6-5可见，编码者面的变异分量最小，几乎为0，说明编码者是客观的、独立评分的；编码者与被访谈者的交互作用（0.061）也只占总变异量的1.4%，说明编码者确实做到了双盲评分，即不知道效标样本组中谁是优秀组，谁是普通组；胜任素质项目面（0.093）也很小，只占总变异量的1.4%，说明Spencer(1993)揭示的胜任素质项目之间是独立的，具有较好

续

的区分效度；而编码者与胜任素质项目的交互作用（0.508）较大，占了总变异量的 11.4%，说明编码者对胜任素质项目的理解与把握的好坏，即编码者受培训的程度对评分影响较大；最大的变异分量是编码者、被访谈者和胜任素质项目的三面交互作用（2.957），它解释了分数总变异量的 66.3%，这表明，编码者对胜任素质项目的理解和把握、胜任素质项目在不同被访谈者组之间的差异对最后的分数影响最大。

根据 G 研究得到的各种变异分量，可以对不同条件下的 G 系数进行计算，以了解不同情况下的评分一致性情况，这也就是 D 研究。表 6-6 汇总了 D 研究中不同情况下的 G 系数结果（见表 6-6）。

表 6-6　各种胜任素质评价情况下的 G 系数

各种胜任素质评价情况	G 系数
1. 初始情况（20 被访谈者 × 20 胜任素质项目 × 2 编码者　随机）	0.85697
2. 固定胜任素质项目	0.86757
3. 固定编码者侧面	0.89588
4. 改变胜任素质项目侧面的水平数：胜任素质项目个数 = 1	0.28773
胜任素质项目个数 = 2	0.44239
胜任素质项目个数 = 3	0.53896
胜任素质项目个数 = 5	0.65299
胜任素质项目个数 = 10	0.77615
胜任素质项目个数 = 15	0.82822
胜任素质项目个数 = 20	0.85697
5. 改变编码者侧面的水平数：编码者个数 = 1	0.75675
编码者个数 = 2	0.85697

续

由表6-6的D研究结果可见,本研究在初始情况下(随机遍跨设计)的评分信度较高,G系数达到了0.85697,这说明,胜任素质评价法的编码者一致性相当高。从表中还可以看到,固定编码者侧面,也就是只推论本研究中两位编码分析员评定其他的被访谈者或其他胜任素质项目的一致性,可以获得较高的G系数(0.89588)。同样,如果只推论本研究中的20项胜任素质项目的评分,也是可以获得较高的G系数(0.86757)。

从表6-6还可以看出,胜任素质项目从1到5每增加1个时,G系数的增加都非常显著,说明本研究中所用胜任素质项目较好。表中第5栏的结果显示出,本研究即使只使用一位评分员,也能达到相当高的G系数(0.75675)。这说明,本研究所用的胜任素质字典及其编码评分程序的客观性、操作性是较高的。

4. 素质模型的建立。为了建立高层管理者的素质模型,由两名编码者对编码结果进行了讨论,确定了每一被试在每项胜任素质上的平均分数。然后,对优秀组和普通组在各胜任素质的平均分数进行了差异显著性检验(见表6-7)。

表6-7 优秀组与普通组各胜任素质平均分数的差异显著性检验结果

比较项目	优秀组		普通组		df	t
	M	SD	M	SD		
成就欲	4.16	1.12	2.37	1.73	18	2.751*
关注质量与秩序	2.03	2.21	1.85	2.14	18	0.188
主动性	2.94	1.80	0.91	1.81	18	2.511*
信息寻求	3.97	0.99	1.72	2.02	#1	3.155**
人际洞察力	3.08	0.89	2.12	0.78	18	2.541*
客户服务意识	4.22	3.35	1.12	2.12	18	2.477*

续

续表

比较项目	优秀组 M	优秀组 SD	普通组 M	普通组 SD	df	t
影响力	5.61	1.39	3.01	2.00	18	3.381**
权限意识	2.91	0.89	2.28	0.90	18	1.580
公关	2.93	2.17	3.07	2.72	18	-0.129
发展他人	3.41	2.51	1.02	1.98	18	2.362*
指挥	4.69	2.19	3.01	2.58	18	1.566
团队协作	3.28	1.96	2.68	2.03	18	0.665
团队领导	3.73	1.51	1.87	1.65	18	2.627*
分析性思维	2.74	0.49	2.44	0.36	18	1.526
概念性思维	3.11	0.63	3.27	0.75	18	-0.518
技术专长	4.33	0.70	4.55	0.92	18	-0.590
自控	1.99	2.15	0.75	1.05	#2	1.635
自信	2.98	0.60	2.02	1.06	18	2.472*
灵活性	2.48	1.66	1.12	1.33	18	2.019
组织承诺	3.64	1.01	1.88	1.30	18	3.358**

注：*表示在.05水平上差异显著；**表示在.01水平上差异显著；#1、#2表示方差不齐性（F值分别为13.05和13.69），df分别修正为13.066和13.055。

T检验（见表6-7）表明，优秀组和普通组在10项胜任素质的平均分数上存在差异。因此，高层管理者的素质模型应该包括：影响力、组织承诺、信息寻求、成就欲、团队领导、人际洞察力、主动性、客户服务意识、自信和发展他人共10项胜任素质。

5. 素质模型小结。

第一，从访谈的时间和访谈文稿的长度来看，优秀组和普通组并没有达到显著差异水平，说明访谈的长度并不会影响行为事件访谈的结果。建议进行行为事件访谈时至少应该保证访谈的时

续

间 2~3 小时，访谈的文稿必须达到 10 000 字。从胜任素质的编码来看，胜任素质的频次与访谈长度有相关，但只有极个别胜任素质的平均分数和最高分数与访谈长度不相关。因此，采用平均分数和最高分数进行编码所得会更稳定。概化分析结果表明，两个编码者的编码具有较高的一致性，并且即使只采用一位编码者进行编码，所得编码也应该是比较可靠的。

　　第二，优秀组和普通组的对比分析结果表明，我国高层管理者的素质模型包括：影响力、组织承诺、信息寻求、成就欲、团队领导、人际洞察力、主动性、客户服务意识、自信和发展他人。这与西方研究所揭示的高层管理者的素质模型[5]（影响力、成就欲、团队协作、分析思维、主动性、发展他人、自信、指挥、信息寻求、团队领导和概括性思维）基本也是一致的。

　　第三，胜任素质作为人力资源管理中的一个新的概念，已经受到了西方学者的广泛关注。但是在国内相关的研究并不多见，本研究率先在国内开展了胜任素质方面的实证研究，初步揭示了我国高层管理者的素质模型。但是，本研究也存在一些不足，主要是样本量比较少，且全部来自于通信行业，对于素质模型在不同的管理情境的差异需要深入探索。

第七章
选拔人才的方法工具——素质测评

建立素质模型以后，无论是用来选拔人才，还是用来培养人才，都必须回答一个问题，一个员工是否达到了素质模型的要求，如何进行测评素质。应该说尽管测评素质很重要，但是真正从定量研究的角度进行素质测评，还是近年来新兴的一个领域。

一、中国传统的识人术

中国历代有作为的政治家、军事家本身都是人才，他们又都非常重视人才，因为他们都明白一个道理：要成就一番事业，靠一个人单打独斗是不行的，必须依靠一个团队、依靠一批人才。楚汉争霸，刘邦能够击败项羽，靠的是萧何、张良、韩信等众多人才，项羽失败也在于刚愎自用，不能听取谋臣的意见。三国时期刘备能够成就大业，依靠的是三顾茅庐寻得人才；朱元璋能够在元末的起义大军中后来居上、由弱变强，也是在识人用人上强人一筹。三国时期魏国刘邵的《人物志》是一本深入讨论识人用人的论著，影响深远，在书中，他将人才分为圣人、兼才、偏才，又将人分为十二流，提出"观人察质，必先察其平淡，而后求其聪明"，在具体的人才评价上，提出了八观，"观其夺救，以明间杂；观其感变，以审常度；观其志质，以知其名；观其所由，以辩依似；观其爱敬，以知通塞；观其情机，以辩恕惑；观其所短，以知所长；观其聪明，以知所达。"他的这些分析见地，影响了很多人。可见如何识别人的素质、如何识别人才，是一个历史性的课题。他的这本书被翻译为英文，名字是《人类能力的研究》，成为畅销美国的一本中国典籍。

二、素质测评的基本概念

素质测评是建立在教育测量学、心理学、行为科学、管理学、计算机技术等理论基础上，根据岗位需求及企业组织特性，对人员的素质（具体而言包括知识水平、能力、个性特征等方面）进行综合的测量和评价的一种科学的方法体系。

素质测评的对象是个体素质。从素质概念的本质来看，素质的典型特点在于可测量性；素质模型要成为企业人力资源管理的基础性工具，成为人员甄选、绩效评估、职位晋升决策中的标准，就必须要求能够对素质进行测评。随着素质模型工具在企业中的引入和推广，人才素质测评成为人力资源管理走向科学化和规范化的重要一环。

按目的和用途划分，素质测评有选拔性测评、诊断性测评、配置性测评、鉴定性测评和开发性测评几种。

选拔性测评是以一种以选拔优秀人才为目的的素质测评。

配置性测评以人员合理配置为目的。人力资源最佳发挥的前提是人事相匹，人适其事，事得其人，人尽其才，才尽其用。

开发性测评是以开发人员素质为目的的测评。

诊断性测评是以服务于了解素质现状或素质开发问题为目的的

素质测评。

考核性测评又称鉴定性测评,是以鉴定与验证某种素质是否具备或者具备程度大小为目的的素质测评。

在企业实际进行素质测评工作的时候,需要根据测评目的的不同,对各种测评工具进行选择性的使用。

三、素质测评的主要技术和方法概述

最有效的预测个人能否获得成功的方法是利用多种手段对他们的素质进行测评。当应用多种方法评估个人多个方面的能力和潜质时,我们就能够很好地预测一个人是否能够成为一个成功的任职者。员工所在的职位层次越高,任务越复杂,就越需要应用多种方法来对其进行测评。目前在企业实践中应用较多的测评工具有:

1. 心理测验。测评一个人的能力和个性特征。它依据一定的心理学理论和测量技术,遵循一定的操作程序,通过观察人的少数有代表性的偏好和行为,对贯穿在人全部行为活动中的心理特点进行推论和数量化分析。心理测验一般使用标准化量表的方式进行,由于经过较长时间的修订和大量的常模作为参照标准,心理测验的信度和效度较高,但由于心理测验测量的指标和维度都比较泛化,企业也无法根据需要来进行选择,因此心理测量的针对性不强。

目前广泛使用的心理学量表有:16PF 个性因素测验、加利福尼亚心理测验 CPI、MBTI 行为风格测试等。

2. 360 度调查。根据企业特定的素质模型,设计调查问卷,发放给被评估者的上级、下属、同级、外部顾客以及他自己,要求评估者按照公司制定的素质要求,对被评估者的各项素质进行评分。

360度调查不仅可以提供被评估者素质水平的信息,更重要的是能够将个体的自我认知和他人评价进行比较,从中找到被评估者理念和行动之间的差距,为其制订发展计划提供基础的信息。

3. 智力测试。智力通常被认为是各种基本能力的综合,所以智力测验又可称为普通能力测验。智力因素包括:

感知力:对视听信息、颜色、方位、空间与时间特性的把握等。对生产或特殊经营行业的操作人员特别重要。

注意力:稳定、敏感、持久的注意。对驾驶、打字校对、文秘、产品质量检测、仪表监测等职位特别重要。

记忆力:迅速获取并巩固大量信息的能力。对行政、人事、市场分析等职位较为重要。

语言能力:理解、加工、处理语言信息的能力。对行政、文秘、管理、律师、公关等职位较为重要。

思维能力:抽象概括,逻辑分析、推理、想像。对创作、策划、市场分析等职位特别重要。

智力测验的量表目前也比较成熟,有韦氏智力测验,DAT测验,MACO测验。企业在使用智力测验工具时应特别注意把握测验对于受测对象的适宜性和测验目的的适宜性,防止出现由于受测者年龄、性别、工作经验和工作类型的差异带来的歧视。

4. 面试。指在特定时间、地点所进行的,有着预先设计好的明确的目的和程序的谈话,通过主试与被试双方面对面的观察、交谈等双向沟通的方式,了解被测评者的能力和个性特征的一种素质测评技术。

面试一般有三种类型:非结构化面试、半结构化面试、结构化面试,三者之间的主要区别面试程序的结构化、面试题目的结构化、面试结果评定的结构化的程度有所不同。三种类型中,结构化面试具有较高的信度和效度,受到广泛的使用。

面试测评的主要内容是：仪表举止、专业知识、教育经验和工作经验、言语表达能力、综合分析能力、自我认知、情绪稳定性与自我控制、禁区性与成就动机、人际交往的意识与技巧等等。

5. 行为事件访谈。这种方法是建立素质模型的最经典的方法，前面已经详细介绍过这种方法的具体操作过程，这种方法也可以用来进行素质测评。通过收集、分析候选人讲述的典型事件中所反映出来的个人特质与优秀绩效人员（通常是最成功的事情、最失败的事情、最富挑战性的事情）的对比，获得对候选人的素质评价。行为事件访谈法一般采用完全的结构化形式进行，可以看作是一种更加严格的结构化面试。

行为访谈法是国外比较通行的人事测评技术，是一种开放式的行为回顾式探索技术，通过测评人员与被测评人员的交谈，了解被测评人在某一关键事件中的表现，从而测试其组织能力、统筹规划能力、人际关系能力等，这种方法经常使用，但有几个前提：

（1）被测评人员不宜太多。行为访谈法是一种工作量较大，成本较高的方法，它要求被访谈者列出他们在管理工作中遇到的关键情境，包括正面和负面结果各几项，让他们非常详尽地描述在那些情境中发生了什么，如这个情境是怎样引起的？牵涉到哪些人？被访谈者当时是怎么想的，感觉如何？在当时的情境中想完成什么，实际上又做了什么？结果如何？等等，一次有效的访谈至少需要花费1.5个小时到2个小时，另外需要几个小时的准备和分析时间。因此，这种方法比较适用于对少量人员的测评。

（2）对测评人要求较高。行为访谈法要求测评人具有比较高的访谈技巧，有丰富的访谈经验，善于把握访谈的节奏与时间，控制被访谈者的情绪，有效引导访谈内容不偏离访谈目标，调整访谈

第七章 选拔人才的方法工具——素质测评

方式，对被访谈者进行有效的反馈等等。因此，测评人需要接受高度的技巧训练。

（3）稳定性低。由于行为访谈法比较依赖于测评者的访谈技巧和测评者与被测评者的访谈情况，相对稳定性较低。

6. 基于工作的能力测评原理（书面方案测评）。借鉴行为访谈法的思路，要求被测评者以书面陈述的形式对近三年所从事的三项成功的工作事件进行详尽的描述，组织专家根据书面陈述对其动机、能力、工作成效进行评价，是一种可行的测评方案。下面介绍一下这一方案的主要内容。

（1）这种方法的特点。第一，集中了行为访谈法的突出优点。本测评方案集中了行为访谈法的突出优点，是一种不受被测评者经验影响的方法，相对于面试等其他方法，操作性、规范性更强，同时能够有较多的探察点，从而获得被测评者个人所具有的深层次特征。第二，效率高。本方案根据实际需要，以被测评者个人的书面详尽陈述、被测评人的上级主管人员或该项工作参与人员的证明代替访谈，同时组织专家小组根据上述资料进行集中评审，提高了测评效率，降低了测评成本。第三，强化了业绩导向。本方案的测评立足于工作业绩，通过工作业绩反映被测评人的动机、能力以及工作成效，特别是对工作成效指标给予了较大的权重，体现了注重工作业绩、强调工作成效的政策导向。

（2）基于工作的能力测评标准。本方案重点测评被测评人的成就欲（事业心）、统筹规划能力、分析判断决策能力、开拓创新能力、沟通协调与人际关系能力、书面表达能力，同时对该项工作的成效也进行评价，作为业绩评价的一部分。具体测评指标体系如下（见表7-1、表7-2、表7-3、表7-4、表7-5、表7-6、表7-7、表7-8）。

表7-1　　　　　　　　能力指标评分表

指标		计分标准					权重	
		一级	二级	三级	四级	五级		
	成就欲	0分	2分	5分	8分	10分	10%	
能力指标	统筹规划能力	0分	2分	5分	8分	10分	8%	40%
	分析判断决策能力	0分	2分	5分	8分	10分	8%	
	开拓创新能力	0分	2分	5分	8分	10分	8%	
	沟通协调能力	0分	2分	5分	8分	10分	8%	
	书面表达能力	0分	2分	5分	8分	10分	8%	
	工作成效	0分	2分	5分	8分	10分	50%	

表7-2　　　　　　　成就欲指标的级别定义

一级	能做被要求做的分内的事情，对工作不是特别关心，缺乏优秀工作的标准。
二级	注重任务本身，努力工作，但对于工作结果是否出色则缺乏标准。
三级	设法达成他人设定的标准，如部门岗位职责，或管理层设定的各种标准（实现利润、资产质量、存款、贷款、市场占比等）。
四级	设定个人的优秀标准，使用自己的特定的评价方法向非管理层制定的优秀标准挑战。
五级	设定具有挑战性的目标，并坚持不懈的创业努力。在困难障碍面前采取不懈的、坚忍不拔的持久行动去达到创业的目标。

表7-3　　　　　　统筹规划能力指标的级别定义

一级	工作中没有相应计划，遇到事情后再进行考虑处理。
二级	工作中有一定的计划性，能做出一定时期的工作规划，但规划的长远性和广度不够，只能对近期（1个月以内）的工作和少量（2项以内）工作进行规划。
三级	能够区别对待所要完成的各项工作，有比较强的计划性，能做出一定时期的工作规划，工作规划具有一定的长远性（3个月以内）和广度（3~4项工作）。
四级	能够正确认识工作的轻重缓急，工作具有强的计划性，能对半年以内，5项以内工作做出规划和统筹安排。
五级	能从全方位开展调研，信息收集，具有年度计划能力，能把复杂问题、过程或项目分解成部分并系统地加以考虑或组织，合理地确定优先顺序，善于抓住复杂情景中关键问题的能力。

第七章 选拔人才的方法工具——素质测评

表7-4 分析判断决策能力指标的级别定义

级别	定义
一级	不分析,做事顺其自然,不做太多的分析,大多由他人来做。
二级	遇到问题能进行分析,在分析判断的基础上进行决策。但分析相对比较片面,全面性不够。
三级	注意事物内在的基本关系,对工作形势进行比较全面的分析,一般能抓住关键问题。
四级	注意并分析事物多层面的关系,通常预期可能遇到的障碍,提前对下一步进行思考与准备。能在分析的基础上对面临的问题提出对策。
五级	能做出复杂的分析,对目前面临的问题以及可能面临的问题提出有针对性的对策,具有很高的正确性。

表7-5 开拓创新能力指标的级别定义

级别	定义
一级	对新问题、新情况、新事物和市场需求不敏感,不知道如何思考、把握和解决所遇到的新问题、新情况和新事务。
二级	能够认识到新问题、新情况或者新的市场需求,在现有的规章制度和操作方法的基础上,有一些新的思想和新的创意,但不能将这种创新思想落实到具体的操作中去。
三级	对新问题、新情况或者新的市场需求比较敏感,对解决当前的问题有创新的思路,并在实际操作中实现创新,这种创新可能在同业或者系统内其他分行有类似做法。
四级	对新问题、新情况十分敏感,努力地发现客户(包括内外部)的需求并满足这些需求,对现行的产品、规章制度、操作流程进行创新。
五级	对新问题、新情况非常敏感,具有很高的预见力和应变力,非常善于识别、把握新事务,能够不断学习、创造新的思想、理论、方法来应对新问题,对组织的体制和机制进行创新,并产生明显绩效。

表7-6 沟通协调与人际关系能力指标的级别定义

级别	定义
一级	对他人缺乏正确而全面的认识,缺乏倾听的诚意和耐心,与其他个人或部门的协调沟通不够成为完成工作任务的一个难点。
二级	能理解他人的情感或一些明显的内容,愿意倾听他人的意见,并准确表达自己的意见,在与其他单个人或部门沟通协调中能达成共识。
三级	能正确理解他人的真正意图和积极倾听他人的意见,在团队中维持一个健康、良性的人际关系,在需要多个(2~10个)个人或部门沟通协调的工作中能较为良好地完成协调任务。
四级	能理解导致他人的态度、行为与处事方式的深层次的复杂原因,预测他人的反应,在团队中建立非常良好的人际关系,为大多数人所信服,在与比较多(10个以上)的个人或部门沟通协调的工作中能较为良好地完成协调任务。
五级	能理解导致他人的态度、行为与处事方式的深层次的复杂原因,针对他人的问题采取力所能及的支持与帮助,在需要与多个部门或个人沟通协调且各方利益冲突十分明显、协调难度很大的情况下,较好地完成协调任务。

表7-7　　　　书面表达能力指标的级别定义

一级	能够用书面语言进行表达,但表达的信息不够全面和准确。
二级	文字通顺,基本表达所要交流的信息和思想。
三级	具有一定的文字功底,比较全面和流畅地表达所要交流的信息和思想,但条理性不够,结构不够严谨。
四级	具有较强的文字功底,全面、流畅地表达所要交流的信息和思想,条理性较强,结构比较严谨。
五级	具有很强的文字功底,信息表达充分,用词准确、语言精练。

表7-8　　　　工作成效指标的级别定义

一级	工作较为努力,但没有完成岗位工作职责或管理层制订的工作目标。
二级	完成岗位工作职责或管理层制订的工作目标,但工作思路的系统性和科学性不够,工作完成的时效性不高。
三级	完成岗位工作职责或管理层制订的工作目标,工作思路清晰,有系统性和科学性,能统筹安排,合理规划,工作的时效性较高。
四级	完成岗位工作职责或管理层制订的工作目标,该项工作具有一定的创新性;或者超额完成工作目标,该项工作的完成具有一定的难度,能有效克服困难。
五级	超额完成岗位工作职责或管理层制订的工作目标,该项工作具有较大的创新性。

7. 评价中心（即情景模拟法）。评价中心法是现代素质测评理论的最典型的方法。评价中心对于人才素质的测评基于这一理论：即人的素质和工作绩效都是在一定的环境中产生和形成的,对人的行为、能力、绩效等素质特征的观察与评价,不能脱离一定的环境,所以要想准确地测评一个人的素质,应将其纳入一定的环境系统中,观察分析评定个体在该环境下的行为表现以及工作绩效,从而考察个体的全面素质。因此,评价中心的核心在于情景模拟,将受测人放置到与实际的工作情况高度相关的环境中去,要求他处理一系列典型的工作任务,同时由专门的评价人对他表现出来的工作行为和结果进行观察评定。

评价中心技术以工作分析为前提,以对现实工作情境的模拟为核心思想,针对具体的工作岗位,通过规范的程序设计、测试和评价过程,考察与工作岗位直接相关的人员因素。相对于心理测验而言,评价中心技术具有更高的精度和针对性。

以情景模拟为核心的评价中心的测试练习主要有:公文筐、无领导小组讨论、角色扮演等项目。

(1) 公文筐。一种纸笔测验,是对实际工作中管理人员掌握和分析资料、处理各种信息以及做出决策的工作活动的抽象和集中。测验要求受测人员以管理者的身份,模拟真实工作情景中的想法和行为,在规定的条件下(通常是较急迫困难的条件),对各类公文资料,包括备忘录、传真、电子邮件及录音电话等进行独立处理,形成报告。处理完毕之后,通常还有评价者对被试进行深入面谈,了解其在提出解决方案、作出批复背后的思考与决策方式,澄清模糊之处。被测人得到的资料除了备忘录、电子邮件等来函之外,还有介绍性的文字描述设想的场景,以及组织结构图、公司使命、政策等背景资料。公文筐的所有材料都来自对相关职位日常工作任务的分析和提炼,一般测试的是被试者计划、组织、授权、决策和问题解决等管理能力。

(2) 无领导小组讨论。由数名被测人组成小组,就某一问题展开不指定角色的自由讨论,评价者通过对被测人在讨论中的言语及非言语行为的观察来对他们做出评价。这种测试方法考察被测人在需要小组成员共同合作才能成功完成的任务中表现出的工作能力,如语言表达、组织协调、决策、沟通、应变等能力特质。

(3) 角色扮演。一种互动性的模拟形式。被测人通常面临一系列设置好的人际矛盾与人际冲突中,与另一个由经过培训的人员扮演的角色(通常都是与该主要角色有工作联系的利益相关者,如客户、直接下属等)进行交往,解决各种问题和矛盾。角色扮演者一般根据标准的步骤和标准的回答与被试者进行交往，评价者由此观察参试者的行为，对其特质做出评定。

以上各种测评方法如果单独使用，一般很难以准确地对个体的素质优劣做出准确全面的判断。由于每种测评工具提供的都是一个不同的视角，因此，素质测评的关键在于如何将各种工具进行组合以最大程度，获得对个体的了解。因此，掌握各种工具的使用方法和规律，了解其特定的测评对象和适用人群、测评结果的使用领域，是在企业人力资源管理实践中应用素质测评技术必须解决的问题。

■ 四、应用评价中心法的方法和技巧

评价中心法作为一种信度和效度较高的素质测评方法，正在受到越来越多银行人力资源管理者的关注，在实践中应用的也越来越多。有的银行正在系统采用评价中心法进行素质测评，作为选拔人才、培养人才的重要依据，下面讲述应用这种方法的步骤和要点：

第一步，要明确应用评价中心法进行素质测评的目的。这是整个测评的基础，也是设计评价中心法的核心，前面已经讲过，测评的目的可以是多样的，选拔性、诊断性、培养性等等，如果是选拔性，就要对所有被测人进行全面的综合评价，给出最终与岗位要求匹配程度的结论，也就是要将所有被测人分出高下。如果是培养性，重点就是发现被测人在素质要求方面的弱项，尤其是最弱项，根据岗位要求和个人情况进行有针对性培养。

第二步，要建立或提出素质模型。素质模型是整个测评的基础和依据，所有测评工作都讲围绕素质模型展开，测试题目是根据素质模型设计的，测试标准是根据素质模型制定的，测试方法的选择是根据素质模型选取的。在这个阶段，一般可以进行必要的行为访

第七章 选拔人才的方法工具——素质测评

谈，既可以建立或完善素质模型，也可以积累测试题目的素材。

第三步，研究设计评价中心方案。主要要考虑如下问题：为了达到测评目的，选取哪些测评的方法？被测评人有多少，如何合理安排？需要几个会议室或者教室，需要哪些硬件设备？比较严谨的测试需要进行录像，并且评委和被测试人中间采用先进的方法隔开。需要多少评委，如何对评委进行分组？一般而言，评价中心法最常用的测试工具是公文筐、无领导小组讨论和角色扮演，有的时候即席演讲、结构化面试也被看作是评价中心法中的可选择测评方法。表7-9是每一种方法一般需要的时间和测试设施要求：

表7-9　　　　　　　　测评方法要求表

	需要时间（小时）	同时评价人数	设施要求
公文筐	2~2.5	50人左右	最好能隔开就座的教室
无领导小组讨论	1.5~2	5~8人	两个房间：一个等候室、一个讨论室，讨论室内部评委与被测人对面就座，被测人座位最好围成半圆形
角色扮演	0.5~1	2~3人	两个房间：一个等候室、一个讨论室，讨论室内部评委与被测人对面就座，被测人座位根据情形设计
演讲	0.25~0.5	1人	两个房间：一个等候室、一个讨论室，讨论室内部最好摆设一个演讲台，评委坐在演讲台对面
结构化面试	0.5	1人	两个房间：一个等候室、一个讨论室，讨论室内部评委与被测人对面就座，保持适当距离

假设对50个人采取评价中心法进行素质测评，采取公文筐、无领导小组讨论、结构化面试三种方式，公文筐可以集体进行，无领导小组讨论需要分组进行，可以分成8个组，从team1到team8，其中team7、team8安排7个人，其余每组安排6个人，结构化面试要一个一个进行。根据这种情况，最需要时间的是结构化面试，

整个测试所需要的时间取决于结构化面试的时间,一个面试小组一般需要评委3人,一个单位时间(半天)可以面试8人,按照这样的工作方式,两个面试小组可以用一天半的时间完成结构化面试工作。在面试的空余时间,可以安排无领导小组讨论,一般一个半天可以进行两组无领导小组讨论,两天完成8组。如果安排得当,可以在两天的时间内完成所有素质测评工作。表7-10是一个初步测试方案:

表7-10　　　　　　　测 试 方 案

时　　间	测试方式	对象	等候地点	测试地点	评委
第一天:8:00~10:00am	无领导小组讨论	team1		room2	expert1
10:00~12:00am		team2	room1	room2	expert1
2:00~4:00pm		team3		room2	expert1
4:00~6:00pm		team4	room1	room2	expert1
第二天:8:00~10:00am		team5		room2	expert1
10:00~12:00am		team6	room1	room2	expert1
2:00~4:00pm		team7		room2	expert1
4:00~6:00pm		team8	room1	room2	expert1

时　　间	测试方式	对象	等候地点	测试地点	评委
第一天:8:00~10:00am	结构化面试	team7	room3	room4	expert2
10:00~12:00am		team8	room5	room6	expert3
2:00~4:00pm		team5	room3	room4	expert2
4:00~6:00pm		team6	room5	room6	expert3
第二天:8:00~10:00am		team1	room3	room4	expert2
10:00~12:00am		team2	room5	room6	expert3
2:00~4:00pm		team3	room3	room4	expert2
4:00~6:00pm		team4	room5	room6	expert3

注:第一天晚上进行公文筐测试,计划从7:00pm开始,预计时间2小时。

第七章 选拔人才的方法工具——素质测评

第四步,设计各类测试题目。前面已经讲过,设计测试题目要做好准备工作,包括进行必要的行为访谈。一般来讲,除测试题目需要收集的信息资料包括:银行的发展战略和目标、近期银行发展中的主要工作任务和存在的主要问题、银行主要的业务概念和工作流程、银行的工作规范、目标岗位的素质模型和行为特征要求等等。

(一)公文筐设计

通过公文筐处理能够反映被测人的统筹规划能力、分析判断能力、专业水平、语言文字能力、授权。一般设计公文筐要注意以下内容:

一是试题形式。一般公文筐里面的题目共享一个背景,题目分为三个部分,第一部分是题干,也就是要说明问题;第二部分是被测人的决策意见;第三部分是决策的依据。试题一般采取签报、报告、请示的方式出现,要求被测人做出回答。

试题例子如下:

关于开设"行长信箱"的建议

马行长:

　　为进一步加强行领导与员工间的沟通交流,使银行员工更充分、直接地表达自己的想法与愿望,便于领导及时、准确地了解员工的建议与要求,促使银行转变作风,改进工作,提高办事效率,群策群力,推动银行事业不断发展,我办公室建议在银行内部开设"行长信箱",以建立一条行领导与员工沟通的新渠道。

　　办公室关于"行长信箱"的设想如下:

续

> 一、行长信箱向银行所有员工开放；
>
> 二、信箱设立在银行内部网络的信箱系统中；
>
> 三、行长信箱由我办公室管理，负责审查、反馈和批办信件工作，遇重大事情向您请示汇报；
>
> 四、在内容定位上，我们建议欢迎员工就以下问题来信：
>
> （一）反映行内工作情况，或提出有针对性的建议、设想；
>
> （二）对银行工作中存在的不足之处提出批评、意见；
>
> （三）反映员工工作和生活中的要求、愿望；
>
> （四）向行领导反映的其他情况。
>
> 以上建议是否可行？请批示。
>
> 行长办公室
>
> 2004 年 12 月 22 日
>
> 您的处理意见：
>
> 处理依据或理由：

二是试题数量。一般来讲，在两个小时时间内处理 10~12 个公文是合适的，当然这要看公文的阅读量和难度。如果难度大一些，阅读内容长一些，10 个公文就可以。

三是试题结构。一般而言，被测人并没有目标岗位的任职经历，而且被测人的情况也各不相同，因此在设计题目时，要避免专业性过强的题目，要尽可能多地加大题目的覆盖面，消除岗位因素对测试结果的影响，比如可以将银行经营管理活动分为综合管理、公司业务、个人业务、风险管理、计划财务、人力资源、行政后勤、党政工团、信息技术等方面，每一方面都有相应的题目，就可

第七章 选拔人才的方法工具——素质测评

以起到较好的效果。

四是试题内容。在编写试题时,要尽可能使试题描述的情景符合实际情况,语言要简洁,要突出矛盾,要巧妙地设计"题眼",使题目能够很好反映被测人的素质能力。

柳主任:

您布置的贯彻行领导关于"厉行节约,克服奢侈,尽力压缩行政开支,降低成本"政策的各项措施,大多已经落实执行了。惟有收回分发各部门的小轿车集中控制的指示,实行起来颇感棘手。车辆集中管理,确给各部门造成一定不便;但分到各部门,又很难有效监控,公车私用现象屡禁不止。各部部长都是我的上级,有些口头支持,实际久拖不交,有的个别甚至语含讥讽,明显不满,使我十分为难。

如何处理,请指示。

$\qquad$ 后勤服务中心车辆管理科　雷磊
$\qquad\qquad\qquad\qquad$ 2004年12月11日

王秘书:

这事我去试了一下,阻力也较大。请你请示马行长,如何处理。

$\qquad$ 后勤服务中心(主任)　柳述
$\qquad\qquad\qquad\qquad$ 2004年12月21日

这是一道不涉及任何专业知识的题目,也是比较典型的测试题目。题目中反映了"车辆集中与有效服务"的矛盾问题,测试被测人面对这样的问题如何应对。在解决这样的问题时,一是要看被测人是否坚持原则,上级做出的决策要坚决执行;二是看被测人是

否实事求是，根据存在的问题进行深入调查了解和分析；三是看被测人是否具备解决矛盾的能力和智慧，是否能够给出解决问题的思路或方向性的措施；四是题目还有一个小小的技术问题，柳主任的下属给柳主任的报告，柳主任没有转呈给行领导，而是给行领导秘书，如何处理直接汇报和间接汇报的关系，也是需要考虑的内容。

五是试题背景的编写。评价中心法的最大特色是现实情景的模拟，公文筐一般都会首先给出背景，背景内容一般包括银行的基本情况、组织结构、内部分工；其次会给出时间表；最后是测试要求。下面是一个示例：

◆ **公文筐测试背景假设**

今天是2005年7月7日，星期四。从现在起的120分钟内请您暂时忘记自己的姓名、现任职务及工作单位，而设想自己的名字叫马超，职务是中国保利银行A省分行第一副行长。行长徐俊豪上周出国学习，为期半年。在这期间，您将代理行长职务，全权处理行内的一切事务。

中国保利银行成立于1997年8月，2004年6月完成股份制改造，是一家国有控股并有国际金融组织参股的全国性股份制商业银行，营业机构遍布全国，目前，中国保利银行在国内设有20个一级分行。

为适应经济金融体制改革和经济发展的要求，中国保利银行先后开办了现金出纳、居民储蓄、固定资产贷款、工商企业流动资金贷款、国际金融、住房贷款和各种委托代理业务。通过开办各种面向社会大众的商业银行业务，大大丰富了银行职能。目

续

前,保利银行不仅在基本建设贷款、流动资金贷款、房地产金融、项目融资、贸易融资、投资咨询、财务顾问等传统业务领域中拥有优势,还不断开拓新的营销渠道,先后开办了代理性、担保性、咨询类和基金托管等中间业务,利用信息科技手段开发银行卡和网上银行等新产品。产品种类已从以往存款、贷款和结算发展到目前银行卡类产品、电子银行类产品、代理业务类产品、资金类产品等十几大类,数百个品种。

中国保利银行2005年的总体思路和工作目标是:在2004年改革的基础上,进一步加强机构改革和人力资源改革的力度,进一步加强风险管理和内部控制能力,提升整体运作水平、增强产品与服务的创新能力、改善信息科技对经营管理的支持能力、提高人员素质,为保利银行的健康发展奠定扎实的基础。

保利银行2005年的经营目标和重点工作:一是认真贯彻国家宏观调控政策,加快业务创新,改进服务质量,促进业务平稳较快发展,增强全行持久盈利能力;二是加强风险防范和内部控制,继续提高资产质量,坚决遏制不良贷款反弹,采取各种有效措施,努力促进不良贷款向好的方向转化;三是进一步加大营销力度,强化总分行联动和前中后台联动,在稳步发展公司业务的基础上,大力发展个人银行业务和中间业务,加大三类业务的交叉、联合营销,促进各项业务协调发展,提高效益,同时努力增收节支,促进价值创造;四是巩固机构改革和人力资源改革的成果,向改革要效益;五是围绕"成为最具价值创造力银行"的远景目标,扎实推进企业文化建设,为保利银行的改革发展提供文化支撑。

续

中国保利银行A省分行地处我国中西部地区，2005年，A省分行在认真贯彻执行总行总体工作思路和目标的前提下，坚持以发展为主线，以效益为目标，坚持自身发展和支持地方经济建设相结合，在确保安全、高效和稳健运行的基础上，继续保持对交通、能源、高科技等行业以及重点发展企业、优质民营企业的信贷投入；积极探索新形势下服务客户的新途径，为各类客户提供差别化的金融服务，全面提高核心竞争力，力争取得良好的经营效益（注：根据总行的授权，A省分行的信贷审批最高额度为5亿元人民币）。

A省分行实行行长负责制，下设个人银行业务部、房地产金融部、银行卡业务部、公司业务部、中间业务部、法律事务部、资产保全部、计划财务部、会计结算部、风险管理部、信贷审批部、信息技术部、电子银行部、监察稽核部、人力资源部、行长办公室等部门。具体见A省分行经营管理组织结构图（见图7-1）。

现在是下午2点，2小时后您必须出发到北京参加由总行组织的为期一周（7月8~14日）的学习培训，而办公桌上有各种文件需您批示处理，部分文件已由秘书秦莉做了初步处理，但还需您做出最后决策。您必须在这段时间内处理完所有文件。下午16点必须出发前往机场，到时，您的司机会准时来接您。

在这2个小时里，您的秘书秦莉会为您推脱掉所有的杂事，相信没有什么人会来打扰您。另外，很抱歉，由于电话线路正在维修，您在处理文件的过程中，没有办法与外界通话，所以，需要您以文件、备忘录、便条、批示等形式将所有文件的处理意见、办法，做书面表达，最后交给秘书负责传达。

续

附：2005 年 7 月日历表

公元 2005 年 7 月

日	一	二	三	四	五	六
					1	2
3	4	5	6	7	8	9
10	11	12	13	14	15	16
17	18	19	20	21	22	23
24	25	26	27	28	29	30
31						

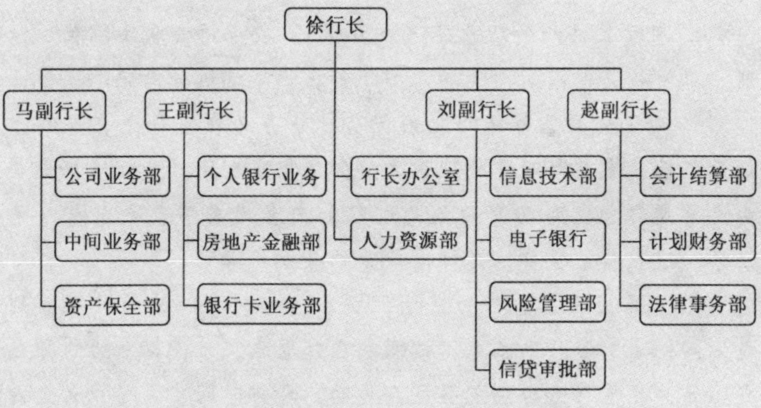

组织架构：

- 徐行长
  - 马副行长
    - 公司业务部
    - 中间业务部
    - 资产保全部
  - 王副行长
    - 个人银行业务
    - 房地产金融部
    - 银行卡业务部
  - 刘副行长
    - 行长办公室
    - 人力资源部
  - 赵副行长
    - 信息技术部
    - 电子银行
    - 风险管理部
    - 信贷审批部
  - 会计结算部
  - 计划财务部
  - 法律事务部

图 7-1　中国保利银行 A 省分行组织架构图

注：1. 该分行另设信贷审批委员会和风险控制委员会以及独立的监察稽核部；
2. 徐行长从 6 月 27 日起出国学习，为期半年，2006 年元旦正式上班。
3. 王副行长 2005 年 6 月 25 日刚从总行银行卡部调来，还在熟悉工作；
4. 刘副行长正在银监会参加为期一个月的业务培训；
5. 赵副行长因出车祸在家休养；
6. 在这段时间内，所有的重要业务都需向您请示汇报。

续

> ◆ **在公文筐作业中您必须注意以下几点：**
>
> 1. 文件是随机排列的，需要您自己去排序处理。
>
> 2. 每一文件都具有一定的重要性和紧迫性程度，在处理每一文件时，请先判断文件的重要性和紧迫性程度（重要性和紧迫性的表示形式是：高、中、低），然后请您以打"√"的形式选择您对重要性和紧迫性程度的判断。
>
> 3. 您必须对所有的文件给出自己的处理意见（或方案），同时还得写明处理的依据或理由，分别写在对应的"您的处理意见"和"处理依据或理由"栏内。若纸面不够，请写在背面。
>
> 4. 对于文件的处理意见（或方案），要求语言表述准确、清晰，以便相关部门能按您的意图执行，但不宜过分简单。
>
> 5. 为了全面了解您的能力优势，请务必在对每个文件做出批示之后，完整写明您处理该文件的依据或理由，处理依据或理由主要是要求把您思考问题的过程和内容用文字表述出来（请注意，这点非常重要，是评委评分的重要参考之一）。
>
> 6. 凡需交下属执行的，请注明承办部门、相应的处理原则或方案；凡需答复的函电，请写明内容要点，以便秘书为您拟稿或答复；凡需召开会议或召见人员的，请将时间、主题、大致内容、参加者批告给秘书，以便秘书通知安排。
>
> 7. 您必须在120分钟内完成所有文件的处理。

（二）无领导小组的设计

无领导小组讨论的测试题目一般分为两个部分：第一部分是背

景材料；第二部分是讨论任务要求。无领导小组讨论这种方式的初衷在于通过对存在比较尖锐矛盾问题的讨论，反映被测人对问题的分析能力、语言表达能力、把握大局能力、说服他人的能力，因此，背景材料一般都比较长，具体表现形式上，一种是给出很多个选择项，让被测人从中进行选择；另一种是给出很多个案例，让被测人进行分析或归纳（见案例7-1至案例7-5）。

背景材料1（给出若干案例）

星展银行是一家成立于1995年的股份制商业银行。自开业以来，其经营规模不断扩大，网点连年增加，经营效益持续提高，已经在全国35个大型、特大型城市开设了25家直属分支行，机构总数达322家。

近些年来，随着经济的发展，国内银行业的市场竞争环境发生了重大的变化，为应对激烈竞争的局面，星展银行高级管理层意识到商业银行的核心竞争力在于它能否提供高质稳定的客户服务。为此，星展银行提出了一系列"以客户为中心"的服务竞争策略，以提高该行的盈利能力。

为考察星展银行确定的服务竞争策略的执行情况，星展银行高级管理层决定深入客户群体，了解他们对星展银行服务的评价与感受。一周后，在星展银行领导班子会议上，各位领导分别介绍了自己在考察过程中遇到的案例。

案例7-1

高小姐这天收到了银行信用卡的对账单，一看竟然有透支利

续

息,可是她明明记得卡里还有¥500多元的余额,怎么会有透支利息呢?高小姐拨打了咨询电话。客服人员告诉她:有一笔¥1 000多元的商场退款,是不能算作还款的,必须由高小姐亲自到银行柜台办理的存款才能算是还款。高小姐感到莫名其妙,追问那这笔退款算是什么款?服务人员说是存款。高小姐哭笑不得,退款是存款,去柜台也是存款,但退款不能算是还款,什么逻辑?

案例7-2

商先生到星展银行网点存钱,发现卡不能用,工作人员告诉他是磁性没了。这张卡是商先生半年以前办理的,平时基本没怎么用。他向工作人员询问损坏的原因,得到的答复是可能因为和手机放在一起,或与其他卡放在一起等等。不得已商先生只能换卡,而在这个时候又被告知:如果新卡要和原来账号相同则需要等待10个工作日,如果重新开账号则可以当场取走。商先生很为难,因为原来的账号已经签约开通了网银服务,如果现在重开账号的话,网银服务要重新申请重新签约,太麻烦了。最后,商先生选择办理和原账号相同的新卡,而将打算存入的1万元现金存进了另外一家银行的卡中。

案例7-3

为了出差方便,宋先生在家附近的星展银行支行分理处办理了信用卡。他在申请自己的主卡和妻子的附属卡时,在主卡地址

第七章 选拔人才的方法工具——素质测评

续

栏填了单位地址,在附属卡地址栏填了家庭地址。主卡顺利地寄到了单位,但附属卡却迟迟没有收到。后来打电话到支行询问,答复说附属卡已经发出,只不过虽然申请表上有两栏地址,但是主附卡都只按照主卡地址寄送。宋先生询问单位收发人员,得知以妻子名义寄来的挂号信被当作退信处理了。宋先生将此事告知银行,银行的答复是会在收到退信的10个工作日后将附属卡再次发出。

一个月后,附属卡还没有收到,而主卡的第一份结账单已经到了,里面竟然已经扣除了附属卡年费。宋先生非常无奈,"附属卡还没有使用,甚至还没有收到,竟然就被扣除了年费!"

案例 7-4

伍先生出差到 A 市,要给家人汇 1 万元。伍先生和家人的星展卡对 A 市来说都是外地卡。因此,伍先生来到营业网点询问外地卡之间是否可以转账。得到肯定回答后,伍先生先是存了￥3 900元,凑满 1 万元,花去手续费￥19.5 元。正要转账时,柜面工作人员告诉他转账必须在 ATM 机上办理。伍先生按照要求操作后,结果系统显示故障,转账失败。伍先生转回柜台询问原因,工作人员告诉他可能是输错了,但试了几次后还是不行。工作人员讨论后告诉伍先生,可能柜员机对转账金额有限制,建议他转￥1 000元或￥2 000元试试。柜员机前排着很多人,伍先生表示不想再试,直接问到底怎样做才可以转账。工作人员这时告诉他,可以把钱取出来,现场开个账户,再本地卡转外地卡。伍先生一听傻了,刚才存,现在取,来回折腾,1 万元要花去 1 百多元手续费。但无奈的是,事情还是要办的。签字,输入密码,签字,设定新账号的密码,签字……等等一系列操作后,总算转账成功了!伍先生感觉一个字:累!

案例 7-5

6月17日，吕先生口头承诺向新都人寿保险公司购买一种储蓄型保险，并将自己在星展银行的账号提供给该保险公司的业务员。后来吕先生经过仔细计算觉得这种保险并不划算，又决定暂时不与新都签订保单。但19日吕先生到星展银行查询存款时，发现自己的账户在17日被划走475.60元到新都人寿保险的账户上。吕先生就此事致电星展银行，工作人员此时才告知吕先生星展银行和新都人寿保险公司签订了一份代扣款协议，只要新都保险公司提供账号，银行就可定期帮他们从客户的账号上划钱，不需要看到客户与保险公司的协议或授权。照吕先生目前的情况，只能与保险公司或保监会联系。吕先生认为，自己经常有几十万金额在账户上，而银行在储户不知情的情况下，这么简单就把钱划出去，自己实在无法放心。

背景材料2（问题型）

与四大国有商业银行相比，一些股份制商业银行不是按照行政区划而是从经济成本来考虑布局设点的，主要是利用中心城市或经济发达城市的辐射和渗透作用，争取实现收益最大化。保利银行就是这样一家股份制商业银行，其在广东地区不是按照"省分行"辖区和"深圳分行"辖区来分，而只是在广州和深圳设两家分行，其下营业网点也较少，像广州分行只有19家支行，而且还主要集中在广州和珠海，佛山和东莞这样的经济发达城市都没有设支行。两家分行都有自己独立的贷款审批权，且各自有自己的人脉和资源优势。

续

　　最近，有一家佛山的企业想在保利银行办理业务，由于当地没有支行，它们既可以找广州分行，也可以找深圳分行。反过来，佛山既可以是广州分行的市场，也可以是深圳分行的市场。由于这家企业运转状况良好，市场信誉和银行信誉也很好，投资风险小，所以广州和深圳分行都想争取到这个客户，各自展开营销，并且采取了一些不正当的竞争手段，如压低贷款利率、简化审批手续，放松对公司经营状况的调查等。

　　上述情况曾经多次出现，引起了总行风险管理部门的注意，认为两家分行间存在恶性竞争的倾向，同时有可能产生多头授信的风险。

　　风险管理部将此情况汇报总行后，总行召开了一次行长办公会，在会上，总行领导班子集思广益，就上述问题提出了如下的解决办法：

　　1. 总行可以筹划在佛山和东莞增设支行，处理当地的业务；

　　2. 总行在华南地区设立统一的信贷审批中心，取消分行的信贷审批权；

　　3. 采用划分营销区域的方法进行控制。对广东地区对公授信业务中，深圳分行的营销区域限定为深圳、东莞和惠州地区，而广州分行的营销区域为除深圳、东莞和惠州以外的广东省其他区域；

　　4. 总行采取时间优先和业务条件优先的做法决定此类竞争业务的主办行。由于广州和深圳两个城市距离很近，看哪家分行先上报、哪家分行争取到的业务条件优越，由总行平衡后再确定由谁来主办；

　　5. 按业务资源优势分配的做法决定此类竞争业务的主办行。即对处于双方之间及周边区域的客户，看一笔业务哪家银行的业务资源更有优势，哪家操作成本更低和效率更高，由总行考察后再来确定由谁来主办。

尽管背景材料介绍的方式是多种多样的，但在讨论任务要求部分，其内容是基本一致的，一般是要求对问题进行分析和排序，并要求小组内形成一致意见。

针对背景材料1，提出的讨论要求是：

现假定各位就是分行领导班子成员，请你们通过小组内自由、充分的讨论，完成下列任务：（1）根据对上述案例的理解，归纳出该银行在经营管理中存在的主要问题（至少6个）；（2）结合经营管理经验，对归纳出的问题，按其重要性和可解决的难易程度进行排序，不能并列；（3）通过讨论拿出相应的解决措施。

针对背景材料2，提出的讨论要求是：

现假定各位就是分行领导班子的成员，请你们通过小组内自由、充分的讨论，在分析以上5种方案利弊的基础上，对5种方案的选择进行排序，并提出大家共同认可的最佳方案，以解决总行风险管理部门提出的问题。

在设计无领导小组讨论题目时，最关键的一点是要形成争论或冲突，否则，则无法进行讨论，也没有办法看到每个被测人的行为特点。要形成争论，最常用的方法是对若干选择项进行排序，因为每个人的看法和认识不同，其排序就可能不同，就可能形成争论。

第五步，有针对性地提出素质评价要点或参考标准。测评结束后，要对被测人的素质进行评价，在评价前准备详细的评价标准非常重要，只有这样才可能使不同评委掌握相同的尺度，才可能使素质测评更能够体现测评的初衷。

在公文筐练习的评价中，一是要从整体上判断被测人的素质水平，比如分析判断能力，公文筐的每一道题目可能都涉及，对这一能力的评价不能仅仅看其在一个题目上的表现，而应该统筹考虑；二是要能包容不同的看法，公文筐练习没有严格的正确或者错误，被测人往往会提出一些预想不到的分析或观点，遇到这种情况要理性分析，不能因为与设想不一致就轻易下结论；三是要针对每一道题目建立一个分析指南，尽管每一题目不可能有绝对的正确或标准答案，但要列出每一题目测试的能力、应该重点关注的分析点。

在无领导小组讨论中，一般分为三个阶段：一是大家自我发言阶段，在这个阶段主要测试被测人的分析能力、语言表达能力、思维的严密性、时间的把握等。二是自由讨论阶段，在这个阶段主要观察被测人是否认真听取他人的意见或建议、是否能够很好地归纳他人的意见、是否能够及时引导讨论向一致的方向进行、是否能够说服别人、是否能够妥善处理个人英雄主义与团队目标的关系。三是总结汇报阶段，要注意观察被测人是否能够注意整个时间要求、能否使团队真正形成一致意见。从这三个阶段中，考察被测人在其中承担的角色、发挥的作用、潜在的素质。

■ 五、素质测评报告示例

下面给出一个测评报告的示例，以说明如何撰写素质测评报告：在阅读后面的报告前，请先了解并明确如下内容。

1. 能力素质模型（见图7-2）：

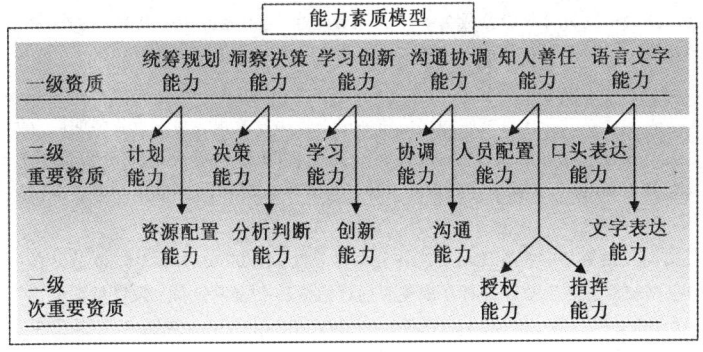

图7-2 能力素质模型

2. 根据能力模型，采用的测评方法及对应的评估资质如表 7-11：

表 7-11　　　　　　　各测评方法评估资质

测评方法	评估资质（一级资质/二级资质）
文件筐测验（In-basket）	统筹规划能力 洞察决策能力/分析判断能力、决策能力 学习创新能力/创新能力 沟通协调能力/协调能力 知人善任能力/人员配置能力、授权能力 语言文字能力/书面表达能力
无领导小组讨论（LGD）	洞察决策能力/分析判断能力、决策能力 沟通协调能力/沟通能力、协调能力 知人善任能力/指挥能力 语言文字能力/口头表达能力
标准化心理测验	洞察决策能力/分析判断能力 学习创新能力/学习能力、创新能力 沟通协调能力/沟通能力

注：1. 文件筐测验（In-basket）和无领导小组讨论（LGD）均采用十分制进行评分。1~4分为较差，5~7分为中等，8~10分为较好。其评分标准根据能力模型制定。

2. 标准化心理测验（人机测试）采用的是百分等级分数的评分模式。百分等级分数是指低于该分数的人数所占总人数（所有参加该测验的样本人群）的百分比。如张三在某能力测验中的百分等级分数为80，则表示在该能力测验中，有80%的人得分低于张三的得分，说明张三在该能力特质上比80%的人强。

3. 优秀资质：把在二级资质评分中得分高于7.50分（不含7.50分）的资质称为优秀资质，表示被评价者在该资质的评估活动中表现比较突出，显示出较强的能力水平。

4. 胜任资质：把在二级指标评分中得分高于6.00分（包括6.00分）低于7.50分以下（包括7.50分）的称为胜任资质，被评价者在该资质的评估活动中表现出了一定的水平，但不突出。

5. 有待发展资质：把在二级资质评分中得分低于6.00分（不含6.00分）的资质称为有待发展资质，表示被评价者在该资质的评估活动中表现较弱，该资质需要进一步提高和完善。

阅读并理解上述文字后，就可以开始阅读后面的报告：

第七章 选拔人才的方法工具——素质测评

（一）被测对象基本信息

姓名：XXX　　　　性别：男

年龄：ZZ　　　　　职务：行长

工作单位：YYYYY

测试日期：TTTT

（二）测评结果

一级资质

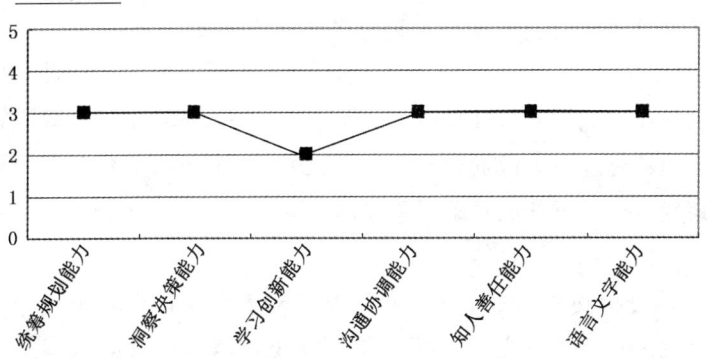

二级资质

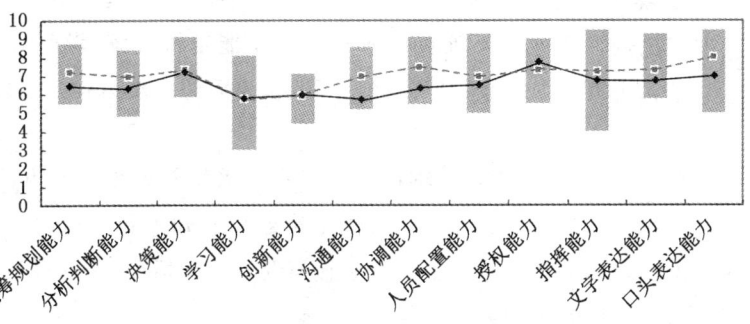

＊菱形为该测试者在该资质上的评分；方框为所有测试者在该资质上的平均评分。

(三) 综合评价意见

通过对测评过程中所收集的数据信息进行整理分析，并经过专家顾问团队多次讨论，得出以下综合评价意见，供参考。

XXX先生在测评过程中所表现出来的优势资质为：

授权能力：XXX在工作中，有较明确的授权意识，能较准确地区分任务的性质、轻重，权力下放较为合理，任务分派基本符合职能分工，方向清楚，任务目标基本明确，并在授权后能采取有效的手段进行控制和指导。

XXX先生在测评过程中所表现出来的胜任资质为：

1. 统筹规划能力：XXX比较清楚自己所拥有的人、财、物等资源；在完成任务的过程中，他能根据目标形成一定的资源配置思路，比较合理地进行资源配置，不滥用资源；他在工作中有一定的计划性，能对事件的轻重缓急作出一定的判断；有短期目标和长期目标，但目标不够具体。

2. 分析判断能力：思考问题时，XXX基本能抓住本质，但有时有偏离；分析问题有一定深度，但不够透彻；考虑问题基本全面，能注意到事物之间的简单联系。

3. 决策能力：面对问题时，在对各种观点、方案、意见和建议进行比较、分析、判断的基础上，XXX能给予比较合理的决定性意见；决策基本理性，但果断性一般；决策的结论具有一定影响力。

4. 创新能力：XXX能够在一定程度上采用新思想和新方法来指导工作解决问题，能在一定程度上突破原有知识和经验的束缚，表现出一定的创新思维能力；但是还需要进一步培养和提高创新意识和精神，培养主动创新的精神。

5. 协调能力：在出现矛盾冲突或观点分歧时，XXX能够出面进行协调,并有一定效果;在协调过程中基本能做到平衡冲突各方的利益。

6. 人员配置能力:XXX 对下属岗位的任职资格要求有一定的了解,能对下属的优势和不足作出一定的分析,有进行人岗匹配的思想和意识。

7. 指挥能力:在团队中,XXX 有一定的领导意愿,并能争取指挥者的地位;比较明确任务目标,能在一定程度上,引导团队成员围绕目标开展工作。

8. 文字表达能力:在进行书面文字描述时,XXX 基本能做到观点明确、条理清晰,语句比较通顺,但略显繁琐,不够简洁、生动,有少量用词不当之处。

9. 口头表达能力:在进行口头交流时,XXX 基本能明确观点,有一定的条理性,语句基本通顺,但表达略显罗嗦、重复较多,不够简洁。

XXX 先生在测评过程中所表现出来的有待发展的资质为:

1. 学习能力:XXX 具有较强的学习思维能力,对学习较感兴趣,愿意主动参加到对新知识与技能的学习活动之中。但在测评中对于他在学习中的自我效能感和学习策略等的评价上未能获得足够的证据,已有数据信息表明,在进行学习活动时,XXX 需要注意加强自身对于学习新知识和技能的能力的信心,掌握更多的学习方法和策略,合理安排学习时间并有效利用学习资源,从而进一步增强和提高其学习能力。

2. 沟通能力:XXX 在人际交流时比较注意反馈技巧的运用,能及时、有效地给予对方反馈信息。但在测评中对于他在沟通中的倾听、非言语理解和表达以及主动积极的沟通意识等指标的评价上未能获得足够的证据,已有数据信息表明,他需要注意保持在沟通过程中注意力的集中,认真倾听他人的发言,关注自身非言语信息的运用,多关注对方在沟通过程中的语调、姿态、手势等非言语信息,同时增强主动与人沟通的意识,积极主动地采用沟通的方式来解决问题,充分发挥沟通的作用,从而进一步提高其沟通能力。

六、素质测评应该注意的问题

在应用各种素质测评工具时,应该注意以下几方面的问题:

1. 素质测评是一种人才评价技术方法,这种方法既有其评价能力的独特性,又有局限性。通常的测评只能评价人才的某些重要才能和心理素质的比较信息,提高人才评价的准确性和客观性。对选拔任用性评价而言,测评的突出效能是在确定的内容范围内发现和诊断缺陷和不足,不是确定最优。人才最终的评价比较不能脱离各种辅助信息和决策者的经验判断。

2. 测评活动本身要求"中立"立场,从过程开始至结束,不对被测评对象的行为发生实质性的影响(不同于人事考核管理、监督、指导、教育、激励等功能)。

3. 运用这些测评方法时,要经过认真分析,经过充分准备,认真考虑评价方面的其他信息在评价过程中的作用,缺少对信息的控制,未对评价方案的效用进行估计,其后果是偏离原有目的,影响最终的评价结果。

4. 注意公平性、适当性、个人权利和其他伦理道德方面的问题。防止侵犯隐私,保证机密性,尊重被测者了解事情的权利,对数据使用有时间限制,对被测者以诚相待并考虑其意见(见专栏7-1)。

专栏 7-1 花旗银行的素质模型与人才选拔

因传统的资历因素和某些人害怕其下属超过自己的个性等固有的缺点,某些层次的经理们往往不会放开手脚让其下属去发挥才干,给他们充分表现的机会,有些经理则为了本部门、本团体的私利,往往不会让他们手下最优秀、最聪明能干的人才显山露水,以免失去他们。为此,花旗制订了一种特别监督手段:把高级经理们所主管的部门能够为董事会输送人才的数量作为衡量其经营业绩的一个依据,即除了基本的经营业务指标之外,花旗把如何对待下属作为考评经理人员的一个重要标准。花旗认为,使用人、培养人是不能保守的,一定要大胆,要敢于冒险。

一、选拔标准:管理者能力胜任模型

一般来说,花旗提升管理人员主要考虑以下五个方面的因素:

一是基本素质,包括综合分析能力、承受压力的能力、可信度、忠诚度及决策能力。

二是发展潜力,特别是今后较长一段时间内的发展潜力,如果一个员工在得到提升后再提升的可能性不大,那就不会得到提升。

三是业务拓展能力,高级人员不是"守摊子",而要帮助银行发展壮大业务。

四是业绩表现,主要参考员工平衡记分卡的实际得分情况。

五是管理和控制能力,高级管理人员应确保在其管辖范围内没有不良风险记录或欺诈行为,即在远离总部的情况下依然处于可控中。

续

二、选拔措施

花旗银行无论在员工招聘,还是在员工职务晋升时,都始终贯穿公平竞争原则。银行定期公布各管理岗位的空缺情况,供本行员工报考。在员工发展上,一方面非常注重内部提拔,一旦出现职位空缺,就先由内部员工参加考试,这种考试类似于我们所做的公开招聘工作,在选人的程序上是先内后外甚至是内外同时,内部确实没有合适的人选就会到外部招聘,但所使用的标准(即职位胜任模型)是一致的,决不迁就内部人选;另一方面,花旗银行很重视岗位轮换和流动,以培养人才,一个优秀的管理人才到银行工作的5年内最多可在15个岗位上工作,银行下属分行的副总裁或经理一般由总部派出,到一地工作3~4年,定期进行轮换,对一些在总部工作出色的员工会在适当的时候下派到分行任职锻炼。

三、选拔技术

花旗银行在人才选拔上重视现代人才测评技术的应用,现代人才测评技术以评价中心为核心,采用多种技术、使用多位专家对候选人的综合素质进行多轮测试,逐级淘汰。整个选拔的一般流程是简历审核——→笔试(以素质测试和专业笔试为主)→面试,遵照成本最小化和收益最大化原则,针对一般人员和管理人员、一般管理人员和高级管理人员、操作人员和技术专家都有不同的技术,在高级管理人员和重要技术专家的选拔上,为防止用人风险,程序一般较多,技术应用也比较全面,对候选人与职位相关的一些素质都要进行全面测试,面试往往是多轮次的。

第八章

人力资源管理的明珠——绩效管理

绩效管理,可以分为两个层面:一个是组织的绩效管理,比如分行的绩效管理、支行的绩效管理、网点的绩效管理等;另一个是员工个人的绩效管理,比如管理者的绩效管理、专业人员的绩效管理、一般人员的绩效管理等。两者有区别,也有联系。

第一,一个组织的绩效指标,肯定会层层分解到员工的身上,通过员工的努力才能实现绩效目标。组织的绩效完成情况,往往是员工个人绩效指标的构成部分,组织绩效影响个人绩效。

第二,员工个人的绩效指标,因为岗位和职责的不同,与组织绩效有很大的不同。个人指标有相当一部分指标是行为指标,而组织指标中一般没有行为指标,更多的是结果性指标。

第三,组织主要负责人的绩效指标与组织的绩效指标有很大程度的一致性,在这个层面上,两者具有较强的一致性。本章主要就员工的绩效管理进行讲述。

■ 一、为什么要进行绩效管理

在传统的政府机关或国有银行,潜在的文化因素是平均主义、

大锅饭、官本位，缺乏现代管理意义上的绩效管理。为什么西方银行非常重视绩效管理，并将绩效管理作为人力资源管理最基本的工作内容呢？最根本的原因有两条：

　　1. 市场经济的基本法则是竞争，优胜劣汰。金融业进行改革，国有银行进行改革，就是要使银行成为市场经济中的真正主体，自主承担风险、自主进行决策，同时不同银行之间开展规范有序的竞争。银行要竞争，有竞争就有成败，原来银行的运作目标是完成国家任务、履行政府职责，银行的目标是被动的、缺乏生存压力的，现在要创造价值、成为独立的运作主体，目标要成为市场化的、主动性的主体。要实现这样的目标，就必须按照市场竞争的规范做法，将银行的经营目标分解落实到员工个人，才可能确保银行整体目标的实现，从银行整体来讲，竞争产生了压力，产生了动力，绩效管理就开始提到了议事日程。

　　2. 银行意识到要充分发挥每个人的积极性，需要按照员工的贡献差异给与不同的报酬，这就对管理提出了新的要求。银行必须建立评价员工表现的体系，这样才可能使评价有据可依，否则，缺乏合理的依据而盲目进行分配制度改革，往往带来更大程度的不均衡，降低员工的士气和信心，影响员工的积极性，进而影响银行目标的达成。绩效管理正是银行实施员工管理的基础，只有有了这个基础，才可能开展有效的薪酬管理和培训管理，才可能做到银行目标和员工目标的统一。

■ 二、考核与绩效管理的区别

　　银行，尤其是国有商业银行，在发展的历程中，在相当一个阶段，等同于考核绩效管理，或者说，没有严格意义上的绩效管理。当然，这样讲，并不意味着银行不对员工进行评价和考核，银行也

对员工进行考核,但是两者存在很大的不同,其主要不同在于:

1. 考核是事后的,绩效管理是事前的。国有银行的考核往往是年底的总结性评价,是在事后对员工的行为表现和业绩情况进行评价;而绩效管理的一般做法是事前确定工作的目标和标准,期末根据实际结果和事先确定的目标进行比较,评价其绩效状况。

2. 考核是360度的,绩效管理是上下级之间的。国有银行传统的考核一般采用360度方式,由被评价人的上级、下级、同级进行评分,将这些评分进行加权平均,得到考核结果。绩效管理一般是上级对下级进行评价,上级根据事前确定的评价标准进行评价,有时为了了解员工的行为表现,也会应用360度评价的方法。

3. 考核是定性的,绩效管理是定量的。国有银行的考核一般采用党政干部的评价标准,即从德、能、勤、绩、廉等方面进行评估,一般由评价人根据自己的掌握信息进行主观判断。绩效管理一般采用定量指标进行评价,不同被评价对象的定量指标一般是不同的,这些指标都有相对明确的衡量标准。当然绩效管理也会运用部分定性指标(见专栏8-1、专栏8-2)。

专栏8-1 宋代磨勘[①]

磨勘是古代政府通过勘察官员政绩,任命和使用官员的一种考核方式。《唐文拾遗》中,唐德宗有个《磨勘内侍官结阶敕》:"累勋阶者,并且当司磨勘,具衔奏来。"大意是说,凡有功或有政绩者,经过相关部门的考核,送交报批,才能得以升迁。简而言之,磨勘也就是古代公务员升迁任用所必经的考核过程。

宋代的磨勘很复杂,文官被分为"选人"和"京朝官"。选

---

① 青丝文:《北京青年报》2008年4月28日。

续

人是文官里面最低的一个阶层，分为四等七阶。而京朝官又被分为"京官"和"升朝官"，有资格上朝议政的叫做"升朝官"，秘书郎以下的小官员叫做"京官"。范仲淹有句名言："常调官好做，家常饭好吃。"喻已甘于平淡之意。常调官指的就是选人逐阶升迁的过程。选人须经过三任六考的磨勘，层层升上去。每任的任期为三年，每年一考，这个过程叫做循资。从选人晋升到京官，磨勘期满之后，还要有人举荐，其官阶和职务必须达到一定的阶层，才有举荐的资格。过程大致是：举荐人把自己所举荐的选人履历送到吏部的南曹。南曹是一个辅助性的机构，职能是审验选人的履历，如果认为选人符合规程，可以迁调，就把其履历整合成一份公文材料，送到上一级主管部门——吏部的流内铨。流内铨经过审查，确实无误，再发回南曹，由南曹给选人出证明，然后呈交中书省经宰相审批。这个过程叫做"改官"。选人是否能如愿改官，晋升为京官，会决定一生的仕途，整个审批程序极为严密。为了能够人尽其才，也为了掌握人事决策权，皇帝经常会对选人改官亲自过问。

京朝官则由吏部审官院负责考核，每三年进行一次磨勘，评定政绩优劣，是否有过失。考核之后，审官院对不同官阶和爵位的人，根据各部门的职缺，拟出一份相应的任命或调动方案，然后送交中书省、枢密院审批，如果没有异议，即按拟定方案进行升迁贬黜。"凡所除授，先由大臣进拟，而后下于中书、门下两省，臣僚无异论，则命词省审授之。"（《宋会要·职官》）

高级官员及一些要害部门的人事任免，则由皇帝亲自审批，人员选拔和举荐由中书省和枢密院负责。

虽然磨勘制度是一样的，但不同时期的官员任选，却有着天

续

坏之别。最著名的例子是柳永。张舜民在《画墁录》中载,柳永登第后,成了选人,经过三任六考,磨勘期满,却在晋升京官时被吏部卡住了,不放改官。宋代的磨勘制度对年龄有明确规定,凡年满七十者将不再进行磨勘,仕途至此完结。柳永这时已不再年轻,也希望自己的仕途能够走得更远一些,心里很着急,就求见当时的宰相晏殊,投诉吏部对他不公。晏殊问:"贤俊作曲子么?"柳永答道:"和相公一样,亦作曲子。"晏殊却不吃他的套近乎,说:"我虽然作曲子,却不作'采线慵拈伴伊坐'这样的曲子。"柳永遂告退。

这件事情折射出了北宋磨勘制度的严谨。柳永在当时的名声是不太好的,虽有俊才,行为却放浪不羁,正是因为德行浅薄,吏部才在改官这个重要关节一再卡他。晏殊并非曲解柳永的小词,而是隐晦地告诉他,原因出在了哪里。

到了南宋末年,韩侂胄、贾似道等人担任宰相,贪赃枉法,在任用官员方面一手遮天。"陈自强以侂胄童子师,自选人不数年致位宰相。"(《宋史·韩侂胄传》)陈自强托庇韩侂胄的权势,数年间即由选人飞升为宰相,这一奇迹,也使得任选官员的磨勘制度成了一纸没有任何实际效用的空文。

专栏 8-2 唐朝的考课[①]

唐朝建立了一套堪称严密的考核制度,称为考课。考课由吏部(相当于人事部)的考功司主持,考课标准是"四善二十七

[①] 黎禾文:《北京青年报》2008 年 4 月 28 日。

续

最"。所谓"四善",即"德义有闻,清慎明著,公平可称,恪勤匪懈",属于抽象标准,即为官应达到品德端正、为官清廉、处事公平、勤政不殆的基本要求,可称之为"官德"。"二十七最",即按官吏的类别和职能分成近侍、选司、考校、礼官、乐官、判事、宿卫、督领、法官、校正、宣纳、学官、将帅、政教、文史、纠正、勾检、监掌、役使、屯官、仓库、历官、方术、关津、市司、牧官和镇官27类,每类都有具体的考核标准,是评判不同类别、不同职能官吏依据的细则。如"献可替否,拾遗补阙,为近侍之最",是对侍卫官系统的考课标准;"铨衡人物,擢尽其才,为选司之最",是对主持选举官吏的考课标准。以官员所得"善"、"最"列为九等,一最四善为上上,一最三善为上中,一最二善为上下,无最二善为中上,无最一善为中中,职事精理、善最不闻为中下,爱憎任情、处断乖理为下上,背公向私、职务废缺为下中,居官谄诈、贪浊有状为下下。这应该都属于抽象考核,类似官德和岗位职责之类的规定。

量化的考核则体现在具体数字和惩奖升黜的具体规定上。

州县官是直接管理百姓的,被称为亲民官,有更加细密的计量考核标准。州县官辖区内的户口增损是量化考核的主要指标,具体规定如下:管内户口每增加10%,刺史(州)、县令各进考一等,每减损10%,降一等;劝课农田是另一项重要指标,管内垦殖田土每增加20%,进考一等,每减损10%降一等。如果州县官业绩突出,数处都应进考,允许累加。

此外,一些负责具体事务的部门也制订有量化考核标准,如隶属于司农寺的司竹监,负责管理皇家竹园,年终以种竹的多少和提供产品(成材的竹子和竹笋等)的多少优劣作为考课的量

续

化指标；隶属于太仆寺的牧监，每年牧养的大小牲畜数量都有定额，如果有超过定额的生育，则有相应的奖励，如：马生驹一头，骡生驹二头，驴、牛生三头，羊生七只，羚羊生十只，都可获得一匹绢的奖赏。

唐朝还规定每年一小考，三至四年一大考（地方官任期一般是三到四年），使考课经常化。根据考课等第进行奖惩，考在中上，每进一等，加禄一季（即加发三个月的工资）；中中考，守本禄；中下以下，每退一等，夺禄一季（即扣发三个月的工资）；如兼有上下考，可相互抵消。若犯轻罪，允许通过一定量化的减考等来冲抵，具体计量规定是：如所犯罪计赎铜一斤（古代法律允许官吏用交纳一定数量的铜赎罪），为一负，如是公罪加倍；十负为一殿，但得上上考者，不降等。自上中考以下，每一殿降一等。若私罪下中以下，公罪下下，解除现任职务，扣发当年俸禄。

考课结果由主管部门当众宣读考辞（即评语），但考官也有酌情处置权。唐高宗时，卢承庆主持内外官考课，有一官督运漕粮，遇风翻船失米，卢承庆定其考辞为"监运损粮，考中下"，其人容色自若；承庆"重其雅量"改考辞为"非力所及，考中中"，其人亦无喜无愧；承庆又改其考辞为"宠辱不惊，考中上"（《资治通鉴》）。考辞居然可以根据主考官的主观意志屡次更改，看来，在一定情况下，可以脱离量化的樊篱，而以雅量风度定等级了。

■ 三、绩效管理的四个环节

绩效管理一般分为四个环节：制定绩效指标、管理辅导、绩效评估、反馈应用。

(一) 制定绩效指标

从理性、规范的角度,制定绩效指标一般经过如下过程:

1. **战略分解**。绩效管理是战略管理的重要工具,因此,确定绩效指标一般从组织的战略目标分解开始,将组织的战略目标分解为更细的、更有操作性的指标,再将这些指标落实到不同的岗位上。战略目标的分解,往往是一个实践性、理论性都很强的工作,一般的方法是层次分解法,首先,是界定战略,银行要明确自己的战略到底是什么?比如,银行可以提出自己的战略是:以大中城市为依托、有自身特色和优势、具有国际水准的、最具价值创造力的银行。这个战略是实施绩效管理的基础。其次,要分析实现战略目标所需要的关键成功因素,或者实现战略目标的主要支撑点。将银行改组成为股份制商业银行是一个基本的方向,股份制银行的战略目标一般是创造更大的价值。从价值最大化的角度,成为最具价值创造力的银行,关键靠什么?无外乎增加收入、降低成本、提高持续发展能力,增加收入又可以继续分解,这时的分解标准可以按客户分解,又可以按产品分解,还可以按区域分解,不同的分解方式取决于确定绩效指标的目的和对象。最后,将层层分解下来的目标和任务进行归纳和分析,提炼出指标。在提炼指标时,一部分变为定量指标,另外也会有一部分定性指标。

2. **指标结构**。在分解提炼指标时,往往需要将指标进行归类,目前在绩效管理领域最为流行的一种结构方式是平衡计分卡。平衡计分卡是 1992 年由哈佛商学院教授 Kaplan 和复兴全球战略集团(管理咨询公司)Norton,在总结多家公司经验的基础上提出的一套绩效管理思想,其最为核心的思想是绩效管理不能单一地依靠财务指标,而应该包括相关的过程性内容,一般可将企业实现战略的着力点放在 4~5 个维度上,他们当时提出从客户、财务、内部营运和学习创新四个方面进行绩效管理,这四个方面也就成为标准的平衡计分卡的分解组合。客户维度的核心是衡量一个岗位服务内外部客户的情况和客户的满意度,财务维度衡量经营的成果和股东的满意程度,内部运营反映企业运作的质量和稳定性,学习创新反映员工的成长和能力(见专栏 8-3)。

专栏 8-3 平衡积分卡小资料

一、平衡积分卡的产生

平衡积分卡是由罗伯特·卡普兰(Robert S. Kaplan 哈佛商学院的领导力开发课程教授,著名管理会计学家)和大卫·诺顿(David P. Norton 复兴全球战略集团创始人兼总裁)对在绩效测评方面处于领先地位的 12 家公司进行为期一年的研究后,于 1992 年提出的。目前,平衡积分卡是世界上最流行的一种管理工具,根据美国 Gartner Group 的调查,在《财富》杂志公布的世界前 1 000 位公司中,有 55% 用了平衡积分卡系统。平衡积分卡最早进入中国约在 1996 年,当时实施的也只是少数一些在中国有业务的跨国公司。在最近的一年中,平衡积分卡作为战略管理工具的理念和方法真正开始在中国受到重视和运用。

何谓平衡积分卡?简单地说,平衡积分卡就是整套用于衡量评价与企业经营战略成功相关的要素的指标体系,包括财务与非财务指标,这一指标体系不仅有利于正确评价企业经营业绩和竞争实力,还直接表明企业的奋斗目标和宗旨,有利于企业全体职员对其战略计划、目标的理解,有利于管理者决策的正确制定以及战略性竞争优势的形成。如果做个形象的比喻,平衡积分卡就

续

像是一棵大树的树干,纵向、横向支撑着整个企业的管理。平衡积分卡就像飞机驾驶室里的仪表,说明在复杂的企业经营环境中,欲了解组织目前运营的现状,需通过像飞机仪表板一样的绩效评估制度,随时将运营情况回馈给组织的相关人员,以在会计期间内做必要的运营调整,确保期末能达成组织设定之既定目标。也可以说,平衡积分卡是企业战略执行的框架。

二、平衡积分卡指标体系

平衡积分卡之所以叫"平衡",是因为它从四个角度:财务业绩指标、客户方面业绩指标、内部经营过程(流程)业绩指标和学习与成长业绩指标来帮助管理层对所有具有战略重要性的领域做全方位的思考。可用于确保日常业务运作与企业管理高层所确定的经营战略保持一致。

(一)财务业绩指标

一般财务业绩指标主要包括:(1)收入增长指标;(2)成本减少或生产率提高指标;(3)资产利用或投资战略指标。具体指标可以根据公司战略的具体要求而设置,一般有经济增加值、净资产收益率、资产负债率、投资报酬率、销售利润率、销售增长率、应收账款周转率、存货周转率、成本降低率、营业净利额及现金净流量等。

卡普兰与诺顿认为企业应针对其所处生命周期的不同阶段,采用不同的财务战略,并决定恰当的财务衡量尺度。企业之生命周期可简化为三个时期:成长期、保持期、收获期,无论企业处于何种阶段,均应配合收入成长与组合、成本降低/生产力改进、资产利用/投资战略等三个财务性议题。企业在依自身所处的生

续

命周期分析决定策略后,据以找出各财务性议题适合的绩效衡量指针。

(二)客户方面业绩指标

用于衡量客户方面业绩的指标主要有:(1)市场份额;(2)客户保持率;(3)客户取得率;(4)客户满意程度率;(5)客户盈利率。市场份额用于衡量企业在既定的市场中(可以是客户的数量,也可以用销售的数量)销售产品的比例;客户保持率是指企业继续保持与老客户交易关系的比例(既可以用绝对数,也可以用相对数);客户取得率用于计量公司吸引或取得新客户的数量或比例(既可以用绝对数,也可以用相对数);客户满意程度指标是指通过一定的方法(如电询、函询、问卷、座谈会等方法)对客户的满意程度作出的估计;客户盈利率是指企业为客户提供产品或劳务后所取得的净利润。

卡普兰与诺顿认为,在客户业绩评价方面企业应先找出市场与客户区间,将客户方面的核心衡量群与目标市场及客户结合,帮助企业找出衡量企业客户面的价值计划。

(三)内部经营过程(流程)业绩指标

财务业绩衡量方法强调的是对已有的责任中心及部门的改进,而单纯依靠对财务业绩的控制和改进很难使企业在市场中成为最有竞争实力的公司,要使企业取得并保持竞争优势,就必须创新、讲求质量,缩短生产周期,提高劳动生产率,降低成本。平衡积分卡正是把对企业内部经营过程的指标定位于创新、经营和售后服务上。在通常的情况下,创新的指标与企业的研究开发费用支出有关;经营业绩衡量指标是指从接受客户的订单开始到交产成品送至客户手中的过程;售后服务主要与产品的质量保

续

证、维修服务及对次品和退货的处理,包括服务的时间、质量、成本等内容。其一般的指标主要有:产品的质量等级、产品设计水平、产品的生产周期、工艺改造能力、新产品开发能力、机器的完好率、设备的利用率、安全生产率、退单退货率等。

为满足股东及目标顾客的期望,企业必须确认其创造顾客价值的程序,以有效运用有限的资源。企业目前的绩效指标仍着重于改善现有的经营程序,虽有尝试增加质量、效率、循环时间等指标,但仍并非针对企业程序的整体概念。而平衡积分卡则有别于传统的作法,建议企业应就完整内部程序价值链,包括创新程序、运营程序、售后服务程序,建立各种衡量指标。

(四)学习与成长业绩指标

平衡积分卡旨在强调的投资重点是未来的投资项目,强调产品的创新、技术的研发,不同于传统的投资领域。平衡积分卡要求企业的管理层及员工应该不断地进行新技术、新知识的培训学习,以适应时代发展的需要;要求企业建立良好的激励机制,从而激发广大员工的积极性、主动性;要求企业建立有效的信息系统以便及时获取信息。这一指标体系主要包括:(1)职员能力;(2)信息系统能力;(3)激励、权力及协作。其具体指标有:职员满意程度、职员忠诚率、职员的工作效率、职员的知识水平、职员的培训率、管理水平、研究开发费用增长率及信息系统水平。

这些方面的因果关系如下:员工的素质决定产品质量、销售渠道等,产品/顾务质量决定顾客满意度和忠诚度,顾客满意度和忠诚度及产品/服务质量等决定公司财务状况和市场份额。此

续

指标体系的主旨是使平衡积分卡的前三项指标能顺利达成,实现企业长期成长的目标。此指标体系强调对未来投资的重要性,但并非如传统的投资观点,仅着重新设备、新产品的研究发展。虽然设备及新产品的研究发展是很重要,然而为了达到长期的财务成长目标,组织必须投资在基础结构上,包括人员、系统及程序,通过员工能力的提高、信息系统能力的增强、激励及授权一致性的增强等三个主要原则,以构建学习与成长的绩效指标。

三、平衡积分卡的特点

平衡积分卡反映了财务与非财务衡量方法之间的平衡,长期目标与短期目标之间的平衡,外部和内部之间的平衡,结果和过程的平衡,管理业绩和经营业绩的平衡等多个方面,所以能反映组织综合经营状况,使业绩评价趋于平衡和完善,利于组织长期发展。平衡积分卡方法突破了财务作为唯一指标的衡量工具,做到了多个方面的平衡。平衡积分卡与传统评价体系比较,具有如下特点:

1. 平衡积分卡为企业的战略管理提供强有力的支持。随着全球经济一体化进程的不断发展,市场竞争的不断加剧,企业在市场中能否取得胜利已不再完全取决于内部的生产能力和管理水平,主要取决于企业战略性竞争优势的取得。可见,战略管理对企业持续发展而言更为重要。平衡积分卡的评价内容与相关指标和企业战略目标紧密相连,企业战略的实施可以通过对平衡积分卡的全面管理来完成。

2. 平衡积分卡可以提高企业整体管理效率。平衡积分卡所涉及的四项内容,都是企业未来发展成功的关键要素,通过平衡

续

积分卡所提供的管理报告,将各个零散的要素有机地结合在一起,这样就可以大大节约企业管理者的决策时间,从而提高企业管理的整体效率,为企业未来在市场竞争中取胜奠定坚实的基础。

3. 平衡积分卡更注重团队的合作,能够有效地防止企业管理的机能失调。团队精神是一个企业文化的集中表现,平衡积分卡通过对企业各要素的组合,让管理者能同时考虑企业各职能部门在企业整体中的不同作用与功能,使他们认识到某一领域的工作改进可能是以其他领域的退步为代价换来的,促使企业管理部门考虑决策时要从企业的整体出发,慎重选择可行方案。

4. 平衡积分卡可提高企业激励作用,扩大员工的参与意识。传统的业绩评价体系强调管理者希望或要求下属采取什么行动,然后通过评价来证实下属是否采取了行动以及行动的结果如何,整个控制系统强调的是对行为结果的控制与考核。平衡积分卡的好处就在于,不是老板一个人说了算,而是通过整个团队的参与达到公司战略的实施。所以平衡积分卡更强调目标管理,鼓励下属创造性地而非被动完成目标,这一管理系统强调的是激励动力。因为在具体管理问题上,企业高层管理者并不一定会比中下层管理人员更了解情况、所作出的决策也不一定比下属更明智。所以由企业高层管理人员规定下属的行为方式是不恰当的。另一方面,目前企业业绩评价体系大多是由财务专业人士设计并监督实施的,但是,由于专业领域的差别,财务专业人士并不清楚企业经营管理、技术创新等方面的关键性问题,从而无法对企业整体经营的业绩进行科学合理的计量与评价。

5. 平衡积分卡的四个指标体系是相互联系的,以财务指标

续

体系为核心,其他三个方面的指标体系最终为财务指标服务。这是因为只有企业内部经营过程的不断改善,创新能力的不断提高,全体管理层及员工素质的不断提高,才能使客户的满意程度不断提高,也才能增加企业在市场中的竞争能力,才能不断地扩大市场的份额,才能实现财务指标,才能最终使股东满意。

6. 平衡积分卡所包括的内容并不是一成不变的。企业可以根据企业自身的情况,所处的不同发展阶段的要求,企业的外部竞争状况及市场的变化等情况,对平衡积分卡的内容进行适当的调整,它包括的内容可以是两个方面的内容,也可以是三个方面的内容,也可以根据需要增至五个方面的内容。

四、平衡积分卡的应用

平衡积分卡的实施主要遵循以下几个步骤:

1. 建立公司的远景与战略。股份制改造后的公司远景与战略要简单明了,并对每一部门均具有意义,使每一部门可以采用一些业绩衡量指标去完成公司的远景与战略。

2. 成立专门的平衡积分卡小组或委员会去解释公司的远景和战略,并建立财务、顾客、内部业务、学习与成长四类具体的目标。

3. 为四类具体的目标找出最有意义的业绩衡量指标,并利用各种不同沟通渠道加强系统内部的沟通与教育,使得各层管理人员明确公司的远景、战略、目标与业绩衡量指标。

4. 确定每年、每季、每月的业绩衡量指标的具体数字,与公司的计划和预算相结合,并将每年的报酬奖励制度与平衡积分卡挂钩。

5. 经常采用员工意见修正平衡积分卡的衡量指标并改进公司战略。

客户类指标一般有市场占有率、客户数量、客户满意度、客户保留度、品牌价值等。

财务类指标很多，可以分为盈利性指标、安全性指标、流动性指标、效率性指标、成长性指标，实践中最常用的指标是：净利润、经济增加值、总资产回报率、营业收入、股价、资本收益率等。

内部运营主要是体现银行在内部管理上的优势，衡量为实现价值增长而采取的运营控制措施的效果，是对银行内部运营活动推动整体战略目标实现能力的直接考察。经常用到的指标有劳动生产率、成本有效性、产品开发周期、收入成本率等。

学习发展类指标反映银行员工和组织的可持续发展能力。员工个人的学习能力、组织的知识资本积累等因素非常重要，衡量的指标有员工学习培训的时间、员工满意度、继任者计划、员工保留度等。

3. 确定关键绩效指标。绩效指标很多，不可能都作为考核的内容，更常见的做法是研究确定关键绩效指标。确定关键绩效指标同样要根据组织的战略计划重点，根据内外部的经营环境和形势，也可以通过对同类型公司的做法确定。韬睿公司是全球著名的人力资源咨询公司，其对世界上40家金融机构的绩效管理进行比较分析，重合度较高的绩效考核指标（见表8-1）如下：

表8-1　　　　　　金融机构绩效考核指标

指　　标	使用次数占比
净资产收益率（ROE）	75%
每股盈利（EPS）	53%
净利润（Net Income）	45%

续表

指标	使用次数占比
税前利润率	30%
收入增长率	23%
总资产收益率（ROA）	20%
利润增长率	18%
成本利润率	15%
资本充足率	23%
客户满意度	15%
员工满意度	10%

净资产收益率、每股盈利和净利润是最常用的三个指标。国际著名银行采用的关键绩效考核指标如表8-2：

表8-2　　　国际著名银行关键绩效考核指标表

运通公司 American Express Company	净资产收益率（ROE） 每股盈利（EPS） 客户满意度（Customer satisfaction） 员工满意度（Employee satisfaction）	汇丰银行 HSBC	税前利润（Profit before tax） 税后利润（Profit after tax） 股东总体回报率（TSR）（与竞争对手比较，against peer index） EPS ROE ROA 资本比例（Capital Ratio） 成本/收入比（Cost to Income Ratio）
第一银行 Banc One Corporation	BANC ONE 总资产收益率（ROA） EPS 第一芝加哥（FIRST CHICAGO） ROE EPS		

续表

纽约银行 Bank of New York Company	税后利润（Net Income）（仅对CEO） 事先确定的公司目标（"Pre-established corporate goals"）	渣打银行 Standard Chartered Bank	Profit before tax Profit after tax Economic Value Added（EVATM） EPS ROE Capital Ratio Cost to Income Ratio
Charles Schwab Corporation	税前利润率（Pre-tax profit margin） 净收入增长率（Net revenue growth）		
Fifth Third Bankorp	Net Income EPS		
花旗 Citigroup	ROE	德意志银行 Deutsche Bank	Profit before tax Profit after tax Dividend per Share ROE EPS Capital Ratio
JP Morgan	ROE Net Income ROE		
Morgan Stanley Dean Witter	资本成本（Cost of Capital） 每股账面价值增长率（Growth in book value / share） ROE	荷兰银行 ABN AMRO	Profit before tax Profit after tax EPS ROE Dividend per Share Cost to Income Ratio

现在很多企业在进行绩效管理的时候，还增加了行为能力的内容，更加强调对员工工作过程的管理，也就是再增加一部分员工工作态度、行为特征等方面的指标。例如，美国银行在绩效管理方面认为在绩效管理中引入 5~7 项行为能力指标（素质），这样让员工清楚公司对他们的期望，也有利于其长远的发展。

4. 确定关键指标值。确定关键指标后，要确定关键指标数值，这是一个相当艰苦的讨论过程。一般来讲由上级管理者和下级进行讨论确定。在确定关键指标值时，一般要考虑两类指标：第一类是目标指标，也就是在正常情况下，岗位应该达到的要求，国际上大公司一般的做法是，完成这样的要求，该项关键指标值可以得3分（5分制）；第二类指标是挑战值，也就是对被评估人在岗位上优秀表现的期望值，完成挑战值，可以得到5分（5分制）。

确定目标值和挑战值，一般的做法是：首先，参考过去类似环境下的行业或可比企业平均水平；其次要参考监管指标、国际指标；再次，要参考上级的绩效指标值；最后，要考虑其他岗位的情况，保证一定的可比性。

5. 确定指标权重。同任何一种评价体系一样，采用评分法进行评价都需要确定权重。到目前为止，权重的确定更多的是一种经验判断，常用的方法有：

（1）经验法。管理者本人根据自己的经验，与被评价人协商确定权重。

（2）德尔菲法。这种方法就是通过问卷的方式征求相关专家的意见，综合专家的意见确定权重。

（3）两两比较法。这种方法是将评价指标两两比较，根据比较的得分矩阵得到各个指标的系数。

通过上述步骤，就基本确定了绩效管理的目标，一般通过绩效合同的形式将上述内容明确下来，作为上级考核和下级执行的工具。绩效合同的模版（见表8-3）。

表8-3　　　　　客户经理的绩效指标

	财务	客户综合贡献度	内部流程	客户信息档案创建率
		客户净增数量		工作差错率
		客户留存率		客户需求建议收集量
客户		客户满意度	学习	培训课时完成率
		客户忠诚度		培训成绩（积分）
				资格证书
				个人奖惩数量

(二) 管理辅导

绩效管理的一个重要理念是动态管理，签订绩效合同以后，就进入了绩效管理的下一个环节：管理辅导。在落实执行绩效合同的过程中，上级和下级不断沟通交流，确保绩效合同的实现。通过对下属人员绩效完成情况的不断跟踪，适当提供积极性反馈，鼓励良好的行为及工作方法，及时提供建设性的反馈以纠正执行中发现的问题，避免计划执行的失控。比较常见的辅导措施有：

1. 日常沟通。上级管理者定期或者不定期地与下属沟通，了解情况，肯定成绩，指出不足。这种沟通的频度也不宜太高，否者沟通就可能缺乏针对性，一般在2~3个月为宜。

2. 中期回顾。一般在绩效合同执行的年度中间，上级和下属之间应该就绩效合同进行一次比较全面的回顾，分析执行中存在的问题，探讨实现绩效合同的可行性。如果确实有必要，可以考虑对相关指标或者指标的数值进行调整。

3. 沟通技巧。（1）把握沟通时机，沟通一般在如下的环节会更加有效：A. 当下级遇到问题时；B. 当你发现一种新的工作方法时；C. 当市场出现巨大变化时；D. 当下级的工作取得进展时。（2）沟通的步骤，首先，要强调此次指导的目的和重要性；其次，要询问具体情况，上级要收集信息，和下级共同交流；再次，双方协商讨论达到的目标，目前状态与目标的距离有多大，如何找到解决问题的办法；最后，要约定下次讨论的时间，形成一个动态的循环。

（三）绩效评估

绩效评估是年底对绩效合同执行情况进行的评价和总结。针对绩效合同中的绩效指标采取不同的绩效评估方式：

1. 财务数据评估。一般财务数据的评估比较简单，从计划部门、会计部门或者统计部门获取数据进行计算即可。

2. 360度评价。对于被评估人的行为表现，可以采用360度的方式进行。现在有的企业开发了在线行为评估系统，可以比较方便地得到评价结果。

3. 问卷调查。对有些评价指标，可能需要进行访谈或者问卷调查，比如客户满意度，通过一种相对中立、客观的方式了解客户对银行服务的评价意见，进行评价指标的判定。

4. 结果处理。在评价完成后，得到了每一个人的绩效评价结果，国际上大公司一般会对这种原始结果进行重新的加工和处理，基本的做法是：

（1）由隔级上级对下属部门的总体情况进行平衡和调整。这主要是为了消除不同团队之间在绩效评估方面的不一致性。

（2）银行或者部门内部的绩效评估结果进行强制分布处理。强制分布曾经是一些企业的习惯做法，强调强制分布的理由是：A. 通过强制分布，消除部门之间的差异，使不同业务部门的个人绩效成绩可比；B. 进一步强化绩效评估的激励作用。但是强制分布的缺陷同样非常明显：一是缺乏足够的理论依据，既然绩效结果是因人而异的，个人完成了绩效目标就是一个客观事实，不能因为强制分布而改变了最后的结果；二是员工人数过少，也难以形成正态分布。现在越来越多的银行不再进行强制分布。

（四）反馈应用

得到绩效评价结果以后，就要考虑绩效评价的反馈和应用。反馈就是告诉被评价人结果是什么？是否实现了绩效目标？成功的地方在哪里？需要进一步改进的地方在哪里？一般情况下，绩效反馈采用一对一交流的方式进行。

应用就是要将绩效评估的结果应用到薪酬分配和员工发展上，要根据绩效评估的结果，体现薪酬的差异，要根据绩效评估的结果，在新的年度明确培养提高的方式和途径。具体如何实现绩效考评结果和薪酬的连接，在薪酬管理部分再详细讲述。

■ 四、绩效管理的示例（综合管理部门指标的设置）

在绩效指标的提炼上，比较难的一个问题是综合管理部门的指标难以确定，或者确定指标后难以进行组织考核。下面举一个例子说明绩效管理是如何进行的。

在银行的职能部门，一般都会设置综合处，主要承担部内工作的协调、计划、组织、保障工作，其工作内容繁杂，不确定性大，人们常说"综合无大事，但每件事都不是小事"。人力资源部也设有综合处，其职责是根据银行人力资源管理相关规定和部门领导的要求，支持、服务、保障部门领导和各处（中心）顺利开展工作，做好部门内部工作统筹规划、优化部内资源配置、加强业务研究、督办部门重要工作、建设通畅的信息平台、不断改善部门员工工作条件。要具体落实上述职责，进一步细化为决策支持、业务研究、计划管理、要事督办、风险内控、公文流转、信息管理（包括档案管理）、经费管理、部内员工管理、后勤保障等10类职责，下面分析如何针对这11类职责提出评价指标。

1. 决策支持主要包括：（1）制订部门领导工作日程安排表，并及时落实；（2）编制、报送工作动态；（3）办理部门部务会、总经理办公会、部门专题会议会务工作，按要求编写相关会议纪要；（4）起草行领导、部领导有关人力资源管理的学术演讲、交流报告。评价这些活动分为客观性评价和主观性评价，客观性评价指标是工作完成率，主观性评价指标是领导满意度和工作完成质量。

2. 业务研究主要包括：（1）按照银行信息管理有关规定、部门工作部署及部门领导要求，跟踪、收集、研究国内外同业人力资源管理工作进展情况及发展趋势并提供相应研究报告；（2）研究分析国家相关政策变化对银行人力资源工作的影响并提供相应政策建议；（3）研究分析全行改革发展对人力资源工作产生的影响并提供相应政策建议；（4）研究分析技术发展、业务模式转变等对全行人力资源工作产生的影响并提供相应政策建议；（5）研究部门职责，提出优化方案；（6）组织研究综合型、探索性、缺乏明确工作职责分工的课题；（7）按照全行工作安排、人力资源工作部署及部门领导要求，跟踪分析全行人力资源工作，组织、起草全行人力资源工作会议材料；（8）组织、起草行长座谈会、年度会议报告中的人力资源管理相关材料；（9）组织、起草并向上级监管部门报送有关银行人力资源工作方面的材料，起草并向行内其他部门提供所需要的相关材料；（10）牵头对行内其他部门综合性签报、办法、规程等提出专业性修改意见。这些工作的专业性很强，绩效指标包括撰写的分析研究报告数量、研究报告得到认可的程度、研究报告的质量。

3. 计划管理主要包括：（1）按照全行工作安排、人力资源工作部署及部门领导要求，拟订全行人力资源系统年度工作要点；（2）组织、起草年度工作总结；（3）制订部门人力资源阶段性重点工作计划，并定期向部门领导反馈计划实施情况；（4）定期编制部门人力资源工作重大事项报告，并按相关要求向行内领导、行外监管部门报送。绩效考核的指标包括工作计划的及时性、工作计划的预见性、工作计划的完备性。

4. 要事督办主要包括：（1）按照银行督查办有关规定及部门工作部署、部门领导要求，协调督办部内处（中心）对下级行请示事项的办理；(2) 协调督办部内处（中心）对行内其他部门会商事项的办理；(3) 协调督办部内处（中心）对部门领导交办事项的办理，协调督办部内处（中心）对部门阶段性重点工作的办理并定期向部门领导汇报；(4) 协调督办部内处（中心）对行长办公会议定事项的办理；(5) 协调督办董事会、监事会办公室等交办的工作。绩效考核的指标包括各项工作完成的时效性、平均办理的时间、在规定时间内的办结率等。

5. 公文流转主要包括：(1) 对其他部门、分行的来文及时分办并提出处理建议；(2) 按照银行文件管理有关规定及部门工作部署、部门领导要求，接收、发送电子文件，办理电子文件传阅，归档电子文件；(3) 维护、管理部门邮箱；(4) 拟定部门内部文件管理规章制度，并指导、监督、执行；(5) 指导、培训部门员工文件管理及 OA 管理，处理 OA 系统故障；(6) 按照银行文件管理有关规定及部门工作部署、部门领导要求，每日取送实物文件，对实物文件进行分类、登记；(7) 办理上级来文传阅，年终进行分类、立卷、归档；(8) 处理有关人力资源工作信访材料。绩效指标包括文件运行的时间、耽误办理的文件数量、分行请示事项的办结率、分行请示的办理时间。

6. 信息管理主要包括：(1) 组织收集全行人力资源工作信息，组织收集部门处（中心）工作信息；(2) 编发部门工作周报，编制、报送工作动态等信息；(3) 维护、更新部门网页信息；(4) 负责与分行人力资源部门日常工作信息沟通；(5) 负责人力资源工作的宣传报道工作；(6) 拟定年度总分行人力资源工作联动方案，定期组织总分行人力资源工作沟通交流；(7) 拟定年度本部门与总行其他部门业务沟通交流计划，并按计划定期组织实施。考核的指标有周报编发时间、周报编发期数、周报的质量、网页的点击率、与分行或部门沟通的次数与质量、消息的上传量。

第八章 人力资源管理的明珠——绩效管理

7. 部内员工管理主要包括：（1）按照部门工作部署及部门领导要求，拟定、完善部门请假报告制度，执行、监督请假报告制度实施；（2）统筹安排部门讲座；（3）统筹安排部内员工培训；（4）起草部内员工绩效管理办法并组织实施；（5）起草部内员工的浮动工资分配方案并组织实施。考核的指标包括每位员工的培训天数、培训次数、工作纪律和秩序、绩效管理的质量和效果。

8. 风险内控主要包括：（1）按照银行有关规定及部门工作部署、部门领导要求，牵头组织部门风险内控管理；（2）牵头组织全行人事管理授权管理；（3）组织安全保卫工作。考核指标可以设计为是否出现重大风险事项、本部是否出现重大的安全事故等。

9. 经费管理主要包括：（1）按照部门工作部署及部门领导要求，组织部门集体活动；（2）拟定、完善部门经费管理办法，编制部门经费预算，执行、监督部门经费预算使用；（3）办理部门经费报销。考核的指标有经费报销的效率、准确性、服务态度、经费使用的计划性、合规性、活动组织的次数和效果。

10. 后勤保障主要包括：（1）管理部门印章；（2）根据授权管理银行钢印；（3）办理全行工作证的印制；（4）办理工位调整，电脑、打印机、电话的申请、维护、报废，低值易耗品的购买、发放等工作；（5）协调工会、妇女工作。考核指标包括员工的满意度、工作秩序、对工作的支持保障程度。

在对上述职责确定基本的衡量指标后，要进一步细化指标的评价标准，表8-4是对上述指标标准的具体分析。

表8-4　　　　　　　　评价标准表

职　责	分　项	评价标准
决策支持	工作完成率	按时完成领导交办的工作
	领导满意度	领导满意度90以上得满分，70~90得3分

续表

职 责	分 项	评价标准
决策支持	工作完成质量	部领导一次审核通过率高于 90% 得满分
业务研究	分析研究报告数量	每季度提交 2 篇研究报告
	研究报告得到认可的程度	研究报告得到高度评价得满分
	研究报告的质量	研究报告有较高的专业性和理论性得 5 分
计划管理	工作计划的及时性	每年度、季度计划能在前两周下发
	工作计划的预见性	工作计划最终修改率很低
	工作计划的完备性	实际工作超出计划的数量很低
要事督办	工作完成的时效性	各项工作都及时完成，并向领导反馈，没有被领导催问
	平均办理的时间	能够缩短可以考虑得基本分
	在规定时间内的办结率	90% 以上可以得满分
风险内控	是否出现重大风险事项	没有发生可以得分
	本部是否出现重大的安全事故	没有发生可以得分
公文流转	文件运行的时间	计算平均时间，从收文到分发到处原则上不超过 2 小时
	耽误办理的文件数量	每个月不超过 2 件
	分行请示事项的办结率	力争达到 95%
	分行请示的办理时间	平均时间不超过 20 天
信息管理	周报编发时间	每周二下午 4:00 以前能够发出
	周报编发期数	每周编发一期
	周报的质量	累计失误错误不超过 5 次
	网页的点击率	每季度能够达到　人
	与分行或部门沟通的次数与质量	沟通会的组织是否顺利，是否有效果
	消息的上传量	每个星期交流文章 5 篇
	归档的质量和效率	没有散落的文档

续表

职　责	分　项	评价标准
经费管理	经费报销的效率、准确性	报销很快得高分
	服务态度	服务态度得到大家好评
	经费使用的计划性、合规性	费用能够保障工作需要，均衡有序
	活动组织的次数和效果	文体活动组织合理、没有明显疏漏
部内员工管理	每位员工的培训天数	保证每位员工一年以内有5天的脱产培训
	培训次数	每月组织一次专题讲座
	工作纪律和秩序	工作环境、工作秩序较好
	绩效管理的质量和效果	部内内部的绩效管理顺畅、效果合理
后勤保障	员工的满意度	员工满意度在85%以上可以考虑得满分
	工作秩序	工作秩序很好
	对工作的支持保障程度	对工作中遇到的问题能够很好解决

五、绩效合同模板

绩效合同是绩效管理的载体，不同公司的绩效合同可能是不同的，但是，绩效合同一般都包括如下几部分内容：

1. 员工信息。主要包括员工工作的岗位名称，职务名称、上级管理者、考核期限。

2. 结果信息。为了清晰明了，一般都将考核结果直接集中反映，并请员工签字确认。

3. 考核内容及结果。主要记录每季度或者全年的考核内容、考核标准和结果。为了便于操作，一般将绩效指标和能力指标分别列示。

4. 发展计划。根据考核结果，由管理者和被管理者双方协商，提出下一步的改进方向或者提高措施。

员工绩效管理合同书

考核期间： 年 月 日至 年 月 日

姓名：		岗位：		职务	
直接上级		岗位：		职务	
签字确认部分					
期初计划					
员工签字			主管签字		
我明确地知道我的工作内容和职责，所应实现的绩效目标。			我已经就员工的工作内容和职责，以及绩效目标与员工进行了沟通。		
签名：		日期：	签名：		日期：
期中回顾					
员工签字			主管签字		
我明确我的工作内容和职责，并与主管就中期绩效的完成情况以及绩效目标的变化进行了沟通。			我已经就工作内容和职责、员工中期绩效的完成情况以及绩效目标的改变与员工进行了沟通。		
签名：		日期：	签名：		日期：
期终考核					
员工签字			主管签字		
我明确我的绩效考核和绩效成绩计算的过程及方法，我同意我的最终绩效成绩。			我已经将绩效最终成绩的计算方法及过程向员工进行了说明，并就最终结果与员工进行了确认。		
签名：		日期：	签名：		日期：
上两级管理者签字确认					

绩效评价表

数目	关键业绩指标	期初计划		期中回顾		期末考核	
		权重(%)	目标值	调整值	主管签字及评价	完成值	绩效分值
客户指标							
1							
2							
财务指标							
4							
5							
流程指标							
6							
7							
学习创新							
8							
9							
合计							
行为指标							

行为特征	评价标准					实际得分
	1	2	3	4	5	
	从来没有表现	偶尔表现	比较常见	经常出现	一贯表现	
合计						

绩效结果计算表

关键指标得分	权重	行为能力得分	权重	部门业绩得分	权重	公司业绩得分	权重	合计

员工个人发展计划

管理者与员工的沟通记录			
时间		地点	

个人新年度的学习发展措施	
组织新年度的培养措施	

第八章 人力资源管理的明珠——绩效管理

■ 六、绩效管理中应该重点关注的问题

尽管很多企业都注意到了绩效管理的重要性,并开始探索绩效管理,但是,同样有很多企业都感到效果不理想,不少企业绩效管理流于形式,为了绩效管理而操作,反映中间浪费的劳动和时间太多,上下都有意见,产生这种局面的原因是什么呢?

1. 绩效管理本身是对管理者的挑战,如果管理者素质不高、水平不行,绩效管理很难持之以恒地贯彻实施。很多管理者回避矛盾,不愿意推行绩效管理。因为,如果真推行绩效管理,接受考验的不仅是被管理者,更是管理者,因为要推行绩效管理,首先,需要管理者本人有很强的预见力和计划力,要能够对工作提前进行安排,并符合实际;其次,要求管理者要有判定工作成果优劣的水平和能力,要具有担当导师的指导能力;最后,要求管理者具有面对被管理者的勇气和魄力,要敢于面对员工的业绩差异并进行区分,在这个过程中往往会有矛盾,一般的管理者是不愿意面对矛盾的。

2. 没有形成一体化的机制。人力资源的各个环节是相关联的,如果不能很好地衔接起来,各项工作都很难落到实处。在很多银行,绩效管理与选拔任用脱节、与培训发展脱节、与激励奖惩脱节,也缺乏专门的、高素质的绩效管理专才,这些都使绩效管理很难开展。比如,银行人力资源部门推行绩效管理,但是,在薪酬分配的时候,又不依据绩效管理的结果,培训与绩效发展计划也没有关系,脱节非常明显,经常是越是绩效突出的员工,工作上越不能离开,也越得不到培训。

3. 没有充分调动管理者与被管理者的积极性。绩效管理实施的主体是两个:管理者和被管理者,而不是人力资源部门的人员,因此,在实施绩效管理的过程中,要把各个部门的管理者的积极性

调动起来，他们要承担起绩效管理的职责，要充分赋予各级管理者相应的权限，使绩效管理的地位得到充分体现；被管理者也要参与其中，包括工作内容、工作计划、工作标准、考核指标等等，都要充分沟通协商，把绩效管理过程变成员工发展的过程。

总之，绩效管理是一项非常具有挑战性的人力资源工作，是人力资源管理的"明珠"，只有内部管理达到一定程度的银行才有能力推行绩效管理，从这个意义上讲，绩效管理也是衡量银行管理水平的一个标杆和尺度。

第九章
激励与约束有效平衡的薪酬体系

"熙熙为利而来,攘攘为利而往",市场经济的建立,其最大的影响之一,是明确和鼓励个人对经济利益的诉求,利用经济利益作为杠杆,激励企业中员工的行为,薪酬激励制度因此逐渐成为银行管理改革中的一项重要内容。银行员工的薪酬管理,逐渐摆脱原来政府机关的工资管理模式,走向市场化。

一、薪酬的概念

薪酬,顾名思义,薪水加报酬,或者工资加福利。在传统的人事管理中,人事管理可以理解为两件事——人和事,人是人员管理,事是工资管理。企业中的每一个员工,都非常关心自己的报酬,这不仅仅是自己存身立命的基本来源,更是自身价值得到认可的体现。

薪酬是银行给员工的报酬,是对员工付出的认可和补偿。现在一般认为薪酬分为货币化薪酬和非货币化薪酬,货币化薪酬是银行以货币的方式给员工的经济报酬,一般包括固定工资、浮动工资和货币化福利。

固定工资是银行在特定时间周期性发放的、金额相对固定的工资，固定工资一般根据岗位、员工职务、年功等因素综合确定，固定工资更多地体现保障员工生活、维持劳动力再生产的功能。

浮动工资是根据员工的工作业绩发放的工资，是对员工基本完成或高质量完成工作任务的奖励，从原理上讲，浮动工资是一种奖励，起到激励的作用，因此，并不是每个员工都可以拿到浮动工资，而且即使员工能够拿到浮动工资，不同员工之间也应该有较大差异，否则浮动工资就失去了激励的作用。

货币化福利是银行以货币方式支付给员工的，在住房、医疗、交通等等方面的保障。福利既是企业为员工提供的保障，也是社会对企业的强制性要求，有些福利是法律要求企业必须提供的，比如养老金、医疗保险、失业保险和工伤保险就是我国法律对所有企业的基本要求。

非货币化薪酬主要是精神奖励，比如某种称号、某种荣誉，也包括带薪休假、旅游奖励等。西方银行非常重视员工薪酬的个性化需求，设计了很多种的薪酬支付选择，并进行菜单式管理。

在现代人力资源管理理论中，对薪酬的理解已经远远超过了工资的概念，逐渐形成了全面薪酬的概念。所谓全面薪酬，是将银行给员工的报酬分成两个部分：一部分是外在报酬；另一部分是内在报酬。外在报酬又分为财务报酬和非财务报酬。财务报酬就是一般狭义上的薪酬概念，包括固定工资、浮动工资、延期工资、福利项目等等。非财务报酬包括头衔、地位、职权、办公条件、差旅待遇等。内在报酬更多地体现员工的心理感受，分为工作满意度和工作成就感。从这个分类可以看出现代薪酬管理的趋势：

1. 对员工的人性假设已经从单纯的经济人变为立体式的社会人。在管理学中，管理思想有一个发展的过程，开始的时候管理理论认为员工都是经济人，认为人都是单纯追求经济利益的，人是懒惰的，好逸恶劳，只有通过外部的压力才能使他们努力工作。这种理论被称为 X 理论。后来的研究和实践都表明，上述理论是不全面的，因此有学者提出了 Y 理论，即认为人除了经济利益，还有其他方面的追求，比如社会地位、自我实现等。美国管理学者马斯洛提出了著名的层次需要论，即人的需求可以分为五个层次，即生理需要、安全需要、社会交往、尊重需要、自我实现等。进入知识经济时代以后，知识成为价值创造的重要源泉，拥有知识的员工成为企业最有价值的资产。因此，如何吸引、用好并留住知识员工成为企业管理的重要内容。美国管理学之父——德鲁克，就非常重视知识员工和创新管理问题。在这种背景下，企业薪酬管理的内容不断丰富，从物质报酬不断扩充到非物质性报酬。

2. 福利和延期性的薪酬成为薪酬管理的重点。在财务薪酬中，无论是项目数量，还是金额占比，直接支付给员工的当期收入仅仅是员工总薪酬的一部分，甚至是一小部分，更多的企业将福利项目作为薪酬管理的重要内容。这种安排的内在的原因在于延期和福利能解决员工的后顾之忧，同时延期支付作为重要筹码，提高了员工离开企业的成本，使企业和员工之间形成更加稳固的关系。

本书讨论的重点仍然放到财务薪酬方面，原因在于其更有普遍性，也是当前银行转轨急需面对的课题。

■ 二、薪酬的经济学解释

在市场体系中，有三个基本市场：产品市场、劳动力市场和资本市场，宏观经济学就是研究这三个市场的平衡问题，如 IS – LM – BP 模型。劳动力市场平衡就是研究劳动力供给和需求的平衡问题,在这一平衡中,薪酬,在经济学中用工资这个词代表劳动力的价格,是市场出清的基本信号。在经济学中,关于工资的研究十分丰富,比较有影响的有:

(一) 古典经济学的工资理论

古典经济学认为工资是对劳动者的补偿。亚当·斯密对工资的分析指出了工资的三个层面:工资的总水平、工资随时间的增长和工资的结构。他认为工资取决于工资基金(资本家的储存)和工人数量,工资应该逐渐增长,尤其是应该随着经济增长,逐步提高工资。甚至亚当·斯密还提出了工资应当与工人的劳动生产率相联系的观点,"劳动工资,是对勤勉的鼓励"。

李嘉图认为,劳动力同其他商品一样,具有自然价格与市场价格,自然价格是指在给定的习惯和习俗的前提下,在工人数量不变的情况下工人得以生存和延续的价格,而市场价格取决于劳动力需求。其自然价格和马尔萨斯认为自然工资是生物意义上维持基本生存的工资不同。

马克思综合古典经济学家的理论成果,提出了劳动价值论,他认为只有劳动才能创造价值,劳动者创造的价值分为三部分:C、V 和 M。C 是机器和原料的价值,V 是维持劳动力生产和再生产的价值,M 是剩余价值。劳动者的工资只是劳动者创造价值的一部分,工人的工资虽然从总量上会有增加,但基于资本的性质,工资在劳动力创造的所有价值中的比重将持续下降,从而引发不同阶段的矛盾斗争。

(二) 马歇尔的劳动力价格理论

马歇尔是古典经济学的又一位集大成者,他提出劳动力价格是由劳动力供需状况决定的,并采用经济学规范分析方法,对工资的变动进行了分析，劳动力供给量上升，均衡工资下降，供给量下降，均衡工资上升，需求量上升，工资上升，需求量下降，工资下降（见图 9-1）。

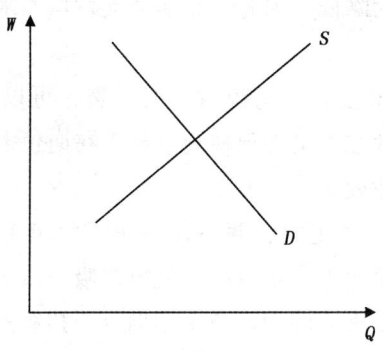

图 9-1 劳动力价格分析图

（三）粘性工资和效率工资

凯恩斯认为，由于工会合同、最低工资法、隐含合同等因素，当产品和服务的需求处于萧条时期时，企业相应通过减少产量和解雇工人来降低销量，而不是通过降低工资来进行，工资向下调整具有粘性，有效需求下降最终会导致产出和就业的减少，而不会引起价格水平的下降。

效率工资是 Stiglitz 和 Akerlof 提出的。这一理论认为企业支付给工人的工资不能用市场供求理论来解释，因为劳动力不是同质商品，其能力不同，实际的工作效率不同，而且企业又无法有效监督，因此，企业会付给员工均衡水平之上的高工资以确保效率的提高。企业支付高水平效率工资的原因在于：

1. 员工收入高，可以有更丰富的饮食和生活条件，从而有更健康的身体和更高的生产率。企业发现，支付高工资拥有更健康、更高生产率的工人比支付低工资、拥有不健康、生产率低的工人更有利。

2. 员工工资和离职率相关。员工离职会导致企业培训成本的提升，甚至效率的降低，因此，企业会支付均衡水平之上的工资以减少离职率。

3. 企业支付员工高于均衡水平的工资，可以加大员工的失业成本，同时失业的存在又会促使现有员工在岗位上努力工作，不偷懒，从而提升工作效率。

4. 企业在招聘员工时，并不能真正了解员工的素质水平。当企业提供均衡水平之上的工资时，就可以吸引素质更好的工人来申请工作，通过申请者之间的竞争来帮助企业招聘到合适的员工。

效率工资理论是解释工资现象的微观基础之一，但其解释力有一定局限性，可以看作是市场均衡理论的完善和补充。

三、银行薪酬管理的历史回顾

国内大银行的前身都是专业性银行，先后成立于20世纪80年代初期，在成立之初，都有自己明确的业务范围，都是事业单位。比如中国银行以做外汇业务为主，工商银行以居民和工商业企业的国内人民币业务为主，建设银行以做固定资产投资和基本项目建设为主，农业银行以做农业金融为主，因此，这些银行都有比较浓重的政府机关痕迹，在管理的模式上与政府机关有较深的渊源联系，因此，其薪酬管理大体上经历了以下阶段：

（一）计划工资制度

在1993年以前，银行工资制度基本上采用计划工资制度。这是因为，第一，当时的银行还是专业银行，属于政府机关或者事业单位，其管理都严格执行国家的标准；第二，当时国家的工资政策具有很强的刚性和计划性，企业自主余地很小，都是按照国家的工资文件执行。

(二) 行员等级工资制度

1993年，国家进行了一次工资改革，政府机关与事业单位的工资制度开始分开，针对不同类事业单位特点，又分别推出了不同的工资制度。在银行业执行行员等级工资。

(三) 银行自主薪酬管理阶段

自1994年专业银行向商业银行转轨以来，国有银行一直探索薪酬管理制度的变革，逐渐脱离行员等级工资的思路和模式，建立市场化和银行特色的薪酬体系，其主要特点是：

1. 适度拉开不同岗位和层级之间的差距，使薪酬与员工承担的责任、所作的贡献挂钩。

2. 区分不同岗位特征和类别，建立多样化的薪酬制度，比如对营销人员，在完善约束的基础上，加大激励力度。

3. 薪酬支付形式货币化，将实物分配货币化、隐型分配显性化。最明显的是住房制度，银行在取消实物分房制度后，开始建立住房补贴制度，员工根据其自身需求在社会上购买商品房。

4. 薪酬管理市场化。市场化有三种含义：一是人才市场化促使薪酬市场化。薪酬作为人才市场供求关系的杠杆开始发挥作用，银行薪酬水平只有市场化，才能保有人才。二是薪酬项目市场化，随着社会保障体系的改革和完善，企业办社会问题逐步得到解决，银行需要为员工提供市场化的福利项目，比如养老金、医疗保险、工伤保险、生育保险等。三是有的企业推行薪酬外包，将事务性工作委托相关中介机构办理，银行将主要精力集中在薪酬制度的建设方面。

四、薪酬策略和理念

（一）薪酬策略

在一个完善的市场条件下，薪酬即劳动力的价格是确定劳动力供求平衡的核心要素，一个银行采取怎样的薪酬策略是银行重要的决策之一，一般而言，银行的薪酬策略有三种：

1. 积极策略。这种策略安排下，银行的员工薪酬在市场上追求比较有竞争力的水平，往往定位于市场85分位以上的水平。在市场扩张阶段，追求较快发展的银行往往会采取这种策略。

2. 稳健策略。这种策略安排下，银行的薪酬水平在市场上保持一个中等偏上水平，不求第一，但求较好。发展相对平稳的银行常常采用这种策略。

3. 紧缩策略。这种策略安排下，银行通过节省或者缩减人力成本，提高盈利水平，从而摆脱被动跟从市场付薪的状态，采用这种策略的银行常常因为银行在发展中遇到困难，成本居高不下，人员臃肿，业务量萎缩，在这种情况下，银行只有采取紧缩的政策才能扭转亏损状态。

在国内银行市场，大型商业银行一般采取稳健策略，即在保证工资不降低的情况下，按照一定的增长水平，保持薪酬的平稳增长。中小银行，尤其是以高增长定位的股份制银行，往往采用积极的薪酬策略，通过较高的薪酬水平，吸引优秀专业人才的加盟。而对一些经营困难的信用社、城市商业银行、国有银行的某些分支机构，缩减工资成为一定时期迫不得已的选择。

在同一银行的不同阶段，其薪酬策略也不相同，往往在一个银行的决策层或领导班子刚刚组建的时候，一般会采用稳健的策略，即努力保证其薪酬水平不降低，甚至为了稳定员工工作情绪，会采取积极策略，使现有薪酬水平有所提高，随后，薪酬水平往往保持一个相对小幅增长，在决策者聘期结束前，薪酬水平会以相对较高幅度增长，以此循环，进入一个新的薪酬变化周期。

（二）薪酬管理的理念

尽管许多银行并不认为自己有明确的薪酬理念，但在实际管理中，还是形成了一定之规。正如文化一样，每个银行都有自己的文化，不管银行自身是否承认，文化都是客观存在的。在转轨时期，国有银行的薪酬管理主要体现以下原则：

1. 内部公平性。在中国传统文化中，历来尊崇的理念都是不患寡、患不均。薪酬更是如此，能不能做到内部认为公平合理，既关系到员工的工作状态，又关系到薪酬激励约束功能的发挥。在公平方面，美国管理学者亚当斯认为，当一个人做出了成绩并取得了报酬以后，他不仅关心自己所得报酬的绝对量，而且关心自己所得报酬的相对量，只有横向比较相等，才会认为是公平的，另外，自己目前投入回报比例不应该低于自己过去投入的努力与过去所得报偿的比例，否则也会产生不公平感，从而影响积极性。

在实际应用中，薪酬是否公平主要有两个因素：一是等级，二是资历。在任何一个组织内部，等级是一个客观存在的部分，没有等级，就无法维持一个组织的运作。组织的存在，是因为分工，正是有了很多很细的分工，才导致了合作的必要，才有了组织，有了分工和专业，必然有专业水平的不同，因此就会产生专业等级。有了协调与沟通，就要有管理，有管理，就要有等级，等级的存在，为薪酬的发放提供了一个基本平台，可以说，薪酬与等级挂钩是所有银行的共同特征。在汉文化影响较重的国家，资历同样是影响员工薪酬的重要因素，日本的年功序列制最为典型。

2. 外部竞争性。银行之间的竞争，关键点之一是人才的竞争。随着人才市场的形成，人才流动更加频繁，银行仅仅关注内部公平性是不够的，还必须关注自身薪酬的竞争性，否则，就无法留住核心人才，进而影响银行的竞争力。外部竞争性是相对的，尤其是国有银行，其薪酬的竞争力不在于财务性薪酬的高低，更在于非财务性薪酬等因素带给员工的满意度，因此，国有银行更多的是针对特定岗位、通过市场渠道招聘特殊的员工，采用市场化的薪酬。

3. 薪酬刚性。关于薪酬刚性问题，不仅仅是国有银行存在这样的问题，在西方，这也是一个普遍现象。在经济学中，有学者专门研究工资粘性或者刚性问题，前面已经有了介绍。在国内银行，除非银行发生了重大变故，降低薪酬往往不被员工所接受，有时即使勉强推行，但管理层在员工心目中的形象和地位就会大打折扣。在这种理念下，就逐渐形成了工资"干多干少一个样"、"干与不干一个样"，分配上的平均主义和大锅饭，能高不能低等诸多为市场经济所诟病的现象。尽管如此，事情并没有多大的改进，究其原因，除了文化上的根深蒂固以外，也存在机制原因：在一个企业内部，真正能干事、愿干事、会干事的员工属于不到20%的少数，如果在薪酬上为了鼓励这20%的少数，就会导致80%的多数的不满意，因此，在国内企业薪酬分配上，更倾向于平均主义，对20%的少数，往往采取其他方式平衡薪酬方面的不足。

4. 激励性。前三条都是强调了薪酬的保障作用，薪酬另外一个重要的职能是激励作用。要通过激励，打破平均主义的倾向和弊端。在激励的依据上，一般采用绩效考核的结果，并采取奖金的方式体现。但在现实中，很多企业初衷是想通过激励体现管理者的导向，但因为绩效管理基础薄弱，最终奖金的激励作用减退，出现了轮流拿奖金的现象，仍然是平均主义。

五、员工薪酬的确定

员工薪酬的确定有两种方式：一种是绝对额确定法，即根据工资结构中的项目，直接确定这些项目的金额，比如计划经济时期的职务等级工资，由国家颁发统一的文件，明确各个等级的工资，并且几乎全国一个标准。再比如独生子女费，每人每月6元，全国一个标准。在市场经济中，企业和员工可以就工资进行协商，直接确定工资额度。另外一种方法是相对额确定法，即工资制度确定不同员工工资之间的差异系数，具体工资数额根据单位系数的工资含量和工资系数确定。比如银行根据职务等级确定工资薪点，再根据当年的预算和费用情况，参考社会平均工资，确定单位薪点的工资含量，从而间接确定员工工资。

在工资的表现形式上，可以分为单一工资制和结构工资制。单一工资制就是将员工工资打包，不进行细分，就是一个工资额。结构工资将工资分为若干部分，每个部分对应一定的工资发放依据。单一工资制比较适用于有特殊技能的高层次员工，比如对某些技术专家、经营管理人才等，决定其价值的是其人力资本和工作业绩，相比较而言，资历、学历等因素的影响可以忽略。结构工资比较适用于工作内容相对固定的一般员工，其在银行价值创造过程中更多的是按照既定的要求和操作开展工作，结构性工资安排有利于反映工作年限、岗位、业绩等方面的情况。

工资的确定要素就是回答银行根据什么给员工发放工资。一般情况下，银行确定员工工资主要依据员工职务、岗位、资历、能力、业绩五大因素，因此，结构化工资基本上根据上述内容进行设计。

下面结合例子详细地讲述工资确定的步骤和过程：

第一步，确定员工工资构成。一般企业员工工资可以表达为：

员工工资＝固定工资＋浮动工资＝固定工资＋短期激励＋中长期激励

第二步，确定员工工资的总量定位和比例关系。银行要根据自身的承受能力、市场竞争情况、岗位情况、员工个人情况等因素综合确定。一般企业是针对一类员工确定这样的总量和结构关系，个别情况下也会针对员工个人确定总量和结构。表9-1是一个示例：

表9-1　　　　　　　　员工工资构成表

职位	总量（万元）	固定工资		短期激励		中长期激励	
		比例	数量	比例	数量	比例	数量
行长	10	30%	3	40%	4	30%	3
部门经理	6	50%	3	40%	1.8	10%	0.6
主管	3	70%	2.1	25%	0.75	5%	0.15
一般员工	1	80%	0.8	20%	0.2	0%	0

在这里确定员工工资总量需要遵循前面讲述的原则，要点是合理确定各层级的比例关系。一般的思路是首先了解市场上的薪酬水平，确定每个层级的市场定位。市场定位取决于银行的薪酬策略，这一策略决定了薪酬是取25分位，还是50分位。在这一过程中重点是首先确定最高管理者的薪酬。其次是确定银行内部各层级的比例关系，在国内，大型企业CEO的总收入一般不超过员工最低工资的10倍，管理层级一般为四个层级，比例关系一般可以参考1∶0.5∶0.25∶0.125的关系设定，即行长收入为1，一般员工是0.125，具体比例可根据银行实际情况确定。最后，要匡算工资总量是否足够，表9-2是一个示例：如果银行员工工资预算达到1 050万元，则上述标准在财务上是合适的，否则，则需要调整相关标准，以符合预算要求。

表9-2　　　　　　　　　员工工资预算表

职位	总量（万元）	人数	小计（万元）
行长	10	5	50
部门经理	6	40	240
主管	3	120	360
一般员工	1	500	500
合计			1 050

第三步，确定固定工资的发放。一般固定工资每个月都要发放给员工，为保持固定工资的连续性和稳定性，体现其保障作用，一般企业有两种做法：第一种是根据固定工资总额在工资总额中的占比，确定好固定工资总额。比较当前固定工资总额与往年固定工资的增长比例，分别核定每个层级的增长比例，根据上年工资与增长比例计算当年工资。当然计算结果应当符合该层级员工固定工资占工资总额的比例关系。这种做法比较符合市场化薪酬理念，但考虑到每个人的情况，往往难以平衡不同人员之间的情况。第二种方法是相对固化固定工资的方法，这也有两种做法。一种是确定固定工资表，每个人根据工作年限和职级情况确定工资标准，如表9-3：

表9-3　　　　　　　　　固定工资标准表

职级	1	2	3	……	15
一级职级	2 000	2 080	2 160	……	3 000
二级职级	1 500	1 540	1 600	……	2 200
三级职级	1 000	1 040	1 080	……	1 600
四级职级	600	630	660	……	1 100

可以规定，担任职务满一年或两年，晋升一个工资等级。这种工资表格的优点在于简单明了，便于沟通，缺点在于刚性过强，其结果不一定满足前面讲过的比例关系。

第二种方法是薪点法，即每个等级预先设定一个系数，所有员工的系数之和除固定工资总额，可以得到单位薪点的工资含量，再计算每个员工的工资额。以前面的例子来计算，单位薪点工资含量 = 1 050/718 = 1.4624 万元（见表 9 - 4）。

表 9 - 4　　　　　　　　工 资 薪 点 表

职　级	职　位	薪　点	人　数	小　计	固定工资
一级	行长	2	5	10	2.92
二级	部门经理	1.6	40	64	2.34
三级	主管	1.2	120	144	1.75
四级	一般员工	1	500	500	1.46
小计				718	

这种方式的好处是不同员工之间的比例关系相对明确，员工固定工资可以根据每年情况灵活调整，缺点是不直观，难以形成明确的收入预期。

第四步，确定浮动工资的发放。浮动工资是与绩效考核结果密切相关的。国际先进银行在薪酬管理方面的主流做法是挂钩曲线法（见图 9 - 1）。

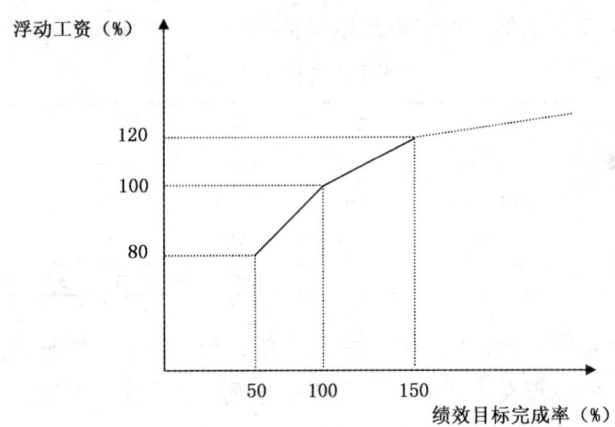

图 9 - 1　挂钩曲线

运用挂钩曲线法,有如下几个关键点:

第一,要确定绩效目标完成率。这里的绩效目标完成率与前面讲述的绩效管理不同。前面的绩效管理的关注点是个人完成绩效指标的情况,作为发放浮动工资的绩效目标完成率并不直接等于员工个人绩效考核结果。一般的做法是根据岗位职责和性质,确定银行、部门、个人绩效考核结果对绩效目标完成率的影响,表9-5可以作为参考:

表 9-5　　　　　　　绩 效 权 重 表

职　　位	银行绩效权重	部门绩效权重	个人绩效权重
行长	80%		20%
副行长	50%	30%	20%
部门经理	40%	30%	30%
其他部门负责人	10%	40%	50%
主管	5%	30%	65%
一般员工		30%	70%

目标完成率 = 绩效得分/满意绩效得分

这里需要确定满意绩效得分的标准。假设银行绩效的评价采用多指标评价,最后会有一个综合评价结果,这一结果转化为一个分数,部门绩效和个人绩效比照办理。难点在于需要将其转换成统一的可累加的分数,因为,不同评价采用的分数体系可能不同,有的采用百分制,有的采用等级制,有的可能采用五分制,在累加前要进行统一的转换。

第二,确定浮动工资发放的起付点。这是一个银行的基本政策,也就是绩效结果完成多大比例可以发放浮动工资(奖金),发放多大比例的奖金,在具体的做法上有两种:一种是只有100%达到目标才能得到奖金;另一种做法是完成80%,甚至是60%就可以发放浮动工资。一般目标完成率达到100%，应该发放100%的浮动工资。

第三，确定止付点。在员工超额完成绩效目标的情况下，如何发放浮动工资，是银行应该研究的另一个问题。一般情况是超额应该给与奖励，但是这种奖励应该有个限度，否则会引发短期经营行为，影响银行的可持续发展。一般银行当年支付给员工的浮动工资不超过当年浮动工资的50%，相对应的，员工目标完成率为200%，斜率在0.5左右。

第四，确定超过止付点后的处理原则。超过止付点，相应的浮动工资如何处理有两种做法：一种是不增发浮动工资；另一种是按照一定比例发浮动工资，但计入奖金池，有条件延期支付，但二者之间的关系更加平缓，一般斜率在0.3左右。

六、岗位间的薪酬关系描述

在确定薪酬，尤其是固定薪酬时，最难平衡的是不同岗位之间的薪酬比例。一般描述一个岗位薪酬采用如下柱状图（见图9-2）表示：

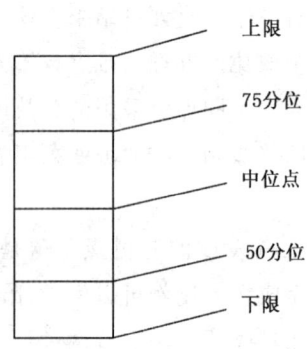

图9-2 岗位之间薪酬比例

图9-2有几个要素：

1. 上限：即一个等级的工资最高值。
2. 下限：即一个等级的工资最低值。
3. 中位点：即一个等级的工资中值。
4. 分位点：将一个柱状图看做1，最高点可以称作100分位，最低点称作0分位，中间各点根据其与最低点之间的距离所占的比例确定其分位，比如50分位、75分位，该点对应的工资值称作分位值。
5. 幅度（带宽、宽度）：宽度＝（最大值－最小值）/最小值×100%。

将不同岗位的岗位薪酬绘制在一张图上，就形成了岗位薪酬图，将各个中点用平滑的曲线连接起来，就形成了一条薪酬曲线。

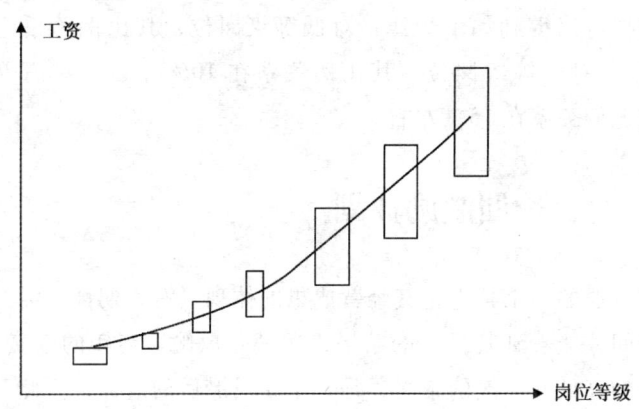

图9-3 岗位薪酬图

按照市场统计，薪酬曲线（见图9-3）具有如下特征：

1. 岗位等级越高，薪酬的幅宽越大。这可以有两种解释：一是同样等级的岗位，不同企业的差异很大，因此在统计上形成比较大的差距;二是同一个企业,等级越高的岗位,其浮动部分的占比越高,因此在总的薪酬体现上便是浮动范围较大。

2. 从趋势上看,等级越高,薪酬水平越高,而且其增长的速度是越来越快,曲线斜率越来越大。这种现象的解释在于等级越高,参与价值分配的要素越多,类似企业家才能这样的人力资本参与分配,而且所占的比重增长,因此,其薪酬越高。

3. 相邻两个等级之间,其薪酬有一定的重叠。一般来讲,重叠的区域不超过30%,两个相邻等级中值之差称作级差。

4. 不同等级之间比例关系是决定整个薪酬曲线走向趋势的关键,也最能体现公司的薪酬政策和理念。比例关系的确定有两种方法:一种是等比法,另一种是等差法。等比法是不同等级之间按照一定比例递增,等差法是不同等级之间按照一定额度递增。一般来讲,等比法的薪酬曲线更为陡峭,不同等级之间相差较大,对市场数据模拟可以得到如下规律:对低等级岗位,其比例关系一般在6%左右,对中等级岗位,其比例关系在10%左右,对高等级岗位,其比例关系在15%左右。

七、长期激励计划

银行业的一个特点是其经营成果的体现具有长期性,需要比较长的时间才能看到其最后的结果,尤其是风险,当年的信贷业务,其质量的高低和风险的暴露,是一个相对滞后的过程,因此,需要有一种机制鼓励员工持续稳健经营。

另外一个方面,对于一些自主空间较大的岗位,比如银行行长、重要客户的关系经理,促使他们长期勤勉工作的一种机制是让他们能够分享银行未来的经营成果,使他们成为所有者,只有这样,才能消除信息不对称,避免逆向选择和道德风险问题。一般来讲，比较常用的长期激励计划有股票期权、股票、股票增值权、虚拟股票、业绩计划等。

1. 股票。股票激励又称股权激励，对核心人才给与一定的股权，使员工成为所有者，成为股东，这样既可以增强员工的归属感，又可以使核心人才分享企业发展的收益。股权激励按对象可以分为员工股权激励和管理者股权激励，前者往往称为员工持股计划，后者有时被称为管理层收购 MBO。

2. 股票期权。股票期权是指给与员工一种权利，即员工可以在规定时期内按事先确定的价格购买本公司的股票，与股权激励不同，这种方式是让员工去买公司股票，员工是否去买，取决于约定执行价格与股票实际价格的关系，如果约定执行价格高于股票实际价格，员工就没有动力行权，要想使股票价格高于约定执行价格，公司必须有良好的业绩作为支撑，这就激励员工为公司发展不断努力，长期稳健经营。但是，这种方式要求员工能够有条件直接买卖公司股票，对没有上市、或者即使上市但上市地在境外公司而言，股票期权的方式就难以操作，因此，在实践中就出现了股票期权的变种——股票增值权。

3. 股票增值权。股票增值权是指公司按照一定价格授予员工一定数量的股票，在一定期限内，员工可逐步出售公司股票，其交易由公司完成，其差额收益由公司支付给员工。这种方式可以解决境内居民无法买卖境外上市公司股票的困境，同时又可给员工长期激励，使他们能够稳健经营，使公司股价高于自己被授予时的股票价格。

4. 业绩计划。业绩计划既可以单独使用，即公司实现一定业绩指标，将给与核心员工新的激励，也可以与股票、股票期权、股票增值权同时使用，这样可以弥补股价波动原因不确定的弊端，使员工的激励建立在稳定可靠的收益之上。

八、旅行奖励

旅行奖励，或者称为奖励旅行（Incentive travel）是西方企业经常采用的一种激励方式。美国有50%的企业都采用这种奖励模式，在法国和德国，有一半以上的奖金是以旅游的方式奖励给员工的。根据国际奖励旅游协会的定义，奖励旅游是对协助企业达到特定目标的重要人士，给与一个尽情享受、难以忘怀的旅游假期作为奖励，其种类包括：商务会议旅游、海外教育训练等等，这种方式不是一般的旅游，会有很多针对性安排。比如一家公司的安排是：五天的假日，内容非常丰富多彩，潜水、深海钓鱼、坐直升机到另外小岛打高尔夫球、听前英国首相讲国际形势等等，通过这种方式可以大大增强员工的自豪感，调动员工的积极性。

九、长期激励计划的设计

任何一种长期激励方案，其计划设计都要重点考虑以下内容：

1. 对象。一般的长期激励计划对象分为三个层面：高管层、中高管理层、全员。高管层即只对高级管理者的长期激励计划，一般是董事会成员、监事会成员、行长、副行长；中高管理层，即对重要的管理者进行激励，一般是指总部部门经理、分行行级管理人员；全员即对全体员工的激励计划。

2. 数量。数量分为资金总量、股票总量、每个人的数量。资金总量取决于公司的承受能力。股票总量取决于资金总量和价格。每个人的数量取决于岗位和贡献，一般可按固定薪酬的一定比例来确定。

3. 价格。长期激励计划要确定给与员工股票的价格或者约定执行价格。授予员工的价格，一般企业会选取授予日前的股票价格来确定，可参考当日均价、前10个交易日均价、前20个交易日均价等。约定执行价格可以通过公司预期业绩水平和市盈率、市值率来确定。

4. 行权期限。公司授予员工股票或者期权，当然不希望员工拥有股票后马上出售，因此公司会约定行权期限，一般会设计36~48个月的行权锁定计划。

5. 方式。公司要根据情况选择股票、期权、股票增值权等激励方式（见专栏9-1）。

专栏9-1　花旗银行的薪酬管理

花旗承诺在其所有分支机构提供令人满意和在当地有竞争力的薪酬福利，设计和实施不同的薪酬策略确保各类薪酬项目——工资、福利、员工激励——使得银行能够招募、留用和激励高素质员工。

和其他西方企业一样，花旗员工的薪酬由集团自主决定，在具体政策上由董事会下设的薪酬委员会决定（该委员会主要由董事会中的独立董事组成），之后交由各业务板块下设的人力资源部具体执行和操作。

花旗的薪酬政策有四个基本目标：（1）按绩取酬。（2）确保在每个区域和机构内形成并保持一致和平等（即内部公平），确保在同样的市场，对工作责任、资格要求、绩效评价大致相同的员工支付水平大致相同的工资。（3）由各区域最高薪酬管理机构确认在本市场中保持薪酬的竞争性地位，主要通过薪酬调查完成。（4）薪酬成本必须可预测和可控制。

续

　　因此，员工薪酬一般要综合考虑三方面情况：一是在特定的劳动力市场上，同等岗位人员的报酬情况及这类人员的市场稀缺程度，主要参考三个方面：其他公司对某职位员工一年期的薪酬水平、其他公司对该员工3~5年期的薪酬水平及变化情况、岗位的稀缺性和市场供求关系；二是要考虑公司经营业绩，主要参考四个方面：上一会计年度财务指标增长情况、财务指标执行结果与计划指标的差异性、公司业务的市场份额及变动情况、公司业绩与竞争对手业绩的差异；三是要考虑岗位人员自身业绩，主要参考四个方面：岗位重要性及承担的责任、个人对公司业绩的贡献率、个人对公司长期发展产生的影响、个人对公司其他岗位提供的支持与帮助。第一类劳动力市场方面的数据一般由专门的咨询公司进行市场调查后提供，可直接应用，其余两类则由公司自行评定，所采用的技术就是我们熟知的岗位评价技术。

　　银行业在美国是个竞争十分激烈的行业，因此，在决定薪酬水平时，往往要多多考虑上面的第一类因素，即市场性因素，要充分考虑到竞争对手的情况，花旗每年在核定自身薪酬标准和调整幅度时，都要直接参考18家直接竞争对手的薪酬水平和调整动向，这18家竞争对手包括摩根大通、美国银行等，而且，由于花旗集团中还有投资银行系统，其薪酬还要和高盛、美林等投资银行比较后确定。由于花旗在美国金融业中的领导地位，其总体薪酬水平尤其是关键职位和重要人才的薪酬在市场上也必须是领先的（一般职位即稀缺程度不高的职位保持在市场中位数水平）。通过这种定位方式，使银行在减少工薪成本和保持市场竞争力之间找到合理的平衡点，既能保证银行对高管人员和专业人员有足够的吸引力，又不枉多付薪酬。

续

花旗集团员工薪酬的基本结构包括工资、奖金、长期激励（包括股票期权计划和限制性股票计划两类）、福利（包括各种保险、养老计划、401K账户、公益性福利、其他福利措施）。应该注意的是：并不是每位员工都能得到这四种形式的薪酬，很大一部分比例的员工，只能拿到基本工资和享受一般的福利，没有其他物质收入（如奖金和长期激励性收入）；只有很少的员工才能得到以上四种收入，但即便如此，他们的薪酬总量和具体结构的差别也非常大。一般做法是：员工基本工资占收入总额的比例越高，年度奖金所占比例越少（并不一定每人都有年度奖金）；长期激励只为中高层主管设计；福利虽人人有份，但不同层次的员工按其基本工资相同的百分比获得福利（由于基本工资本身的差别，因此，体现在数量上就很不一致），福利项目一般采用菜单模式，员工可以按自己的应得金额进行组合。

中高层管理人员的收入以长期激励为主，且越来越多的收入是依赖长期激励计划的，其中，股票期权计划和限制性股票奖励是两种主要形式。股票期权计划最早是作为一种避税措施设计的，但实施的结果却是把高级管理人员的长期利益同企业的长期利益捆在了一起，由于它不需要花费企业的任何成本，也不影响企业资产负债表的变动，因此，它对企业财务状况具有明显优势，属于典型的"公司请客，市场买单"。根据统计，目前美国前250家最大的企业已有98%的企业建立了股票期权制度，在股市高涨时期，股票期权计划起到了很好的激励作用，促进了企业的长期发展，吸引了很多优秀人才，花旗银行1999年当年内用于奖励的股票占流通在外普通股票的比例为2.5%，其累计已执行或已拨备的股票奖励数量占流通在外普通股票的比例为

续

16.9%，其中，已授予出去的占8.9%，已储备供日后使用的占8.0%。而且花旗的股票期权计划已不仅仅授予高级管理人员，已扩大到关键岗位的专业技术人员，并有授予范围日益扩大的趋势。

限制性股票计划的基本运作原理是企业拿出一部分股票，直接奖励给高层管理人员，但是，这些获得奖励的人员不能立即将这部分股票拿走或卖出去，要出售的话必须达到公司事先设定的前提条件，如时间和/或业绩限制。1998年，花旗银行开始实施一项5年期的限制性股票计划，同年4月，花旗银行与旅行者集团合并，形成新的花旗集团，并在公司发展战略上进行了重新定位，提出要在10年内把其客户从当时的1亿增加到10亿的目标。花旗集团董事会薪酬委员会认为，公司管理层应在5年内完成公司的重新定位，与之对应，公司普通股的价格应从1998年的120美元上升到200美元以上。因此，花旗的限制性股票计划规定，只有在公司的股票价格达到200美元，并在持续30个交易日内至少有10天的价格高于200美元，而且利润总额、每股收益、股本回报率、资本收益率（ROC）、资产收益率（ROA）等指标都达到董事会要求时，获得股票奖励的高级管理人员才可以出售其股票。因为限制性股票需要公司付出成本（是奖励给员工真实的股票），因此，董事会在决定是否授予某人时，要求比较严格，一般只有极小比例的高级管理人员才会享有。

如前所言，花旗提倡将员工的个人利益与银行整体利益密切挂钩，因此，花旗积极推行员工持股计划，到2001年底，已有2/3以上员工直接持有银行股票，花旗确定的长期目标是将这一比例迅速提高到100%。目前，花旗的员工，通过股票期权计

续

划、限制性股票计划、股票购买计划等形式,已直接持有花旗集团 4.5 亿股普通股。

在福利上,花旗为其员工提供了种类齐全的菜单,各类员工可以根据其职级等因素,按照自己所能获取的固定金额进行组合。花旗福利包括基本福利计划和其他福利计划,前者是为了减轻员工及其家属在疾病、退休、意外死亡等方面的负担,主要包括退休计划、遗属福利计划、医疗计划三大类,后者包括加班加点的工资、伙食补贴、交通补贴、休假等等。而且,花旗的福利还根据各个地区法律规定的不同而设置,同时还考虑到了同一地区之间的竞争性,以确保自身为员工提供的福利具有较强的竞争力。

第十章
平衡和谐的员工关系

员工是银行的一员,员工和银行之间从本质上讲是雇佣与被雇佣的关系、是劳动者和劳动使用者的关系,是市场经济中两个平等的主体。从银行管理的角度看,员工关系的管理包含两个层面:第一是法律关系即劳动关系;第二个是人本关系,即人与人之间的关系,毕竟银行对员工的管理是人与人之间的互动形成的。因此,在本章的讨论中,首先讨论劳动合同和劳动关系,其次讨论人本管理的内容,研讨关心员工身心健康的员工援助计划。

一、用工制度的变化

在中国,银行的用工是一个非常复杂的问题。在计划经济时代,单位用工分为固定工和临时工。固定工是按照国家计划、单位正式安排工作的员工,享受国家法定的各项待遇,按照规定落实户口政策;临时工则没有列入国家劳动部门的正式计划,单位临时使用的员工。虽然是临时工,但从事的工作未必是临时性工作,很多都是银行的业务骨干,其薪酬待遇只能由银行自行解决。这就埋下了同工不同酬的根基。

在 1995 年 1 月 1 日正式实施《中华人民共和国劳动法》（以下简称《劳动法》）以后，所有用人单位与职工全面实行劳动合同制度，在用人单位各类职工享有的权利是一样的，传统意义上相对于正式工而言的临时工不复存在，区别在于劳动合同的期限。按照《劳动法》的规定，劳动合同的期限分为三种：有固定期限、无固定期限和以完成一定工作为期限，只要双方当事人协商一致，即可签订其中任何一种期限的劳动合同。根据期限长短，固定期限合同分为短期合同和长期合同，短期合同一般不超过 1 年，长期合同都有截至期限。无固定期限合同只有起始时间、没有终止时间。合同当事人结束劳动关系，解除劳动合同，一般用人单位要给予劳动者经济补偿。

从 1995 年以后，银行用工从大的方面讲分为两类：一类是劳动工，即银行和员工签订劳动合同；另一类是劳务工，即银行和一些劳动中介机构签订合同，劳动中介机构将劳动者派到银行工作。劳务工基本在银行服务网点工作。根据劳动合同期限的不同，劳动工分为短期工和中长期工，有的银行将临时工转换成了短期合同工。

■ 二、劳动关系和劳务关系的区别

劳动关系是指用人单位与劳动者运用劳动能力实现劳动过程中形成的一种社会关系，一方是用人单位，另一方是劳动者。建立劳动关系必须签订劳动合同。根据《劳动法》，劳动合同是劳动者和用人单位确立劳动关系，明确双方权利和义务的协议，订立和变更劳动合同，应当遵循平等自愿、协商一致的原则，不得违反法律、行政法规的规定。

劳务关系是指两个或两个以上的平等主体之间就劳务事项进行

等价交换过程中形成的一种经济关系,其主体是不确定的,可以是法人之间的关系,也可以是自然人之间的关系,还可以是法人和自然人之间的关系。

劳务用工一般通过劳务派遣的方式实现,劳务派遣是一种招聘人与使用人相分离的劳动力经营模式,用人单位向劳务输出公司提出所需人员的条件,由劳务输出公司向用人单位派遣劳务人员。在劳务派遣过程中,使用劳务人员的单位与劳务输出公司应订立劳务派遣合同。劳务人员使用单位与劳务输出公司之间是一种劳务派遣关系,劳动者与劳务输出公司是一种劳动关系,而其与使用劳务人员的单位是一种劳务服务关系。

两者的区别:

1. 主体不同。劳动关系是用人单位和劳动者签订劳动合同,而劳务关系中用人单位和劳动者不签订劳动合同。

2. 关系不同。劳动关系两个主体之间存在财产关系,还存在人身关系,即行政隶属关系,也就是说,劳动者除提供劳动之外,还要接受用人单位的管理,服从其安排,遵守其规章制度。劳动关系双方当事人,虽然法律地位是平等的,但实际生活中的地位是不平等的,用人单位是强者,劳动者是弱者。劳务关系两个主体之间只存在财产关系,彼此之间没有隶属关系。

3. 劳动主体的待遇不同。劳动关系中的劳动者除获得工资报酬外,还有保险、福利待遇等;而劳务关系中的劳动主体,一般只获得劳务报酬。

4. 适用的法律不同。劳动关系适用《劳动法》;而劳务关系则适用《合同法》。

5. 合同的法定形式不同。劳动关系用劳动合同来确立,其法定形式是书面的;而劳务关系须用劳务合同来确立,其法定形式除书面的以外,还可以是口头和其他形式。

三、劳动合同的解除和减员增效

中国的银行在体制转换的过程中，最大的资源、最困难的环节都会涉及庞大的员工队伍，中国大银行的人员数量基本可以排世界前十位，提高员工素质、提高单位员工的经营效率是摆在银行管理者面前的一个艰难课题。提高经营效率的方式有两个：一个是在人员总量不变的情况下增加收益；另一个是根据客观情况适当精简人员。

精简人员是一项充满矛盾的工作，尤其是在就业市场不发达、员工就业能力不强的情况下，精简人员面临非常艰巨的挑战。一方面要依法合规适度精简人员；另一方面要坚持有情操作，充分考虑员工的承受能力和社会环境。

精简人员有如下基本通道：

(一) 解除劳动合同

解除劳动合同有三大类，第一类是辞退解除合同。用人单位根据生产、工作经营的情况及劳动者的状况，在合同期内提出并实施结束劳动关系的法律行为。包括法定辞退解除合同和约定辞退解除合同。法定辞退解除合同包括：违纪辞退解除合同、正常辞退解除合同和裁员辞退解除合同。

第二类是辞职解除合同。劳动者根据自身的状况和用人单位的情况，在合同期内提出并实施结束劳动关系。

第三类是协商解除劳动合同。双方当事人在自愿的基础上，通过协商一致，在合同期限内结束劳动关系，包括用人单位提议协商解除合同和劳动者提议协商解除合同。

用人单位解除劳动合同，应当支付经济补偿金，按照国家有关

规定,解除劳动合同支付经济补偿主要有如下几种情况:

第一种是赔偿性经济补偿金。用人单位支付劳动者的工资报酬低于当地最低工资标准的,或者用人单位克扣、无故拖延劳动者工资的、以及拒不支付劳动者延长工作时间工资报酬的,用人单位要在规定时间内全额支付劳动者的工资报酬,同时还要加发相当于工资报酬25%的经济补偿金。

第二种是一般性经济补偿金。一般情况下,用人单位提出解除合同,应按照劳动者在本单位连续工作年限,每满一年发给相当于1个月工资的经济补偿金,最多不超过12个月。

第三种是医疗补助费。对患病或者非因工负伤,经劳动鉴定委员会确认不能从事原工作,也不能从事用人单位另行安排的工作而解除劳动合同的,用人单位应按照其在本单位的工作年限,每满一年发给相当于一个月工资的经济补偿金,同时还应发给不低于6个月工资的医疗补助费。

(二)内部退养

国家公务员暂行条例规定男年满60周岁、女满55周岁,或者丧失工作能力的,应当退休。距退休年龄不到5年的,经本人申请,企业领导批准,可以退出工作岗位休养。

除此而外,还有几种通道,一是经职代会讨论同意并报企业行政主管部门备案,企业可对富余职工实行有限期的放假,职工放假期间,由企业发给生活费。二是分流到附属企业,这种方法没有根本性作用。

在员工精简的过程中,有一类情况要特别关注,即短期工问题。一般短期工的合同期限是一年,每年重新签订劳动合同,《劳动法》规定,劳动者在同一用人单位连续工作满10年以上,当事人双方同意延续劳动合同的,如果劳动者提出订立无固定期限的劳动合同,应当订立无固定期限的劳动合同。对这一长期性政策,劳动者须同时具备三个条件,用人单位才能与之订立无固定期限合同:一是劳动者在同一用人单位连续工作满10年以上;二是合同期满,双方当事人均同意续订劳动合同;三是劳动者提出订立无固定期限合同的要求。随着新的《劳动合同法》的实施,这种短期工将逐渐被有固定期限的用工制度和无固定期限的用工制度所取代。

四、社会保险

社会保险是指由国家立法强制实施,由政府、用人单位、劳动者等社会各方面筹集资金建立专门基金,在劳动者年老、失业、患病、工伤、生育或者丧失劳动能力时,从国家或者社会获得物质帮助的制度。其具有强制性、互济性、普遍性、非盈利性的特点。《劳动法》明确劳动者依法享受退休、患病负伤、工伤、失业、生育等社会保险制度。

在计划经济年代,企业办社会现象非常普遍,很多福利实际上由企业提供,包括食堂、医院、学校、体育馆、取暖、探亲、交通费、困难补助等等。经济体制改革的一个重要内容是改革企业办社会,但是社会保险作为企业必须提供的法定义务,在新的《劳动合同法》中进一步强化了企业在这方面的责任,失业保险与养老保险、医疗保险、工伤保险、生育保险共同构成社会保险的基本内容。

失业保险制度是指由国家通过立法强制实行、运用社会力量,由社会集中建立基金,为那些在劳动年龄内、由于非本人原因失业而暂时中断生活来源的劳动者提供一定程度的收入损失补偿,维持其基本生活,并帮助其实现再就业的社会保险制度。根据国家规定,城镇企业事业单位及其职工必须参加失业保险并按时足额缴纳失业保险费。用人单位按照本单位工资总额的 2% 缴纳失业保险费，其职工按照本人工资的 1% 缴纳失业保险费。

基本养老保险是指由国家通过立法强制实施、当劳动者达到国家规定的退出劳动力市场的年龄或因年老丧失劳动能力时，为其提供基本生活保障的社会保险制度。基本养老保险、补充养老保险、个人储蓄性养老保险共同构成我国多层次的养老保险制度，这也是人们所说的养老保险制度的三个支柱。基本养老保险缴存比例是个人缴存个人工资收入的 8%，企业同时缴存个人工资收入的 3%，上述缴费全部记入基本养老保险个人账户。企业缴纳基本养老保险费的比例一般不得超过企业工资总额的 20%。

基本医疗保险，由用人单位和劳动者共同缴纳。用人单位缴费率控制在职工工资总额的 6% 左右，职工缴费率一般为本人工资总额的 2% 左右。基本医疗保险基金由社会统筹基金和个人账户资金两部分组成。职工个人缴纳的基本医疗保险费全部记入个人账户，用人单位缴纳的基本医疗保险费分为两部分，一部分用于社会统筹基金，一部分划入个人账户。

工伤保险制度是国家依法向社会筹集资金，为职工因工作遭受事故伤害或患职业病时提供医疗救治和经济补偿，帮助其恢复劳动能力，保证其日常生活并分散用人单位工伤风险的社会保障制度。根据行业的工伤风险程度，行业划分为三个类别，平均缴费率原则上要控制在用人单位职工工资总额 0.5% 左右、1% 左右、2% 左右。考虑到不同企业的实际情况，在具体实践上缴费比例可以适当浮动。

生育保险制度是针对生育行为的生理特点、在职业妇女因生育子女而导致暂时丧失劳动能力和正常收入时，由国家或社会提供物质帮助的一项社会保险制度。生育保险由企业按照其工资总额的一定比例向社会保险机构缴纳，个人不缴纳生育保险费。

五、员工满意度管理

在强调人本管理的今天,关注员工需求、有针对性采取管理措施是提升银行核心竞争力的关键。人本管理的核心是以人为本,要真正认识人的需求、关心人的需求、合理满足人的需求。要做到这些,起点是要真正了解人的需求是什么,要关心员工之声。西方银行经常开展员工满意度、客户满意度调查,并把这作为建立持续改进管理机制的核心组成部分。

开展员工满意度调查,有很多方法,抽样、人工访谈、问卷调查等社会调查的方法都适用于员工满意度调查。在实践中用得最多的还是问卷调查方法。这种方法的优点在于:

第一,可以大样本采集数据。因为问卷是统一的、可以大量复制,可以由被调查者自己完成,因此,可以向很多被调查者发放问卷,采集大量数据。

第二,可以减少调查者带来的偏差。与人工访谈相比,调查者的意图已经体现在问卷上,可以认为被调查者面对的是一个调查者,这就避免因为调查者自身对问题理解上的偏差带来的结果偏差。

第三,可以获得更为真实的意见反映。现在开展的问卷调查,基本采用匿名的方式,这样被调查者可以反映自己的真实心声,减少心理顾虑。

在设计员工满意度调查问卷时,要紧紧围绕调查的目的,在人力资源管理方面,要充分考虑员工的实际情况,一般的问卷包括以下内容:

1. 员工的基本情况。这部分的问题主要是要员工回答一些关于个人基本情况的问题。主要包括性别、年龄、工作时间、学历等,这里面关键问题是年龄段和工作时间的划分,因为这影响到未来对问卷结果的分析。

2. 关于员工对目前工作的总体感受。经常问的问题包括目前的工作是否具有挑战性、是否能够充分发挥自己的能力和才干、是否拥有充分的权力以更有效的安排个人工作、是否得到职业发展所需的信息和帮助、是否具有自豪感、总体上是否满意等。

3. 关于培训发展问题。经常问的问题包括是否得到了很好的持续学习以提高个人能力的机会、是否相信将来拥有成长和发展的机会、是否有人关心指导自己的成长、是否在需要的时候得到培训等。

4. 关于绩效管理问题。经常问的问题包括自己工作的绩效目标是否明确、是否有客观公正的绩效评价体系、是否体现了薪酬和绩效的匹配、是否有人指导自己提高绩效等。

5. 关于薪酬问题。经常问的问题包括银行的薪酬制度是否合理、银行的薪酬是否有竞争力、是否和业绩有必然联系、是否有激励作用、对目前的薪酬水平是否满意、如果有问题是否能够得到及时答复、是否了解银行的薪酬制度等。

6. 关于沟通问题。经常问的问题包括银行部门之间是否有沟通的渠道、相互之间是否配合、工作中是否经常考虑别的部门、是否得到别的部门的支持、是否有良好的沟通机制等。

7. 影响工作忠诚度主要因素。比如薪酬、培训、升迁、工作稳定性、发挥专业长处、孩子教育问题等。

在对上述问题答案选项的设计上,一般会提供5个选项:非常满意、比较满意、满意、比较不满意、不满意。

在进行完问卷调查后,要对问卷进行分析,分析的基本方法有:(1)占比法,即分析每一选项在样本中的占比,分析选择的集中度或倾向性。(2)交叉比较法,分析在两个或多个问题回答中表现出的趋势性,比如分析某个年龄阶段、某个职务等级的员工,对薪酬或者绩效的满意程度。

第十章 平衡和谐的员工关系

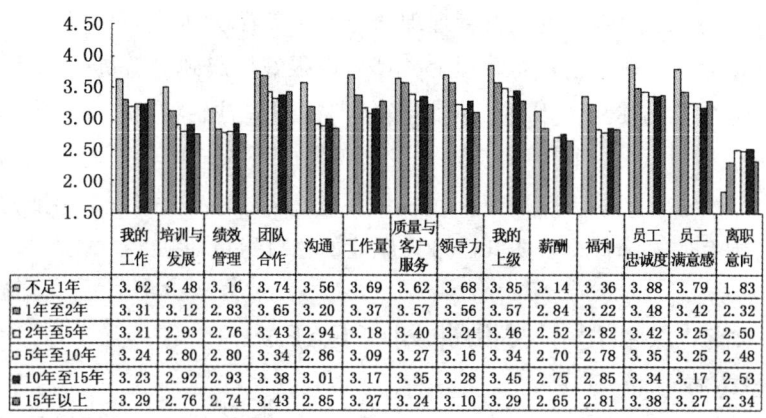

	我的工作	培训与发展	绩效管理	团队合作	沟通	工作量	质量与客户服务	领导力	我的上级	薪酬	福利	员工忠诚度	员工满意感	离职意向
不足1年	3.62	3.48	3.16	3.74	3.56	3.69	3.62	3.68	3.85	3.14	3.36	3.88	3.79	1.83
1年至2年	3.31	3.12	2.83	3.65	3.20	3.37	3.57	3.56	3.57	2.84	3.22	3.48	3.42	2.32
2年至5年	3.21	2.93	2.76	3.43	2.94	3.18	3.40	3.24	3.46	2.52	2.82	3.42	3.25	2.50
5年至10年	3.24	2.80	2.80	3.34	2.86	3.09	3.27	3.16	3.34	2.70	2.78	3.35	3.25	2.48
10年至15年	3.23	2.92	2.93	3.38	3.01	3.17	3.35	3.28	3.45	2.77	2.85	3.34	3.17	2.53
15年以上	3.29	2.76	2.74	3.43	2.85	3.27	3.24	3.10	3.29	2.65	2.81	3.38	3.27	2.34

图10-1 不同工作年限员工在各因素的得分（示意）

不同工作年限的员工在各个因素上的得分见图10-1。从整体上看，工作年限不足1年的员工对所有的因素均作出了最为积极的评价。与员工工作年限成正比，员工的反馈水平基本呈"U"字型分布，即随着工作年限的增加，对人力资源管理各因素的评价先是逐步降低，而后呈上升态势。这在一定程度上反映出，刚参加工作的员工对于所从事的工作、工作中的组织都抱有自己相对良好的期望，工作一段时间后他们会根据自己的实际工作情况和感受逐渐调整这种期望，重新认识自己的工作和所处的环境，从而使这种期望回归到一个合理的水平。如果员工不能完成这种价值认识的重建，则有可能产生人才的流失。因此，一方面需要银行在入职时适度管理新员工的期望，使他们对其工作和银行有合理的认知；另一方面在工作中通过管理者的持续有效沟通及时了解这部分员工的思想动态，及早发现问题，解决问题。同时，需要引起我们注意的是，工作年限在15年以上的员工，对于"培训与发展"、"绩效管理"、"沟通"、"质量与客户服务"、"领导力"、"我的上级"等6个因素的评价均低于其他类型的员工。通常情况下，工作年限在15年以上的员工对银行的经营管理理念与方式有着较为深入的理解和把握，无论在业务上还是管理上，都可以很好地起到对新员工"传、帮、带"的作用，因而，对此部分人群的关注需要适当的加强。在"离职意向"因素上，随着工作年限的增长，离职意向首先呈上升趋势，之后相对持平，而工作年限在15年以上的员工离职意向则有明显降低，表明其已进入职业的相对稳定期。

六、员工援助计划（EAP）

EAP（Employee Assistance Program），翻译成汉语就是"员工援助计划"，它是一种针对企业员工和他们的家属设计的帮助他们解决个人心理问题的一种咨询服务。

EAP最早起源于20世纪二三十年代的美国。当时美国的一些企业为了帮助员工解决酗酒问题，成立了相应的摆脱酒精依赖项目OAP（Occupational Alcoholism Program），这是早期员工援助计划的雏形。援助对象不仅包括员工本人，还包括员工的家属；援助内容不仅包括婚姻家庭、人际关系、法律援助、个人理财、减肥、健康等方面，还包括企业文化、管理风格、个人职业生涯发展等方面。目前，美国有3/4以上的员工常年享受EAP服务，世界500强有90%以上建立了EAP。采用EAP首先能够解决员工们的日常烦恼，使员工不用再为此分心，他们在工作岗位上就会表现积极、充满干劲；其次，招聘一个新员工并且花成本去培训往往比保留并帮助一个老员工更费钱；再次，这能证明企业真正关心员工，增强员工的归属感。

（一）EAP服务流程

一般规模小的企业为了节省成本会在内部设立几个EAP专员，

规模比较大的机构则请一个专业的外部提供商来做 EAP 服务，内设一些联络人员。企业实施 EAP 之前，需要对所有的主管和经理人员进行相关培训，教会他们如何使用 EAP 这个管理支持工具，在什么情况下介绍员工去求助 EAP 服务，并且如何把员工介绍给 EAP 服务机构（见专栏 10-1）。

> **专栏 10-1 强生公司的 EAP 计划**
>
> 强生公司在员工援助计划方面有一定的经验。Janice. G. lenehan（詹妮丝·拉娜翰）是强生公司全球 EAP 总监。让拉娜翰最自豪的是，每当员工出现酗酒、情绪低落，或者遭遇配偶死亡、家里天灾人祸的时候，员工的上司就会对他们说："你给 Janice 打电话吧。""Janice，我有个员工不好好工作，他每天和同事吵架，我该怎么办？""Janice，我们必须让约翰离开公司。但我们该怎么跟他说呢？"
>
> 全球 EAP 总监拉娜翰提起"9·11"事件当时的情景至今仍很激动。当时她和她的 EAP 服务部门的同事走遍公司在纽约的所有机构，到处问员工：你们有没有受到影响？你们知道这个消息后有什么感受？如果你们想打电话求助，请及时给我们打。如果你们想和我们倾诉，我们时刻在这里等候。"9·11"事件当天，拉娜翰估计她和她的同事对 15 000 个人讲过话。
>
> 目前，国内实施 EAP 的企业并不普遍，有的外资企业开展了 EAP 项目，中国移动是大型公司中开展 EAP 项目较早的公司之一。

在企业内部，EAP 服务一般是这样提供的：

第一步，确认问题是什么。当员工需要求助时，他可以拨打为本企业提供 EAP 服务的提供商的免费电话或给企业内部的 EAP 顾问打电话。EAP 顾问会和他交谈，了解问题所在。

第二步，找一个途径解决员工的问题。企业内部 EAP 顾问在经过短期咨询后，如果发现问题还没有解决，他们就可能会找一个专业的机构来帮助员工，比如提供教育孩子的技巧、如何走出情绪低落、怎样照顾老人、怎样做时间管理等。

第三步，在与员工会谈后，企业 EAP 咨询师将会在一到三个月内对员工的 EAP 服务效果进行跟踪观察。有时患精神疾病的员工可能会中间中断治疗；有时候虽然经过多种努力，员工的问题可能还是得不到解决。

第四步，提供服务报告。按照协议，EAP 提供商会在每个月或每季度或年终时向客户公司提供员工使用 EAP 效果的一些报告。企业可以就此对 EAP 提供商的服务进行评估。

EAP 解决最多的是哪类问题呢？在强生公司，员工的个人问题是他们解决最多的问题。而在安永，最多的则是提供法律援助。"比如在房地产方面、遗嘱方面、离婚、争端仲裁、消费品投诉、房屋维修服务投诉等等问题。这种情况下员工想要把钱要回来，但不知该怎么办。"

不过最让 EAP 人员头疼的是两类问题。一类是反复发作的精神病症。在强生公司曾有一个女员工有精神健康方面的问题。起初她去医院治疗了一段时间，但后来她为了工作而不愿再去治疗了，为了不让治疗半途而废，EAP 人员想尽办法鼓励她去继续治疗，那件事花了他们很多时间。不过，在 EAP 人员的帮助下，她后来终于可以正常工作了。最重要的是，这个员工保住了工作。第二类是危机干预（CID）。对于不管是人为造成的还是自然的灾难，或其他戏剧性的突发事件，比如自杀，EAP 人员都会及时给员工和他的家庭以心理和物质上的帮助。这种情况非常紧急，EAP 人员必须马上赶到。可能发生在半夜一两点，也可能要和警察、医院以及他的家人一起合作，这种情况对 EAP 人员来说压力非常大。

（二）EAP 在国内企业的实践

目前国内开展 EAP 的企业并不多，有的跨国公司的国内公司按照母公司的管理要求开展了类似的 EAP 项目。2006 年，中国移动的一些省公司开展了 EAP 项目。他们的一般做法是：第一步，先做深度访谈，了解压力源。访谈的对象包括公司总经理、部门经理、普通职员等各个层次的员工。深度访谈都是有保密协议的，公司不知道公司跟员工谈了什么，但可以知道某个群体的压力状况。通过调查发现，市场部门的员工，由于直接面对竞争，压力主观感觉最大，离职倾向和抑郁倾向比较强；客服部门的员工，由于其工作性质，客户、考试、上下班是最主要的压力源，心理和身体幸福感最低，抑郁倾向较明显；网络维护部门的员工，由于处于后台支撑地位，职业枯竭程度较高，表现为质疑工作价值、缺乏工作活力、对工作的不认同程度较高。第二步，制定针对全体员工的调查表，让员工在毫无压力的情况下把自己的想法写下来。在全面了解员工压力状况的基础上，公司通过海报、手册、邮件、电子期刊等媒介进行广泛宣传，制定了一揽子干预措施：开通电话咨询热线，员工可以自己跟联系，约定时间，公司不干预；面对面咨询。心理咨询是 EAP 区别于其他管理咨询项目的最本质内容，它通过专业人士提供专业心理咨询服务，帮助员工缓解压力、疏导情绪。主要包括个体电话咨询、团体辅导和危机干预。从个体咨询的回访看，凡是利用过咨询的员工，都认为很有用，愿意继续使用。团体辅导的反馈也很好，参加者认为"帮助他们解决了实际问题"。第三步，对各级管理者进行培训，让管理者学会团队减压的手段，缓解压力于日常工作之中。管理者是最重要的关注对象，因为他们承担的压力最大。公司特别针对他们进行了压力管理、职业心理健康、积极情绪等"心灵之旅"培训。不少管理人员明白了在人本管理理念的主导下实现管理方式转变的重要性,以及如何逐渐把过去被动、强制、刚性的机械管理方式,转化为自觉、能动、柔性的人性管理方式。

在实施 EAP 之后,公司创造了快乐的员工,再由快乐的员工创造满意的客户。唯有借助于人,公司才能在员工与客户、市场进行情绪互动的过程中,把正面、统一的情绪融入到客户的消费体验,形成市场、客户对品牌统一的情感认知。当情感认知持续、统一地传递到市场、客户,公司品牌的感性认知将越来越深入到客户的心中。

从表面上看,实施 EAP 是为了缓解员工的压力,员工帮助计划更多的是从员工的压力管理角度引导员工。而从长远看,整个人力资源计划也是一个大的 EAP 项目,它包括整个人力资源体制的建立和员工到公司后进一步的学习、晋升、激励、发展机制,要让员工看到自己在公司中前进的每一个脚印,看到自己发展的通道和过程,这才是真正意义上的 EAP。

第十一章
人力资本开发与管理

■ 一、核心能力与知识资本

20世纪90年代,研究战略问题的学者提出了核心竞争能力(Core Competence)的概念,并开始努力构建一个框架更为完善、实践更为可行的体系。1990年,Hamel和Prahlad在《哈佛商业评论》上发表了《公司的核心能力》一文,他们认为核心能力是组织中的一种集体学习能力,尤其是关于如何协调多样化的生产技能以及把众多的技术一体化的组织能力,是能够提供给消费者特殊价值的一系列技能和技术的组合。Hamel和Prahlad之后,研究核心能力成为一股潮流,很多学者加入其中,一些管理咨询公司也直接把核心能力作为解决问题的总钥匙,比如麦肯锡公司提出核心能力由洞察力和一线执行力组成,而洞察力来源于知识、数据、创造性、分析推理能力,一线执行能力来自于员工的工作质量等。

在汗牛充栋的研究文献中,可以归纳出核心能力的几个基本要点:

一是核心能力有不同的外在表现。有的表现为产品设计,比如索尼公司;有的表现为分销渠道,有的表现为品牌,有的则是多种表现的组合。

二是核心能力有共同的特点。核心能力是企业在长期发展中形成的,对手难以模仿和复制,其供给存在稀缺性等。

三是核心能力来源于人、物质及其组合。对一个企业而言,就是来源于知识资本和物质资本。康奈尔大学 Snell 教授指出,企业的核心能力来源于企业内部所拥有的知识、技术、关系和流程,而这四个要素同时存在于企业的人员和系统之中,通过人员和系统的整合,形成企业核心的源泉(见图 11-1)。

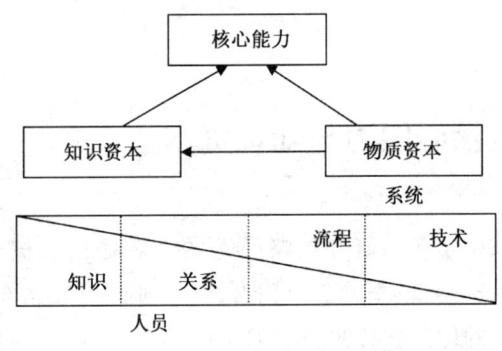

图 11-1　四要素图

Merk 公司 CEO Vagelos 指出:"当你拥有别人无法掌握的知识时——那才是优势。我们小心保护着我们的智力资本甚至超过了我们的金融资本。"知识资本正是核心能力的来源。当然,还有另外一个事实,物质资本尽管常常被研究者忽略,但毫无疑问,物质资本及其物质存在形态是形成核心能力的基础,很难想像,没有物质资本的支持,知识资本能够形成并发挥作用,可以这样说,知识资本是在物质资本的培育灌溉下产生的,是在物质资本的大量投入中渐渐成长的。

二、知识资本的构成

知识资本,国内也有人称为智力资本,那么何谓知识资本?主

要有三种观点:

第一种观点认为,资本是价值的货币表现,企业的价值分为两种:账面价值和账面未能充分反映的价值,后者即账面未能充分反映的价值就是知识资本,它可以用市场价值与账面价值的差来衡量。但这种分析是一个黑箱,知识资本成为一个筐,一个只能感觉而无法认识的筐,这种定义显然不能令人满意。

第二种观点认为,人才、技术、管理、无形资源等多种软件的集合就是知识资本。这种认识让人看到了知识资本的构成,但人们会产生三个问题:第一,还有没有别的项目,多种软件具体又指什么;第二,来源的概括性不够;第三,未能揭示知识资本的本质内涵。

第三种观点认为,知识资本是企业价值创造活动中投入的知识。资本,被马克思看作是能带来剩余价值的价值,而现代经济学更倾向认为资本是一种生产要素,劳动、土地、资本、企业家是比较公认的投入要素。随着知识经济的发展,更多的人开始认为知识也是一种生产要素,这些知识一部分为人所有,对人力资源有很强的依附性,即为人力资本;一部分为企业所有,对企业组织有很强的依附性,称为组织资本(见图 11-2)。

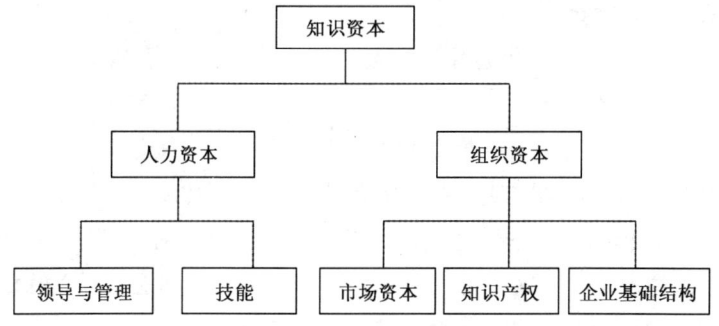

图 11-2 组 织 资 本

三、人力资本与组织资本的关系

（一）人力资本的定义及其特征

威廉姆森指出："企业是'一系列契约的联结'，这一系列契约可以分为两大类，一类是关于企业的物质资本，一类是关于企业的人力资本。"周其仁指出："在市场经济条件下，企业是由人力资本和物质资本构成的一个特殊契约。"

人力资本理论创立者舒尔茨指出："人力的取得不是无代价的，它需要消耗稀缺资源，也就是说需要消耗资本投资；人力，包括人的技能的形成是投资的结果，并非一切人力资源都是最重要的资源，只有通过一定方式的投资，掌握了知识和技能的人力资源才是一切生产资源中最重要的资源。因此，人才，人的知识和技能，是资本的一种形态，我们把它称之为人力资本。"

人力资本与人力资源相比具有三个特征：

1. 人力资本的产权特性。人力资本归个人所有，与其所有者不可分离，正是因为这种不可分离的特性，人力资本有资格分配企业的所有者剩余。

2. 人力资本的社会性。社会性有三层含义：第一，人力资本只有在特定的社会关系中才能表现出来，企业家只有在企业管理中才有价值，在交响乐演奏中一文不值；第二，人力资本与人力资源之间有相互依赖的特征，在一定条件下，一损俱损，一荣俱荣；第三，人力资本具有外部性。人力资本的增值过程对外部产生影响，在很多情况下，是正外部性，比如一个人的知识和能力可以转化为其他人的知识和能力，进而变成企业的知识和能力。

3. 人力资本的不守恒性。人力资本的转化，并不意味着原所有者人力资本的减少,就像老师教学生,学生知识增长不以老师知识减少为代价。

(二)组织资本的定义及其特征

组织资本是组织成员在特定的社会关系中通过合作形成的能够为组织带来未来财富增值的资本形式。它是企业专属的一种组织能力,其价值在于把人力资源凝聚起来,使人力资源在实现企业战略目标的过程中得到有效利用。它根植于企业的价值观系统、组织结构、业务流程、组织制度、知识管理系统、客户和公共关系系统之中。

从一定意义上讲,组织资本是人力资本社会性的表现形式,根本上说组织资本来源于人力资本,但是,这部分资本已经与人力资本有了可分离特征,它不再隶属于个人,而是属于企业。企业核心能力的培育就是要尽可能多地积累组织资本,组织资本将构筑起强大的市场壁垒,为企业赢得竞争优势。

除了具有上述与人力资本相同的三个特征外,组织资本同时还具有以下特性:

1. 组织资本对人力资本和物质资本的激活作用。激活作用可以从两个层次理解:一是组织资本使人力资本与物质资本的相互作用成为可能,员工和机器只有在企业里才能生产产品。二是组织资本使人力资本和物质资本作用的效果得到优化,使人、物的利用率得到提高。用经济学的术语讲,就是能克服 X - 非效率,使企业现实的经济活动尽量逼近生产可能性边缘。

2. 组织资本具有收益递增性。收益递增性也可以从两个方面理解:一是对外部,组织资本的持续投入,收益不但不会减少,反而会逐渐增加。比如企业兼并重组中,企业技术、品牌、客户资源的投入都可能产生更大的回报。二是对内部,组织资本可以转化为人力资本。比如一个企业的管理方法可能被员工学习和掌握。

(三) 人力资本与组织资本的转化

1. 人力资本向组织资本转化的意义。上面的分析表明,组织资本与人力资本是可以相互转化的,企业管理的一大任务就是有目的、有计划地促使人力资本向组织资本转化。人之所以愿意把自己掌握的知识在一定范围内公布和共享,把自己熟练的技能传授给同事或者"学徒",是因为知识更新速度已经渐渐快于个体学习的速度和经验的积累,保守的学习和共享态度只能丧失自己学习的机会,使自己的知识迅速落伍。把个体的人力资本转化为组织资本,组织内外的人就可以在一个平台下共享知识、传播知识和创造知识,从而促进人力资本的增长。

对企业而言,把人力资本转化为组织资本具有重要意义:

(1) 可降低组织对自然人的依赖程度。经济的全球化迅猛发展和对人才资源重视程度的提高,加剧了人才的流动,人才加速流动对社会资源的最佳配置起到了良好的作用,但是也给企业带来了很多困扰。企业招聘、选拔、培训员工的各项投资,往往随着员工的离去而付之东流,甚至给自己制造了竞争对手。把人力资本固化为组织资本,就可以降低组织对自然人的依赖程度,从而降低企业对人力资本进行投资的顾虑。

(2) 有助于构建企业的核心能力。核心能力是企业以往投资和学习行为所积累的,是企业独有的专长。这种专长是一组技能和技术的集合体,而不是单个分散的技能或技术。企业把组织的人力资本转化为组织资本,就可以积累起企业过去在研发人员培训、公关等方面的投资,从而把最具有特色的技能和技术以及社会关系等资本留在企业中,构建企业的核心能力。

(3) 员工可以在企业中进行学习、提高。组织资本具有潜移默化的特性，新雇佣的员工或者调动了岗位的员工可以在组织中把组织资本重新转化为个人的人力资本，企业不但是挣钱的平台，更是学习的平台。组织资本增长推进了企业成为学习性组织的进程。

（4）提高组织绩效，避免重复投资。企业通过把人力资本转化为组织资本，可以把企业在员工培训、制度建设、技术开发和客户关系等方面的投资成果显性化，从而不必再进行同样的投资或者仅需要较低的投入就可以提高组织的绩效。

（5）有利于人力资本和其他物质资本的价值增值。在良好的制度安排、和谐的组织文化和经验积累的管理生产流程当中，人力资本和物质资本的投入产出率将大大提高。

（6）在新经济条件下，企业可以获取竞争优势，避免环境变化引起的动荡。

2. 人力资本向组织资本转化的模型。知识按其属性可以分为隐性知识和显性知识。在经济合作与发展组织的《以知识为基础的管理》一书中，人类知识被分为以下四种：知事：关于事实和现象的认识；知因：关于自然规律和科学原理等方面的知识；知人：关于人力资源方面的知识；技能：关于技术、技能、技巧和诀窍等方面的知识。知事、知因为显性知识，技能、知人为隐性知识。那么什么是显性知识？什么是隐性知识？两者间的区别是什么？

一般认为，隐性知识是高度个人化的知识，植根于行为、经验，发生在特定的情境之中。它包括认知的隐性知识和技术的隐性知识。认知的隐性知识指个体的智力地图、信念、范例和观点。技术的隐性知识包括具体的专有技术、工艺和技能。隐性知识的特点是：主观的，不易语言化和形式化的，隐藏在人的脑中，透过行为、经验、习惯表现出来。显性知识是可以被编码、可以通过表象符号或自然语言进行传递和沟通的知识。显性知识的特点是：可以用语言传达,具有语言性与结构性。可以通过口头传授、教科书、参考资料、期刊杂志、专利文献、视听媒体、软件和数据库等方式获取和学习。

人力资本向组织资本的转换过程,就是隐性知识和显性知识两者之间互相作用、互相转化的过程。这两者间的转换是一种包含4种基本转换模式的螺旋过程——知识社会化(Socialization)、知识外显化(Externalization)、知识组合化(Combination)和知识内溶化(Internalization),即著名的SECI模型(见图11-3)。

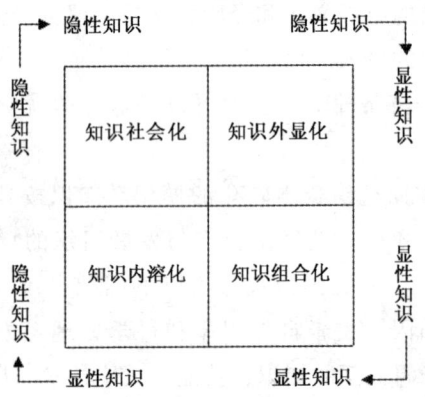

图11-3　SECI模型

第一种模式——"知识外显化",指隐性知识向显性知识的转化。它是一个将隐性知识用显性化的概念和语言清晰表达的过程,其转化手法有隐喻、类比、概念、模型和深度会谈等。

第二种模式——"知识组合化",指的是显性知识向显性知识的转化。这是一种知识扩散的过程,通常是将零碎的显性知识进一步系统化和复杂化。经过隐性到显性的转化过程,人们头脑中的显性知识还是零碎的,也不是格式化的。将这些零碎的知识进行整合并用专业语言表述出来,个人知识就上升为了组织知识,能更容易地为更多人共享和创造组织价值。

第三种模式——"知识内溶化",即显性知识向隐性知识的转化。它是一个将显性知识形象化和具体化的过程,通过"汇总组合"产生新的显性知识被组织内部员工吸收、消化,并升华成他们自己的隐性知识。也就是说,知识在企业员工间传播,员工接收了这些新知识后,可以将其用到工作中去,并创造出新的隐性知识。

第四种模式——"知识社会化",指的是隐性知识向隐性知识的转化。这是在个人间分享隐性知识,是知识社会化的过程。主要通过观察、模仿、亲身实践以及企业文化氛围和工作环境等形式使隐性知识得以传递。师传徒受是个人间分享隐性知识的典型形式。

以上这四种运动,构成知识螺旋的运行,并不断提升下一次知识回旋的起点,在这一过程中组织的知识基础不断扩展,组织的能力不断提升。

四、人力资本管理与人才培养

人力资本是知识资本的源泉,企业内部的人力资本因其异质性的特点分为核心人才、独特人才、通用型人才和辅助型人才四类。这四种不同类型的人力资源中,核心人才是企业知识资本管理的重心,是形成企业核心能力的关键要素。而核心能力的培育可以通过实施战略人力资源管理实践,形成核心人力资本来实现。即企业可通过招聘、人才引进、培训、工作设计、报酬和绩效评价等方式对企业人员与系统进行有机整合,促成企业内部核心人力资本的聚积,从而形成有价值的、稀缺的、难以模仿和具有组织化特征的知识资本,最终支撑企业的核心能力和竞争优势。

企业的核心人才,包括核心管理者和专业技术人才,无疑是人力资本的主要拥有者，也是人力资本开发管理的重点。管理开发这些核心人才，就是在培养开发企业的人力资本，使企业具有内在的核心竞争力。所谓千军易得，一将难求，就说明了人力资本管理的重要性。历史上，一个王朝的兴起都需要一个核心、高素质的人才团队，而其毁灭，更是以人才的离心离德开始的。在国外，核心管理人员的开发一般称为领导力开发，而核心技术人才的开发一般通过专门的项目来解决。

中国工商银行、中国建设银行、中国银行等大型银行成功重组上市，表明中国银行业的改革取得了阶段性、历史性、里程碑式的成果，银行的改革发展进入了一个崭新的阶段。国内银行必须适应金融市场全面开放的需要，加快体制改革和机制转换，以应对国际一流商业银行的竞争，大力提升竞争能力，这就需要一支规模宏大、素质优良、结构合理、数量充足的人才队伍作为支撑，这就对银行的人才培养工作提出了严峻的考验。

(一) 人才培养是实现银行战略目标的客观需要

银行上市后，必须按照国际上市公众银行的标准进行经营管理，大力提升全行的战略规划能力、决策执行能力、风险管理能力、市场竞争能力和运营控制能力，必须有一大批精通现代商业银行经营管理的核心人才，按照现代商业银行的运行规律将一切业务活动转化为价值创造行为。既要对股东、客户、员工和社会负责，还要妥善处理与监管部门、中介机构、公共媒体、利益相关者等的关系；不仅要资产经营，还要适时地进行资本运作，将银行做大做强；不仅要进行本土经营，还要果断地出击海外市场，拓宽经营领域。一个企业要立于不败之地，在于有一支团结的、富有远见的高水平领导团队，只有加强人才培养，培养选拔一批既能继承和发扬建设银行的文化和传统、又有突出业绩和发展潜力的优秀人才，才能进一步改善领导班子结构,提高领导班子的整体水平,完成银行改革发展的大业。因此,人才培养的任务相当繁重,加大、加快核心人才的培养刻不容缓。

(二) 人才培养是提高银行核心竞争力和价值创造力的持久源泉

现代企业人力资源是最关键的资源,人力资源现在提升到人力资本的高度。竞争中要取胜,制定好的战略以后,能否实现战略关键在于人才。银行要在激烈的市场竞争中永葆胜绩、基业长青,就必须有核心竞争力,在核心产品、核心技术和核心人才等方面拥有个性化、持续、显著的优势。相对于核心产品、核心技术而言,核心人才是企业制胜最宝贵、最根本的资源,是创造企业价值、给股东回报的源泉和动力。提高银行的核心竞争力,从根本上讲就是要提高核心人才超前的洞察力和卓越的决策力和执行力。只有培养和拥有这样的核心人才,才能实现持续的价值创造。优秀企业通常不仅在市场份额、盈利能力、价值创造方面拥有优势,而且也必然拥有人才优势,而且后者是前者的基础,更为重要。人才优势的取得是一个系统工程,非一朝一夕之功,必须将核心人才的培养贯穿于企业经营的始终,这样才能为企业的发展和核心竞争力提供源源不竭的动力。

(三) 人才培养是员工发展的现实需要

在银行现有的人才队伍中,既有理论又有实践、既精通股份制商业银行的经营又兼备现代商业银行管理技巧的人才较少;既精通现代商业银行运作又熟悉资本市场交易规则的复合型人才不能满足需求;既精于本土经营又善于海外市场开拓的国际型人才更显稀缺。银行经营管理需要的人才,单纯依靠从外部引进难以从根本上解决问题,员工自身也希望能够不断提高素质,适应银行的工作需要,在银行的发展过程中自己也得到发展。培训是非常重要的一条途径。

(四) 有关人才培养与培训的困惑

银行,尤其是大型银行,都认识到不断提高员工素质的重要性和必要性,也都投入了相当多的资源,但是从实际的效果来看,无论是人力资源部门、还是员工,都感到不太满意,正如一句歌词——想说爱你,却不是很容易的事!实际工作中的主要困惑有哪些呢?

1. 人才培养就是举办培训班。培训,或者更广义上讲,是进行人力资源开发,其核心目的是根据银行的战略需要和业务发展,有针对性地提高员工素质或者掌握某种技能,使银行和员工双赢。但是,在实践中这种人力资源开发工作被简化成了培训,培训又进一步简化成举办培训班,无论是委托外部机构,还是自主开发,都是比照课堂教学的方式办培训班。一年下来,培训工作的主要工作成绩就是举办了多少个培训班,培训了多少人。

2. 培训成为一种福利待遇。办培训班需要一定的资源投入,尽管银行投入很多资源,相对于庞大的员工数量而言,都只能有少部分员工能够参加,而且培训班大多在环境较好的风景区、学校举办,有人称参加培训是最大的福利待遇。

3. 培训与实际工作差距太远。参加培训班的人都有一个共同的感受,培训内容与实际工作相距太远,学的基本用不上,工作需要的基本没有讲,培训和工作两张皮,培训效果与培训班的初衷差距太远。

4. 培训资源配置不合理。在银行员工中,经常可以听到优秀的员工得不到培训的意见,往往是业务骨干承担了较多的工作业务,时间安排比较满,很难离开工作岗位参加培训。在一个部门,经常参加培训的人往往是一些相对比较轻闲的人,培训资源在实际工作中没有产生真正的作用。

产生这些问题的原因是什么?如何解决这些问题?是人才培养与培训管理急需要解决的问题(见专栏11-1)。

> **专栏11-1 人力资源开发与培训的"陷阱"**
>
> 放眼当今的国内企业,在观念上重视人力资源开发的越来越多,各类培训项目也是"铺天盖地"地在企业间风行,但是真正从中尝到甜头的企业却没多少,企业迷失在一个又一个人力资源开发与培训的陷阱中。
>
> **陷阱1:认为人力资源开发等于培训**
>
> 很多企业一提起人力资源开发,就会想到培训。认为培训就是人力资源开发的全部,除了培训别无他法。他们常常给员工安排一些社会上或行业间流行的培训,到此就认为企业已经制订了一整套详尽的人力资源开发计划,希望可以借此提升员工的能力与素质,从而提高企业绩效。可一旦发现培训的结果"出人意料"时,又往往将原因归咎于企业的员工或其他外在的客观原因。更有甚者,将培训本身作为目的,为了培训而培训,殊不知培训只是人力资源开发的一种手段,企业进行培训的根本目的是提高企业绩效,实现企业目标。
>
> **陷阱2:作为其他用途的培训**
>
> 很多企业的领导清楚人力资源开发不仅仅是培训,也清楚培训只是培养性开发中的一种形式。但是,由于多种原因,比如安

续

排某人做某事或调整政策有阻力,亦或是觉得调整政策"劳师动众";害怕一旦安排某人做某事出了成绩后,对自己的仕途产生不良影响;担心人也善用了,政策也调整了,人才倒是培养出来了,却是"为他人做了嫁衣"……总而言之,就是出于种种考虑,认为还是培训最为经济,也最"安全"。

陷阱3:只把政策性开发停留在文件柜中

一些企业希望通过调整薪酬或科技等政策的条文为员工设立美好的愿景;更加期待这些美丽的承诺可以招来一大批"金凤凰"。

可惜,越是诱人的政策在贯彻中越易受到阻滞;感到地位受威胁的强烈反抗;认为分不到羹者的诋毁;乃至来自上层"老顽固"们的压制……

就这样,一棵棵可能枝繁叶茂的梧桐树被众人拦腰砍断,美好的设想只能被放在文件柜中。

陷阱4:一线经理人的告白:人力资源开发与我无关

很多一线经理将人力资源开发看作是他们管辖范围之外的事情。在他们看来,他们的职能,仅仅是在生产车间里或职能部门内监督一种产品的生产或者是一种服务的提供。他们常常会说:"人力资源开发这样的事情不归我管。"然而,有谁确实能比一线主管处于一个更好的位置——既了解员工的想法又同时领会企业高层的意图,可以在人力资源开发的过程中发挥教师、教练或者帮助者的作用呢?

续

> **陷阱5：只重技能培训，不重观念开发**
>
> 抛弃一些已经长久沉淀在员工心中的观念，培植新的并且往往是与原有的相对立的观念，往往让企业感到无所适从。所以，很多企业将人力资源开发仅仅局限于新员工的岗前教育和员工基本业务技能训练，而不去激发广大员工发展与企业战略目标相一致的观念、态度、行为和技能，使得人力资源开发流于形式，不能真正促进企业绩效的提高。
>
> **陷阱6：只对"低学历"或"低职位"进行开发与培训**
>
> 在一些企业人力资源开发对象的名单中，只有低学历或低职位的员工。他们认为，只有低学历或低职位的员工才需要开发与培训，忽略了人力资源开发的持续性，忽略了企业中各个岗位上的员工都需要不断深造与完善，特别是在一些企业中高学历的人往往拥有较高的职务，在他们心中，接受开发与培训简直就是一件可耻的事情——那等于宣告自己不合格不胜任甚至很无能，同时也就意味着要接受同事特别是部下的轻视甚至嘲笑，那怎么能忍受？就这样，很多企业在进行人力资源开发时便仅仅针对低学历或低职位者开展工作。

■ 五、基于战略和能力开发培训课程

解决上述问题，基本的策略是要让培训课程与银行的实际运作紧密相连，要根据银行的战略和业务开发培训课程。课程开发的基本流程是：

(一) 分析组织的发展战略

发展战略即组织的使命宗旨、核心价值观与组织目标。通过对组织经营发展战略的分析，确定相应的培训，为培训提供相应的资源以及管理者和同事对培训与开发活动的支持。可见，对组织层面的需求分析通常由组织分析来完成，其目的是更好地认识组织的特征，以确定什么地方需要培训，以及这些工作完成的背景条件。在进行组织分析时我们可以利用下面的问题清单，来获得有关组织战略规划和人力资源方面的信息。

1. 组织所属的行业是处在上升期还是稳定期？竞争对手的发展态势如何？组织在国内外的主要竞争对手是谁？和这些竞争对手相比，本组织的主要优势是什么？

2. 为什么组织能在过去取得辉煌的业绩？

3. 组织准备引进什么新技术？如果在这方面已经有所规划，那么新技术将在什么时候正式投入使用？

4. 可以预见的将在未来出现的变革与创新将如何改变行业竞争的格局？

5. 组织将在何时建立起什么样的新型管理理念或者采取什么新的管理措施？

6. 不论过去、当前还是未来来看，是否存在影响组织战略规划的任何政府管制问题？

7. 为了实现组织的总体战略，组织内不同的单位或部门各自将采取什么样的具体策略？为什么？他们将如何进行规划？

(二) 分析组织战略对员工能力的要求

针对不同的培训对象，要分析他们在现在的工作岗位上作出优秀业绩的关键素质，建立相应素质模型，结合素质模型，开发相应的测评工具。可以思考如下问题：

1. 本组织员工目前的优势劣势？

2. 在工作流程、组织文化和员工的技能水平上必须实现哪些改变？

3. 组织总体战略的实施是否会造成裁员和员工跳槽现象？能够预期对哪些人产生影响？

4. 从组织战略规划出发，需要重新修改哪些人力资源管理政策？

5. 组织的总体发展战略对人力资源培训和开发工作意味着什么？培训与开发工作将如何为组织战略目标的实现作出贡献？

6. 组织需要实施哪些具体的培训和人力资源开发工作？组织本身是否有能力实施必要的人力资源开发项目？有没有外界的专家可以帮助我们？这些专家是谁？

7. 员工和管理层过去如何看待培训和人力资源开发工作的？他们对人力资源开发项目、培训师和其他人力资源开发人员的信任程度如何？

8. 对每一个项目而言，投入－产出比最大而且最可行的实施方案应该如何制订？

9. 当前采用的是什么样的培训效果评估方法？它能够提供有关投资回报率的信息吗？如果不能的话，这样的评估方法对组织的战略管理有帮助吗？

10. 有无正式的工作程序可以确保目前的培训/开发活动与组织新的发展战略是一致的，或者说，有无这样的工作程序可以发现新战略规划对培训的需求？

11. 除人力资源培训和开发工作以外，是否还需要考察其他的人力资源管理职能？是否有必要进行重新设计？

(三) 根据培训需求，设计开发培训方案

确定培训的基本内容，细化培训需求，然后选择具体的培训与开发的方式和方法。

培训需求分析的方法有很多种，包括行为观察法、绩效评估法、面谈法、调查问卷等等。每一种技术方法都有其优缺点，表11-1整理和总结了一些组织中常见的培训需求分析技术及其优缺点，这将对银行的实际工作提供许多支持与帮助。

表 11-1　培训需求分析的主要技术方法及其优缺点

培训需求分析的具体技术	优点	缺点
观察法 以旁观者的角度观察员工在工作中或在会议进行过程中表现出的行为	• 得到有关工作环境的资料 • 将评估活动对工作的干扰降至最低	• 观察员需要具备熟练的观察技巧 • 只能在观察到的环境中收集资料 • 被观察者的行为方式有可能因被观察而受到影响
问卷法 采用不同的抽样方式选择对象回答问题，形式有开放式、等级量表式等等	• 可以在短期内向大量的人员进行调查 • 成本低 • 使被访者回答问题时更加自然 • 易于对数据资料进行归纳总结	• 问卷编制周期较长 • 限制受访者表达意见的自由，不够具体 • 回收率可能会很低，有些答案不符合要求
咨询法 通过询问特定的关键人物来了解关于培训需求的信息；咨询对象一经确认可采用问卷、面谈等方法收集资料	• 简单省钱 • 可以建立和增强与参与者的沟通渠道	• 取得的培训需求资料可能会具有一定片面性

续表

培训需求分析的具体技术	优　点	缺　点
访谈法 是结构性或非结构性、正式的或非正式的对某些特定人群的谈话	• 有利于观察当事人的感受、问题的症结和解决方式	• 费时 • 不易量化分析 • 需要熟练的访谈技巧
团队讨论法 类似于面对面访谈。可以用于任务分析、团队问题分析、团队目标设定或其他关于团队的任务或主题	• 可以当场汇总不同的意见 • 讨论后最后决定能够获得支持 • 建立分享机制	• 费时 • 难以量化分析 • 可能出现讨论不充分
测验法 类似于观察法。可以测验员工的工作熟练程度和认知度，发现员工学习成果的不足之处	• 结果容易量化分析和比较 • 特别有助于确认问题的发生原因是因为知识、技能还是态度等因素导致的	• 结果只能适用于说明测验所测到的知识能力 • 无法展现实际的工作行为与态度 • 效率不高
评价中心法 主要适用于管理潜能开发方面的评价，需要参与者完成一系列活动以确定哪些方面需要发展，让参与者处于模拟的管理情境中工作，从而发现其潜力	• 可以对人员的发展潜力进行初步确认 • 直观判断其发展潜力，减少误差，增加甄选的客观性	• 耗费时间、成本 • 评价被试者的潜能过程中难以有固定的标准可运用
书面资料研究法 用分析资料的方式考察相关的文献	• 通过现行的重要信息和问题的线索，提供客观的证据 • 资料容易获得	• 通常无法找到问题的原因和解决之道 • 信息的时效性差

（四） 衡量培训与开发的效果

根本上讲，衡量的标准是培训与开发活动是否有利于组织战略目标的实现，一般意义上的衡量包括被培训者填写对培训的评价和反馈意见，以便于下一步改进和提高。

（五）银行开展人才培养应该重点培训的内容

1. 要加强理念教育，不断提高员工的职业操守。在向股份制商业银行转变的阶段，要把职业操守教育和价值创造的理念贯穿落实到每一项经营管理活动中去，通过思想观念和经营理念脱胎换骨式的改造，实现改革的新进展、经营的新起色、管理的新突破和效益的新改进。

2. 加强领导能力培训，不断提高核心人才的领导水平。企业管理团队的领导水平，或者说领导能力的高低，将直接决定着企业的兴衰成败，决定企业能否在复杂变化的市场竞争中脱颖而出、独占鳌头。要针对不同岗位建立产生高绩效的素质模型，依据素质模型开发针对性、有成效的测评工具，采取多种形式的培训，来提升核心人才的管理水平，进一步提高建设银行领导能力的开发水平。

3. 加强现代商业银行经营管理的系统培训，不断提高核心人才的专业水准。与传统的生产制造型企业相比，商业银行的经营管理风险高、流程多、创新快、智力密集，需要相当的知识储备和经验积淀。在经营全球化、资本国际化、市场交易24小时不间断化的变革浪潮冲击下，现代金融行业思想观念、理论知识更新快，产品、服务、IT、流程、交易手段等创新明显提速，金融创新层出不穷、伴随而来的风险防范压力与日俱增，这就要求银行要加大现代商业银行经营管理的系统性培训，加强对新的理论成果、交易规则、管理流程、风险内控技术的学习，不断提高我们核心人才的专业水平，提高应对市场变化的能力。

六、职业生涯规划

每个员工都会非常关心自己的职业发展问题，都希望自己能够得到组织的认可,能够在组织中不断发展。但是,很遗憾的是,组织的规模和能力总是有限的,个人欲望的无限性和组织的有限性之间存在一定的不协调,如何协调和处理两者之间的关系是银行必须面对的问题。如果不能有效处理将会带来以下负面影响:第一,优秀员工流失。组织不能为这些高绩效员工提供发展的空间和机会,这些员工就会选择离开,毕竟人才市场化是一个发展的趋势。第二,产生消极的工作气氛。每个人都会遭遇自己的职业天花板,在进一步发展无望、组织也无法给予合理安排的情况下,这些员工的工作积极性、主动性会大大降低,这种表现和心态会传染到其他人,使整个组织丧失积极发展的动力。在现代银行的人力资源管理中,以人为本,加强职业开发和管理,整体规划员工的职业发展,将人力资源管理活动与职业生涯发展有效结合,成为一种有效的组织方式。

(一) 基本概念

职业开发是指确保个人职业规划与组织职业管理的一致性来实现个人与组织需要的最佳结合。包括两个基本活动:职业规划与职业管理,他们共同构成了职业开发循环的两端。职业规划是个人为了了解和控制自身的职业生涯而实施的一项行动,包括个人评估和了解自身优势和劣势、组织存在的机会与限制,从而选择和确定自己的职业目标,并为实现这些目标而进行的一系列准备工作,如接受教育、积累工作经验等。组织职业生涯管理则是从组织的角度出发,将员工视为可开发增值的人力资本,通过协助员工在职业目标上的努力,谋求组织的持续发展。

有效的职业生涯发展是在组织与个人之间取得适当的平衡,即要求组织和个人之间要有机的合作。它不仅能够有效地满足组织的人力资源需求计划,增强组织培训与开发费用使用的针对性,吸引和保留优秀人才,而且能充分调动员工积极性,实现组织与员工之间的双赢。

从职业生涯管理活动的实施主体来看,大体上可分为两种职业生涯管理模型:个人导向型的职业生涯管理模型和组织导向型的职业生涯管理模型。

职业生涯管理专家格林豪斯在总结前人研究成果的基础上,提出了个人导向型的专业管理模型①(见图11-4)。

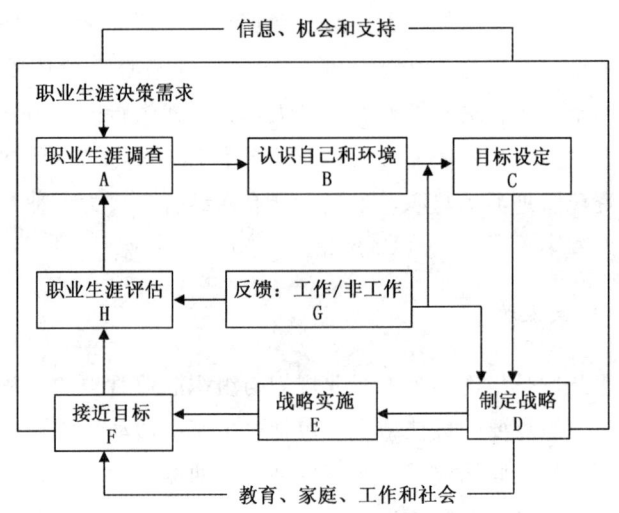

图11-4 个人导向型的专业管理模型

格林豪斯认为,个人导向的职业生涯管理模型代表了理想的职业生涯管理程序,即人们应该按照此方法实施职业生涯管理,而不是对人们实际做法的描述。此模型表明,当个体需要对职业生涯进行决策时,有效的职业生涯管理就正式开始了。这种回应包括了8

---

① H. Greenhaus, G. A. Callanan & V. M. Godshak (2000). Career Management (3rd ed.) Fort Worth, TX: Dryden Press, 24.

项活动：职业生涯调查、认识自己以及环境、目标设定、制定战略、实施战略、接近目标、从工作和非工作渠道获得反馈以及职业生涯评估。职业生涯管理是不断循环，不断持续发展的，认识到这一点非常重要。个人作出职业生涯决策的诱因来源于两个方面：个人在职业生涯发展中的质疑，以及组织内外部的环境变化。

在职业生涯评估当中，职业锚是帮助个人确定职业定位的工具。职业锚是在个人工作过程中依循着个人的需要、动机和价值观，经过不断的搜索，所确定的长期职业贡献区或职业定位。职业锚实际上就是人们选择和发展自己的职业时所围绕的中心。根据埃德加·施恩教授的研究成果，职业锚可以分为五种类型：创造型职业锚、管理型职业锚、技术功能型职业锚、安全型职业锚以及自主独立型职业锚。

以组织为核心的职业生涯管理模型有以下三种代表观点。

观点一：布郎斯奥的螺旋形职业生涯管理方法。布郎斯奥指出，"由于螺旋形方法将不同数量和类型的组织结构与大量不同的职业生涯机会结合起来，所以我们认为组织和个人双方都可以从此方法中获益。当使用缺乏结构化的人员配置来满足外部变革和变迁的需要时，组织将会保持有效的结构以维持核心竞争力和组织领导力"。因此，布郎斯奥认为，螺旋型的职业生涯管理方法是"将组织和个人联系起来的一种好方法"。

观点二：尼克尔森（Nicholson）的职业管理系统观点。尼克尔森认为，职业发展体系包含三个主要因素：人事系统，包括选拔、培养和激励人力资源的活动；劳动力市场体系，包括发展机会的结构；管理信息系统，此系统可以使人、观点和信息之间的转换变得非常容易。他指出"职业生涯管理必须将人力体系通过管理和信息系统与工作市场系统相连接"。

观点三：斯安尼和伍纳克的团队导向的职业生涯管理系统观

点。他们指出,在基于团队的组织中,职业生涯开发的责任是由个人、团队和组织共同承担(或者至少应该如此)的。团队导向的职业生涯开发模型不仅有利于个人成长,同时还将促进团队的发展。斯安尼和伍纳克指出,基于团队的职业生涯管理系统应该关注以下方面的具体工作,如明确团队成员的角色定位,建立基于团队的奖酬体系,基于团队的成长与发展确定培训计划,促进团队内部的岗位轮换,构建基于团队的考评机制等。

以上三种组织导向的职业生涯管理观点,都将组织结构以及组织目标作为职业生涯管理的驱动力,从而也保障了职业生涯管理工作对组织战略的贡献,他们的主要区别在于:观点一更适大型组织,而后面两种观点更适合某些规模较小的高科技企业和专业服务性公司。

(二) 以职业生涯为核心设计人才培养体系

在现今组织中常用的较完整的职业生涯开发活动,主要有五个工作阶段,各阶段分别需要完成一些职业生涯开发的具体活动,如图 11-5 所示:

综合图 11-5 中的详细步骤,组织进行职业生涯的开发与管理,关键需要完成三个方面的核心工作:搭建职业发展路径和标准、形成职业开发过程中的互动沟通制度、进行人员能力的开发。

1. 明确职业发展路径和标准。确立组织内的职业发展路径,也就是明确员工可以选择的职业通道、纵向职业发展的阶梯以及横向变动的路径。一个员工进入一个组织,一方面关心组织的发展,另一方面关心自己的发展,自己能在组织中如何发展。作为一家银行,应该为员工提供一个相对清晰、稳定的预期,要告诉员工,如果他努力工作,业绩突出,会产生什么结果,反之,又会是什么结果。

第十一章 人力资本开发与管理

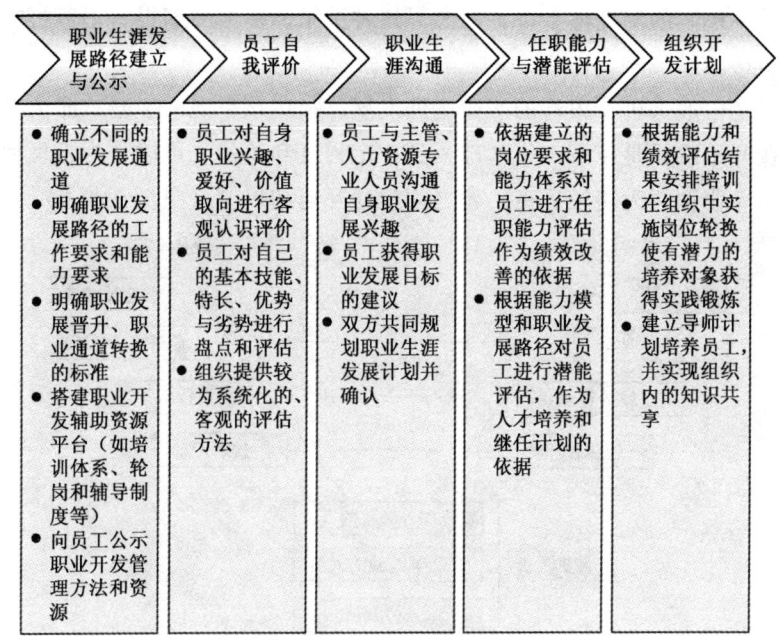

图 11-5　组织中职业开发步骤

一般银行虽然没有职业生涯发展和路径的规范描述，但也有一定的政策，其中最主要的发展路径就是职务升迁，在银行内部，从一般员工到经理、高级经理、总经理等等，职务的变化带来薪酬待遇的变化，带来自我价值的实现和满足。这种职业生涯的体系有中国特色，但有明显的弊端：

第一，员工的发展渠道单一，千军万马争独木桥，既容易形成资源的浪费，又容易造成银行管理的扭曲，影响银行战略目标的实现。有的人非常适合做市场营销，是一个优秀的客户经理，但没有职务升迁，他不能发挥作用，提高待遇，造成人才浪费。

第二，薪酬与业绩脱钩，无法产生正向的激励作用。不同岗位产生价值的方式不一样，考核的标准和薪酬制度也应该不一样，在单一机制的制度体系下，扭曲了这种关系，多劳不多得，不劳可能多得。

一般来讲，银行的职业生涯发展路径应该呈现 y 字型，即员工在开始阶段是打下工作基础，到一定程度和阶段，可以分为管理型和专业型两大路径，在二者之间建立互通的机制（见图 11-6）。

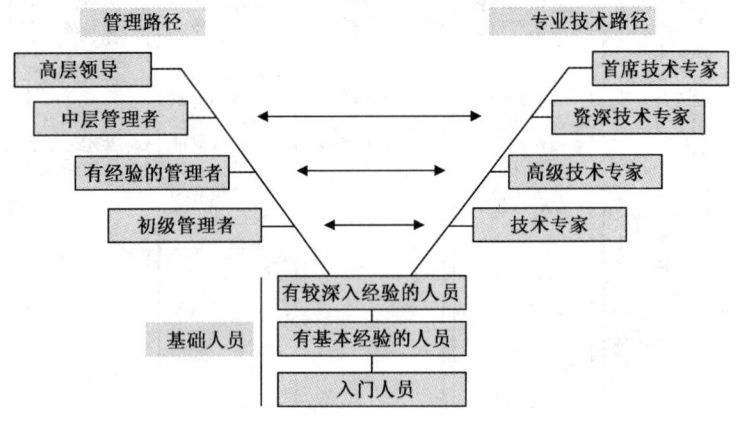

图 11-6　基于岗位职级的职业生涯路径（示例）

有的银行曾经探索建立这种发展路径，但效果不理想，一个重要的原因是薪酬体系设计不平衡，专业技术岗位的薪酬总是低于可比的管理岗位的薪酬，使专业技术岗位的员工总想调整到管理岗位。专业技术岗位的薪酬不必然高于管理岗位，管理岗位的薪酬也不必然高于专业技术岗位，取决于岗位的性质和实际工作绩效。

在建立这两种大的发展路径的基础上，要建立进一步发展的业绩、能力和经验要求。能力要求是指按照素质模型，个人能力应该达到的水平和等级。这可以通过前面讲过的各种方法来测评。业绩要求是在进一步发展前必须具备的业绩条件，这与绩效管理体系密切相关。经验要求是在担任新的职务前必须具备的岗位经历。比如银行总行公司业务部门的总经理，可以从上述三个方面明确要求：

(1) 业绩考核突出，在同职级人员中至少位于前20%；（2）能力要达到优秀层级的水准；（3）要具有两个以上部门的工作经历，最好同时有营销部门、风险管理部门、一级分行的工作经历。

定下这个标准以后，从员工来讲，可以明确知道自己与未来岗位之间的差距，找到努力的方向，从组织来讲，可以按照这个标准遴选人才，同时有组织地开展人才培养工作，推进岗位交流的有序运行。

2. 形成职业开发过程中的互动沟通。职业生涯开发的过程不是一台启动后可以自行运转的机器，它需要的是动态的管理。职业生涯开发与组织的绩效管理流程是同步进行的。工作由三个阶段组成：年初职业规划、年中评估调整和年底总体评价。大多数的工作由管理者和员工进行多次的磋商而完成。

年初职业规划由以下几个步骤完成：员工能力评估，职业规划讨论，职业目标设计和职业开发计划设计。这个阶段的结果是组织和员工共同达成的既符合公司利益、又反映员工职业意向的一系列目标。达成一致认识可能需要一次或者几次讨论。

在年中评估调整阶段，首先，管理者和员工本人在一起进行讨论，评估年初规划目标的达成情况。在这次讨论中，可能由于业务情况的改变或其他变化需要对职业生涯规划中的目标进行相应调整。其次，主管和员工本人必须讨论职业开发计划的完成情况，针对没有完成的职业开发计划，找出原因，并作出职业开发计划的相应调整。

在年底总体评价时，管理者和员工本人将对所有这一年关于职业生涯进展的总体情况进行讨论，年底总评估的结果将作为下一年度职业规划流程的基础。

这个过程需要管理者和员工持续的沟通、讨论、确认和反馈。管理者随时提供反馈与指导，员工及时地调整自身状态，并在必要时调整职业开发计划。整个过程需要大量的沟通和互动来完成。为了保证职业开发的质量和效果，组织通常把这个流程和互动沟通的过程通过制度固化下来，形成组织中的成员必须执行的管理体系，通过这样的方式，使职业生涯开发真正具有了可以操作的表现形式，使组织能够对其进行管理。

3. 能力开发。在职业生涯管理过程中，真正能够实现员工的职业发展需要通过对人员的能力进行培养与开发，这种开发通常分三个层次进行：

在现在的岗位或职业层级上强化技能的深度。职业开发首先是确保员工的能力水平能够满足当前岗位任务的需要，保证高水平的绩效。因此，第一层次的职业开发是较为基本的，其目的是使员工能有效地完成目前的工作任务。各项开发活动都是针对当前岗位工作要求的内容。当员工的技能深度足以满足现有岗位的要求的时候，员工就可以考虑进一步的能力开发。

在现有的岗位上加宽员工专业技能的广度。当员工的能力、素质和经验能承担其他相关岗位的工作任务的时候，就可以进入职业开发的第二个层次即依据同一团队其他更为复杂的岗位所需的能力要求对员工进行培养。新岗位可能要求员工学习新的技能。通过分析员工希望从事的更为复杂的岗位的能力要求和员工现有的能力，管理者和员工就可以制订弥补能力差距的具体开发计划。

在当前团队之外锻炼新的能力。在员工具备了足够程度的能力水平和适当范畴的技能结构以后，就可以进入第三层次的能力开发。在这个阶段，基于员工的职业发展意向和组织的需要，员工可以争取机会在一个新的团队或岗位上锻炼自己的知识、技能和职业经验，这样的训练可以帮助员工改变自己的职业发展方向。

实现这三个层次的人员能力开发，组织可以采取多种形式。其中最为普遍的、基础的是培训课程项目。培训课程体系要支持人员能力的提升和职业生涯的发展，需要对不同的职业生涯选择提供相应的专门的内容。同时，为了满足组织对人员能力分层次的开发需要，课程体系本身也需要做对应的分层，以适应不同的职业生涯发展阶段。

另外，轮岗、工作辅导、外派锻炼、海外学习考察等形式，同样是非常有效的实现人员能力提升的方法，他们在能力开发的三个层次中各自有最为有效的匹配。例如，轮岗在第三个层次的能力开发中是最适合最有成效的方式；工作辅导对处于第二层次开发阶段的人员最有帮助；培训课程可能会给处于第一个层次开发阶段的人员带来最大的收获（见专栏 11-2、专栏 11-3）。

专栏 11-2　花旗银行的职业发展规划

花旗银行设在新加坡的区域现金交易管理部（RCPMU）每天大概要处理将近 14 000 笔，总值几十亿美金的跨境资金交易，员工必须在规定的时间内保证绝对准确地完成整个交易任务。每笔业务的工作流程包括签名审核、合规性审查等。在业务处理过程中也不是一个人负责一个步骤，而是要求每个员工可以从始至终地处理整个交易过程，无须不必要的请示汇报。还有，员工要处理 12 个不同国家间的资金交易，他们必须对各地的市场环境极端敏感。而客户的要求、客户对服务的期望都会因为客户不同甚至国家的不同而存在差异。这就要求公司员工能够具备提供这样优质服务的素质。

因此，RCPMU 将员工职业发展规划与达到优质高效服务的要求紧密联系在一起，为全体员工制订了全面的职业发展计划，并提供相应的各种培训，通过培训提高生产力水平和服务质量。

续

　　首先，公司从资源配置上大力支持对员工职业发展的所需要的培训。每年公司会拿出薪酬支付总额的10%来作为培训资金，这远远超过了员工职业发展标准所要求的4%，另外，每个员工每年还有8天的培训时间，而标准所规定的时间为4天。不仅如此，公司还建立了一个专门的培训基地，由一个全职的培训协调委员会及时收集员工的培训需求。

　　其次，在员工职业发展规划中，始终强调把员工培训与业务目标联系起来，并在培训计划中为员工引入大量的能力和智力培训。在《员工清单记录》中记录了员工参加的课程和员工将技能运用在工作中的情况，通过这个记录每个季度员工的技能都会得到更新。

　　员工的培训内容与个人的职业发展紧密地联系在一起。公司内部培训课程涉及6大类，包括诸如管理和领导力等课程。同时，公司也提供外部学习的机会，比如去新加坡光环里学院学习，或者前往其他区域机构，接受为期一个星期的交叉培训，以便理解各种业务流程。员工可以根据个人的职业发展规划调整自己的培训需求，包括计划海外派驻任务、求学深造、职业资格认证或者甚至是个人的学习计划。

　　培训的益处可以通过绩效评估来作出估算。在学习课程之前，员工会和他的主管一起讨论培训目标。在课后的培训评估中，主管会对学员的培训效果进行评估，如果不能达到预期的效果，员工将被要求重新接受培训。这种紧密的监督体系能够确保学员得到正确适当的培训，并且达到预期的效果。

　　此外，公司还通过一套系统的复审程序来对培训系统进行评估。公司会组织员工填写课程评估问卷和跟踪评估问卷，并且通过考察培训对工作绩效的影响来评判培训的效果。这些评判依据包括：关键绩效指标（KPI）、客户反馈和员工对课程的反馈意见。

　　通过建立优质的培训系统，员工的服务水平大幅度上升。例如，1997年每个员工每月平均处理1 208笔跨境交易。三年后上升到了2 128笔。单笔交易的平均时间从12个小时缩短到了2.5个小时。

专栏11-3　职业生涯管理体系

职业生涯的管理是一种管理理念的改变。传统的管理理念，强调的是对企业、对流程的管理。而职业生涯的管理表现出更多的对人员的关注，从把员工作为人力资源来管理，逐步发展成为把员工作为人力资本来运用和开发的理念，更多的关注人员本身的特性，包括：职业生命周期、人员能力的开发、职业成熟度的发展等等，强调的是人员成长与开发在组织中的动态管理。其理念的核心就是前面讲到的个人与组织的共同成长。因此，职业生涯不是一个独立的人力资源管理功能模块，而是渗透和体现在组织的人力资源计划、岗位等级系统、能力体系、绩效管理体系、培训开发体系这些人力资源管理模块当中的管理理念。组织中职业生涯管理是通过这些人力资源体系而实现的。

一、人力资源计划

人力资源的计划活动与组织的职业开发的各个阶段相联系，计划的各个部件受到发展观的影响。换言之，根据组织中个人必然经历的各职业阶段——即从一名应聘者到最终退休离开组织，应该如何思考人力资源计划活动。

根据埃德加·施恩教授的研究，按照职业阶段分解人力资源计划活动，显示出四种不同性质的计划。如图11-7所示[1]，每一种计划活动伴随着考虑个人和组织需要的匹配活动：

人事计划——决定何种工作需要有人做，如何获得做这项工作的人力资源；

成长和发展计划——决定如何更好地利用组织中的人力资

---

[1] 埃德加·施恩著，仇海清译：《职业的有效管理》，三联书店1992年版。

续

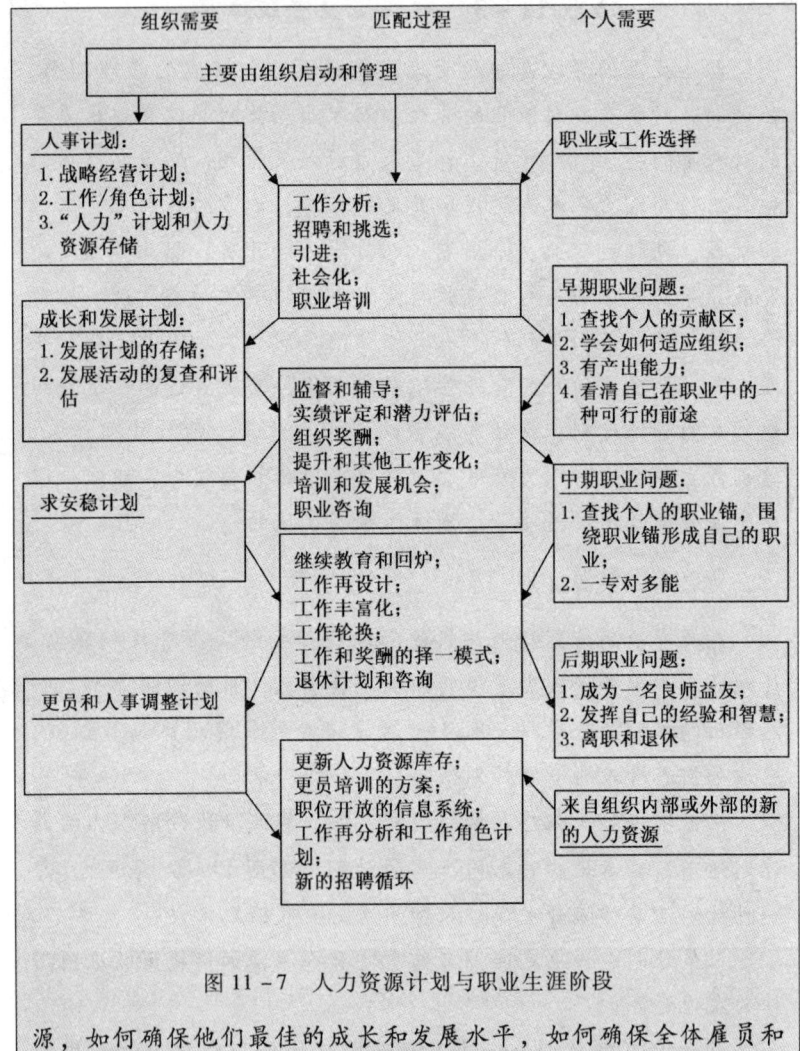

图 11-7　人力资源计划与职业生涯阶段

源,如何确保他们最佳的成长和发展水平,如何确保全体雇员和经理在现有职业中有持续的高绩效水平;

求安稳计划——决定如何更好地应付失去进取心,技能水平

续

下降的状况,雇员随年龄变化,逐渐缺乏提升机会和最终退休;

更员计划——更换雇员的决定一旦做出,设计一种系统既保证组织平稳的进行人事调整,又使员工合理地接受,从而确保适当的更员计划的施行。

这四种人力资源计划活动构成了一个计划循环,它涵盖了任何组织的职业发展过程。每一种计划活动产生出一系列的组织程序,它是使组织需要和个人需要相匹配的工具(见图11-7的中间部分)。需要注意的是,这些活动的主要焦点是组织和组织的需求。它要确保所有层面的职位都有人补充,这些职位上的绩效水平在一定的时期中将始终处于较高水平。但是如果不考虑员工个人特点和在工作中的需要,就不能确保这种组织目标的实现。然而,更重要的是在人力资源计划中应该适当顾及到满足系统中现有人员的需要,人员的职业发展需要一定是在组织的长期目标的要求下的,这样才能最终使组织有效地发挥职能。

二、岗位职级系统

设计职业通道是组织的职业生涯规划管理的基础工作,而职业通道的依据就是组织中的岗位职级系统。通常的较为明晰的职业发展通道多是与企业中的职位序列基本一致的,并且在通道之间搭建可能的横向流通路径。职业路径表明了员工在企业中可能获得的发展机会和发展方向,随着员工在职业路径的前进,员工所担负的责任复杂度、深度和广度加大,对员工的专业知识、专业技能、能力要求也越来越高;职业生涯路径的设计应该支持员工的双轨发展可能性,即在管理路径中的发展和在专业路径中的发展。管理序列只是组织为员工提供的一种职业通道,这是较为

续

单一的。为了避免员工在组织中的发展机会过于狭窄,从而可能导致员工外流寻求机会的问题,组织还应该在管理路径之外,为员工设置专业技术路径,而且在执行的过程中,允许专业路径与管理路径之间转换的可能性,以及专业路径之间转换的可能性。

三、能力体系

组织建立能力体系的目的,是让员工理解为了取得优异的绩效和获得职业的发展,自己必须具备的知识、技能和行为表现。能力体系的创建可以帮助组织进行人力资源规划、员工的职业生涯规划,可以帮助组织招聘优秀的员工,可以引导员工设计出既能反映组织目标、又能反映员工个人发展意向的职业计划,可以帮助组织对员工进行有效的培训。能力体系关注在员工如何为组织创造价值的过程,它在绩效管理中,和关键绩效指标一起对员工提出全面的要求。

在能力体系的建立中,针对每个岗位或职业生涯阶梯都会开发出相应的能力要求。在进行能力评估时,组织和员工个人需要针对员工当时所在岗位或职业生涯阶梯要求的能力水平进行评估,同时还需要针对员工自身职业生涯中短期和长期目标所要求的能力水平进行评估,获知员工自身现状与职业目标的能力要求之间的差距,这样就明确了员工职业开发活动的目标,为将要进行的职业开发活动提供依据。

四、绩效管理体系

职业生涯规划是一个互动的过程,上级和下级在一起进行讨论,将个人的职业目标和组织的战略目标相联系。员工职业生涯

续

规划必须支持组织的绩效管理系统。员工职业目标的达成和组织业务目标的达成互为前提,在绩效目标设定时,员工的绩效目标要与组织的目标一致;在绩效管理过程中,员工会得到上级对他们绩效状况的辅导,上级会引导员工向组织要求的方向发展和寻求机会;在绩效管理周期后期,通过绩效评估与反馈,员工可以了解他们在工作中的优势和需要强化的地方,从而在职业生涯规划中,必须针对这些需要改进的地方,设计相应的培养改进计划,同时制定下阶段的个人发展目标和计划。

在整个执行过程上,绩效管理流程和职业生涯规划流程同时进行,从而体现组织利益与个人利益的有机结合。职业生涯规划的年初规划和绩效管理指标的年初计划同时进行,职业生涯规划的年中评估和绩效管理的中期回顾同时进行,职业生涯规划的年底总评估和绩效管理中的绩效评估以及绩效回报的确定同时进行。在职业生涯规划中职业开发计划的制订也需要参考绩效管理中本年度绩效指标的设计和上一年度绩效评估的成绩。

五、培训开发体系

员工职业生涯规划的核心是为员工提供增强自身能力、提高自己的专业技能、获得更多教育、加深自身职业经验的机会。对于组织来说,通过加深员工技能的深度和广度,就可以帮助员工在组织设计的职业通道中上升,在协助员工达到自己的职业目标的同时,实现组织的业务目标。具体来讲,正如前面章节说明的那样,培训开发需求的一个来源就是进行人员层面的分析,也就是员工的职业生涯发展目标对培训开发提出的要求。这些要求也是基于员工能力水平与职业目标要求之间的差距而来的。

续

员工职业生涯规划需要企业有强大的员工职业开发体系来支撑,业绩优异的公司采用多种开发活动来支持员工技能的发展。以员工个人为基础的职业生涯活动包括自学、轮岗、入职培训、直接上级辅导、导师辅导、工作丰富化;以团队为基础的职业生涯开发活动包括:基于外挂项目的锻炼、管理层培训、文化价值观培训、课堂培训等。

六、职业开发中的人员角色

在职业开发工作过程中,员工、管理者及人力资源开发人员在组织中扮演不同的角色,并承担不同的职责:

员工:

员工需要尽快从被动和服从的态度转变为主动和积极的态度,主动承担起职业生涯开发和发展的责任,尽快提高管理和开发自己的职业生涯的能力。职业生涯的管理与开发,个人应该把握两个方面的问题,一是要尽快改变旧的观念;二是加强学习,提高职业开发技能。这些技能被著名的职业生涯发展专家霍尔教授概括为六个方面:

1. 了解组织中存在的机会、威胁和要求
2. 了解自己追求职业生涯的意义、动机和兴趣
3. 了解职业生涯体系内部的进入、培训和提升的位置和边界
4. 了解该如何构建有利于自己职业生涯发展的人际关系
5. 了解职业生涯发展的时间表和活动选择
6. 了解和掌握有助于有效承担任务和职责的技能和智慧

管理者:

续

　　管理者参与被认为是员工职业生涯开发能否取得成功的关键。管理者在员工职业生涯开发过程中的作用主要表现在以下三个方面：

　　1. 借助于绩效评估面谈的机会，就员工下一步应该加强开发的职业技能进行沟通

　　2. 适时为员工提供组织内部的职业发展机会的信息

　　3. 对员工的职业生涯发展情况作出及时的评价与反馈

　　提高经理和管理人员的职业生涯开发和管理的技能应该加强对他们的培训，让他们勇于承担教练员、评估者、建议者和举荐代理人的角色和责任。

　　在现实工作中，可能还存在两方面的实际原因导致有些主管人员未能有效地参与到员工的职业生涯开发活动中去。一方面是有些主管人员觉得自己缺乏有效指导员工进行职业生涯开发的基本技能，另一方面还有些主管人员由于时间等原因不能对员工的职业生涯发展问题付出太多精力。因此，应该由公司的高层和人力资源部专业人员对直线主管进行必要的培训。公司高层应该就员工职业生涯开发的重要性与各级人员的角色和职责问题进行必要的阐述和强调，人力资源部门应该为他们提供相应的培训课程，提高直线主管人员的专业指导技能。

　　人力资源开发人员：

　　人力资源工作者在职业生涯管理中的角色在许多方面与其他人力资源活动中相同，即确保组织中拥有可以帮助员工实现目标的计划和行动。也就是说，人力资源专业人员在员工职业生涯发展中的主要作用在于为员工的职业生涯开发与管理活动提供基础性的平台支持，包括帮助员工明确自身角色定位和职责；提供各

续

种评价工具,使员工和组织科学合理地评价优劣势和资源;协助管理者做好员工绩效管理和沟通;为组织中的各层级人员提供其职业生涯发展所需的培训、开发活动及各种工具。

总之,员工职业开发结合了人才评估、选拔、开发、激励、任用的各个环节,以结构化的方式为组织有计划地培养战略发展所需要的人才,同时使个人在组织发展的过程当中获得自身的成长,这是当前管理先进的组织普遍认可并采用的人才开发方式。这种方式能够使组织的人力资源管理的各个功能模块有机地结合和互动,整体性地为组织提供有效的支持,实现组织的业务目标。

七、人才培养的组织管理

对一家大型银行而言,如何建立高效的人才培养管理体系关系到整个培训目标的实现,关系到员工素质的改进,关系到银行可持续发展问题,国际一流银行都在人才培养管理体系方面投入了大量的资源。国内银行更是如此,庞大旺盛的培训需求和培训供给能力之间存在的巨大差距是培训工作的制约瓶颈。

在人才培养管理组织体系方面,有几种模式:

第一种是建立独立的培训部门。由这个部门负责培训需求的采集、培训项目设计、培训项目的实施和评价。主要强调技能类培训,以内部培训为主,专注于解决企业当前业务发展的问题,一般依靠外部培训公司提供服务。

第二种是由人力资源部门负责培训工作。一般会在人力资源部门内设专门的团队,进行人才培养管理。其特点与第一种方式基本相同。

第三种是成立专门的培训大学。由这个大学负责企业内部的培训工作。服务对象由主要对内转向以对外为主,辅助建立上下游的战略关系,是一种长期战略投资,盈利成为其中的目标之一,适用于企业战略稳定、资金雄厚的企业。

企业大学作为当今企业运作它们的学习机构的新型模式,获得了越来越多的企业的关注。企业大学是个特殊的机构,它承担的不仅仅是人才开发培养的责任,更多的包括企业文化的确立和传播者、企业发展变化的驱动力、新技术或业务模式的创新者、甚至是企业形象的代表等多种角色,但最终是为企业发展的战略服务(见图11-8)。

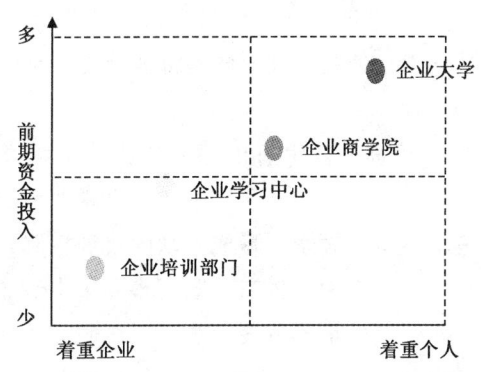

图11-8 培训矩阵

第四种是由人才培养管理部门、培训大学共同完成培训工作。人才培养管理部门负责培训计划管理,培训大学负责具体项目的实施。

八、提升人才培养的供给能力

银行的人才培养工作,距离银行和员工对培训的需要还有较大差距,培训项目的供给还远远低于现实需求,按照实际需要提供充足的培训项目的任务相当繁重，个性化和针对性培训非常稀少。要改变这种状况，就要在培训需求的调查和挖掘、培训项目的开发和组织、培训课程的设计和创新、培训师资的建设和管理、培训中心的创建和完善等方面狠下功夫，不仅培训项目的数量供给要跟上需求，而且培训项目的供给质量要迅速提高。一般银行可以采取以下措施：

1. 加强培训中心的建设，使之成为培训项目供给的平台，有基础的情况下，可以采取银行内部大学的运作模式。

2. 建立行校结合的互补性培训机制，充分开发和利用高校的培训资源，聘请高校的一些教授、专家进行培训，尤其是在学历教育方面，高校更有优势。

3. 开发建立远程培训系统，创建丰富的个人学习网站，进一步提高培训的受训面，使员工随时随地都能获得培训信息，掌握最新的培训内容。

4. 要培养一批培训师。银行内部人员比较了解实际情况，在实践中、领导岗位上、产品创新研究中作出卓越业绩的人员走上讲台，进行案例教学、示范教学，形成互动的培训机制。

在培养的方式上，要大胆创新，既要举办集中性的培训，也要设计和实施系列个性化的培养方案；既要离岗脱产培训，也要狠抓在岗培训；在开展境内培训的基础上，还要组织中长期的境外培训，扩大核心人才的国际视野，学习国外同行的成功经验；既要有课堂讲授、专题讲座等传统培训方式，还要有案例研讨、小组讨论、情景模拟、拓展训练、个性化辅导等多种新的培训模式；既要重视理论知识的讲解，也要加强实践经验、管理艺术的交流和学习；既要通过实际的岗位和具体的工作来锻炼和提高管理能力，也要通过实施现代化的管理测评技术来查找管理差距，为开展针对性的培养提供决策依据（见专栏11-4、专栏11-5、专栏11-6、专栏11-7、专栏11-8）。

专栏 11-4 摩托罗拉大学在组织需求变化中的灵活定位

作为企业学习组织的领头人,摩托罗拉大学所具备的职能远不止于一般的公司培训。它不只通过培训满足摩托罗拉的业务需求,而且辅助公司提升形象。

长久以来,摩托罗拉大学在各个不同的发展阶段,协助摩托罗拉达到经营目标的过程当中扮演了重要的角色。正如摩托罗拉大学的使命中所提到的,它是:

1. 摩托罗拉的变革驱动者;
2. 为摩托罗拉全球员工提供培训、发展和教育;
3. 成为摩托罗拉经营价值链中的一部分;
4. 对摩托罗拉所有员工来说,它是摩托罗拉价值观的捍卫者和传达者。

摩托罗拉大学成立于1981年。那时的摩托罗拉正处于电信行业高速发展的阶段,企业自身也是高速成长,正在电信市场中努力开拓。在这种情况下,摩托罗拉需要员工具有扎实先进知识和能力帮助公司实现目标,同时需要形成质量导向的企业文化和经营模式。摩托罗拉大学作为一个培训中心成立了,它致力于培养员工职业技能和公司整体解决问题的能力。它为员工提供技能培训,加速公司文化的形成,辅助文化的推广与深入。

1985~1995年是摩托罗拉快速发展的时段,它已在电信市场站稳脚跟,需要进一步探求如何广泛深入地发展业务。摩托罗拉要求员工清楚组织下一步的发展目标。摩托罗拉大学仅仅作为培训中心已不能满足组织需要了。在这一阶段,摩托罗拉大学把它的角色扩展为培训中心和教育中心。这个教育角色不仅是拓展

续

摩托罗拉员工的技能,更多的是拓宽他们的视野,让他们了解整体市场以及公司在这个市场中的位置与机会。这不仅帮助员工关注自身工作以外的广阔视野,使他们具有全局观,帮助摩托罗拉向更高目标进军。

1995年后,摩托罗拉进入成熟和稳步发展阶段。摩托罗拉需要总结它快速发展阶段的成功经验和缺失,这些将成为公司的财富,不会随着人员的改变和组织的变化而流失,从而帮助公司的未来发展。这时的摩托罗拉大学的重点从人员的开发转变到知识管理。它帮助公司收集知识和经验,把它们编入课程,之后通过一系列不同的培训项目传播给所有员工。这不仅为公司完善地管理了珍贵的知识财富,而且逐渐将这些做法形成方法论,使摩托罗拉持续地妥善管理和应用这些无形的财富。

在之后的很长一段时间里,摩托罗拉也和整个电信行业一起经历了一段困难时期。1998年和之后几年,摩托罗拉的年收入从27%下降至5%。为了生存和发展,摩托罗拉不得不以拓展业务、节省开支来维持业绩的增长。这对摩托罗拉大学有着重大影响。摩托罗拉大学重新考虑自身的角色,它采取措施改变自身管理架构和运行方法,节省开支,支持公司经营目标。

总而言之,无论公司如何变化,摩托罗拉大学总是及时调整自身角色,坚持和摩托罗拉一起肩负使命。即使在最艰苦的时期,摩托罗拉要求它的全体员工一年参加40个小时的培训,摩托罗拉大学帮助公司实现了这一目标。在如今,摩托罗拉大学致力于培训业务管理人员解决组织中的重要事务,从而帮助摩托罗拉持续盈利。

专栏 11-5 西门子管理学院用结构化的课程体系系统地开发本地化管理人才

西门子的学习系统事实上是系统的人员发展计划。包括新员工培训,人才开发和员工再培训,涵盖了职业技能,沟通能力和管理技能等各层面。在此系统里,西门子管理学院,作为最重要的员工再培训的机构,已成功为公司开发了本地化的管理队伍。

西门子管理学院在西门子全球公司中建立一系列统一的培训项目,使全球的西门子员工受到规范化的培养,以确保管理队伍的统一的高质量。

西门子管理学院提供一个非常成熟的人员发展系统,非常完整,从初级的管理后备人员到公司关键的高管人员,每一层级都设置了相应的管理培训项目。课程设置与人员职业发展相匹配,不仅帮助员工更好的胜任现有职位,而且帮助他们寻求进一步的发展。

表 11-2 是西门子管理学院的系统性的管理课程体系的示例:

表 11-2 西门子系统性管理课程体系

课程层级	目标人群	课程目标	内容概要	运作方式
S1 高管课程	关键岗位上的高管人员和高管后备人才	人员和战略	• 人力资源和经营战略相结合 • 全球新经济的理解 • 电子商务 • 新型组织中的领导力	1. 培训模式 • 论坛/研讨会 • 远程教学 • 多媒体 • 项目/课程 • 其他 2. 各层级课程长度 1~10 个月 3. 中国西门子管理学院负责中国和其他亚洲国家的 S4 和 S5 的培训
S2 领导力课程	能影响全球西门子公司业务的总经理,例如对公司业务结果负责的总经理	领导力和创新;将企业家精神发展延伸到高级领导力	• 全球化 • 电子商务和新经济 • 领导力和反馈技巧 • 公司文化和文化管理 • 组织战略和变革管理 • 本地化管理和文化差异	

续

续表

课程层级	目标人群	课程目标	内容概要	运作方式
S3 企业家课程	在单一职能部门有多年经验,并准备接受跨部门管理责任的管理人员	发展企业家能力	• 有效企业家管理技能 • 企业家/领导力行为 • 创新和变革 • 经营战略 • 先进财务和股东价值理论 • 客户和市场分析 • 经济和电子商务的挑战	课程的开发和实施。
S4 管理开发	准备在12月内提升的可以承担较高管理职责的管理人员	开发管理才能	• 管理团队和团队角色 • 财务知识 • 部门将业务沟通与掌握 • 领导能力要求下的深入沟通能力 • 通过平衡计分卡实施战略 • 西门子的人力资源系统 • 有效组织相关部门的协作 • 改善经营和项目管理	
S5 管理基础	公司内任职不少于3年,具备一定潜力,在2~5年内有望提升至管理岗位的员工	自我管理能力开发和团队建设	• 了解西门子的远景/使命、中心价值和目标 • 项目管理技巧和自我管理 • 团队工作和人际关系技巧 • 领导才能和人员激励 • 通过网络技术的自我开发 • 潜能开发和职业发展 • 改善经营和项目组管理	

续

　　西门子管理学院帮助公司开发员工的潜力，使他们的潜能尽快的转化为公司发展所要求的能力。员工其实可以依靠自身努力完成这个过程，但是西门子没有任其发展，而是为员工提供了结构化的培训体系，帮助他们在进入新的岗位之前就做好相应的准备。整个过程都是有计划，有组织的，有助于管理人员进入新岗位时减少适应阶段的损耗及管理开支。

　　西门子利用这个完整的体系，从内部培养高级管理人员，以确保他们充分的理解和把握西门子的业务，从而减少可能的执行错误，因此相应降低管理风险。

　　而且，西门子管理学院的成功和特点使它成为西门子公众形象的重要组成部分，帮助公司提升品牌形象，以更好吸引外部人才和保留内部人才。因此说，西门子管理学院为西门子带来的价值，远超出了一般"学习机构"本身的意义。

专栏 11-6　花旗银行通过实施电子化学习提高员工培训系统的成本收益

　　与其他的非亚洲金融机构相比，花旗银行在亚太地区的银行业务网络仍然是最广的。目前，花旗银行已经在全世界16个国家和地区拥有了分支机构，为许多公司和金融机构提供综合性的金融服务。

　　为了提高公司的成本收益和客户服务水平，花旗银行利用网络技术为新加坡和香港的员工提供在线学习项目。通过采用电子化学习软件平台，银行为员工制作各种在线课程，采用电子化方式进行银行政策、服务标准、营运程序和金融产品等方面的培训。

续

与传统培训方式相比,电子化培训具有以下优势:

1. 员工可以根据自己的学习进度,随时登录在线课程,并且根据个人情况灵活掌握学习时间;

2. 培训经理则可以根据学员在线学习的记录来查看学员的课程选择、学习进度,以及学习成绩;

3. 培训中心可以通过网络使得位于世界各地的员工都能方便地访问到所学课程的材料;

4. 简化了课程制作的复杂度。通过软件工具的指导,咨询顾问能够把丰富的文字材料和各式各样的多媒体材料结合在一起,编写出内容丰富多彩的课程材料。编写完成后,可以通过网络将教材传送到在线培训中心,由各个部门的对口专家接任该课程的教学任务。

除了进行电子化培训,花旗银行还将电子化学习的范围扩展到了知识管理上面。通过在电子化学习的软件平台上建立一个电子化培训和知识管理的综合解决方案,把在线课程学习和在线知识管理(比如管理紧急的信息更新、备忘录和其他公司的信息)结合在一起。

电子化学习利用网络技术,在全公司建立统一的培训环境,极大地降低了课程制作、传输以及评测的成本。

专栏 11-7　企业大学的发展与特色

企业大学在逐步发展过程中出现了许多形式。有些企业大学运作得更像是企业而不仅仅是大学;另一些则仅仅是在原有的培训部门配置了标有学院课程名称的传统的课程。

续

对于一些企业来说,将原有的培训中心冠上企业大学的名字就足够了。这种表面意义的企业培训机构已经能够使企业中的人们感受到进步和创新,而不会对企业的固有传统带来任何改变和影响。更多的注意力会被引向新的设施、授课技巧的改善、以及更加丰富有趣的课程。但是,除非学员的选拔与学习是与企业的目标要求相一致的,否则这种形式不太可能给企业的战略、盈利、创新、和竞争优势带来显著的改变。

相比较而言,一个更加出色的企业大学的形式叫"驱动型教育计划"。这种企业大学可以帮助企业完成公司范围的活动、业务计划、或项目等。摩托罗拉大学就成功地推动了摩托罗拉的质量改进。它甚至参与摩托罗拉的战略规划并协助公司进入全球各地的市场。企业大学新兴的功能还包括它在企业全球化、劳动生产力、流程改善及管理授权等方面的领先性思维。

变革管理型企业大学致力于协助公司完成内部重大的变革管理和转型。但是,一旦达成变革目标,这种企业大学必须做好彻底改造自己的准备。虽然总是有需要面对的新理念和需要管理的新变革,但是变革管理型大学必须在每次公司目标或领导层发生改变时,都要经历一次自身的变化。例如,国家半导体公司的企业大学1990年在公司内部推动了一场领导力变革,在此之后,企业大学将其重点转向了技能开发的项目。

领导力开发型企业大学的典范莫过于通用电气位于纽约克洛托维尔的管理发展学院。这家学院有史以来一直着重于为通用电气开发经理人和领导人。随着首席执行官杰克·韦尔奇将其作为训练和同化新经理人的工具,通用的企业大学也进入了一个新的生命周期。克洛托维尔已经推行了诸如"冲出困境"及"加速

续

变革的流程"等项目。在此过程中,它的成功说明了这样一条原则——最成功的企业大学是那些具备以下条件的机构:(1) 获得公司 CEO 的支持;(2) 重点单一而且明确。

业务开发型企业大学能帮助公司寻找机会并开发可能的业务。如果一个企业需要在国外开办新的办事处,它的企业大学可以帮助员工做好应对新环境的准备,帮助他们了解新国家的情况,进行市场调研、人员招聘和开发,还可以支持相关流程。值得注意的是,这些活动要求企业大学具备与普通培训部门相比截然不同的技术和能力。

客户/供应商关系管理型企业大学与业务开发型企业大学较为相似,它注重于在客户/供应商关系方面培养和管理企业员工、领导者及供应商。这种做法在生产型企业如福特公司当中较为普遍。

基于能力的职业开发型企业大学注重个人技能的发展和职业生涯开发的过程。它通常包含了绩效管理系统的开发或参与到职业发展活动中去。

大多数公司会要求企业大学向高级管理者或董事会提供一套可以衡量和评估的数据,这套数据与评估其他业务的标准数据不同,它所涵盖的内容包括:培训占薪酬的比率、学习的天数、学习费用、提供的课程和项目、受训人员流失率的降低、改进的劳动生产率(进行培训前与培训后的评估)、讲师薪酬成本的节约、关键营销培训所带来的销售额的增长、目标与绩效水平的对比以及利润与绩效的对比等。

传统的企业培训是人力资源部的一项职能。企业大学的成功证明了学习需要独立于传统的人力资源流程。许多人力资源的功

续

能注重于历史的积累和年度的审核。在企业大学里,学习成为首要关注的方面,员工应该主动为提高其工作业绩而不断学习,而不是简单地在企业要求下去学习。企业大学的运作远远要比其与人力资源的关系重要的多。

在研究中显示,大多数的学习组织由它们的企业资助,并作为成本中心进行运作。它们通常是作为企业预算的单项费用,或者将实际费用计入参加培训的业务部门。这两种方式各有其优势:当业务部门有可能把资金转而投在其他事情上时,单项列支的做法更可取;另一方面,对内计费系统则清楚地体现了业务部门对企业大学的认可。

专栏 11-8 大通曼哈顿银行培训的成功经验

一、培训重金投入

大通曼哈顿银行重视培训、重视人才的主要表现形式是在对教育费用的重金投入上。因为这是一种投资,可以带来长期稳定的巨大收益。它们平均每年对教育经费的支付就达 5 000 万美元。而且,如果在银行工作满半年以后,没有单位的可直接申请入学,由银行提供全部费用。重金的投入加快了人才培训的步伐,也间接地加速了大通曼哈顿银行内部素质的提高。银行内部素质的明显提高,使得大通曼哈顿银行在资金的投入上更加增大,就去年来说又增设了几个培训项目,资金又增加了 2 000 万美元。大通曼哈顿老总裁曾说过:企业的实力是一定要让人才队伍超前于事业发展,才能更快地适应国际金融市场并得以发展。

续

二、培训机构的人员职责

大通曼哈顿银行设置专门培训机构和专职人员,他们的人事管理部门下属的1~5个培训处都有足够的人员抓培训工作,大通曼哈顿银行的职员培训部门由83个有经验的培训管理人员组成。他们的主要任务是:

1. 为领导提供员工教育的有关信息,如本年度培养的具体人员和对其培训的基本项目,及其培训的结果,对各学员的心理素质的培训尤为重视,每个学员都要在培训部门所设的各种各样的困境中,战胜并超越自我,最后才能真正占有一席之地;

2. 负责银行领导与员工之间的信息交流,培训部定期让员工与银行领导会面,把自己心里的想法和愿望反馈给银行领导,这样直接地沟通了员工与领导之间的思想,并缩短了他们之间的距离,为日后工作的发展起了很重要的作用;

3. 根据银行领导或董事会的要求,组织员工撰写个人年度培训计划;

4. 组织落实各种培训工作,如他们的职工教育技能培训可分月进行,趣味性的培训每周二次。这种培训机构完成了银行的各种培训计划。

三、培训的制度化管理

1. 年度培训计划的执行。认真执行年度培训计划是大通曼哈顿银行每年必做的一项工作,银行要求全体员工每年要搞一个自我培训计划,并做到切实可行。如某员工在自我培训计划中这

续

样写道：1月~2月，对银行内部的基本环境和结构做一次调查。2月~3月，对自身不足之处和对银行的不满之处做一个系统的总结。3月~7月，主要对自己不足之处加以改善。7月~12月，对银行的不足之处提出更好的建议。大通曼哈顿银行的培训计划，是在员工提出的新一年培训计划基础上，由总行制定，再由员工选择，如微机、写作、银行新业务等。然后，交员工所在部门审核并报上级部门。最后，由培训主管部门汇总、实施。

2. 培训与晋级、提升、奖金紧密结合。大通曼哈顿银行把培训与晋级、提升、奖金紧密结合，使用这种办法极大地调动了员工主动参加培训的积极性。在大通曼哈顿银行搞了一个员工鉴定表，每人每年都要填写一次，其中是否参加培训是重要一栏，这一栏的好坏关系到将来提资晋职的机会，在这方面大通曼哈顿银行的员工深有体会。大通曼哈顿银行还把培训与奖惩政策结合。在银行规定表上有这么一条："凡无正当理由且多次拒绝参加培训者，银行予以解雇"，以此来推动全体员工参加培训的积极性。

3. 领导身体力行。在大通曼哈顿银行，这对每位领导来说已经是极为普通的事情。大通曼哈顿银行员工培训的成效与其领导带头参加培训是分不开的。在大通曼哈顿银行为了使高级主管了解新的信息，经常对他们进行快速培训；有时还要送到有关大学专门培训。大通曼哈顿银行每年也要抽出一部分时间培训银行领导等各级官员，该行教育工作主管曾把培训工作的主攻方向放在银行领导上。

四、典型培训项目

1. 新员工培训。大通曼哈顿银行的分支机构遍布世界各地，

续

员工有 8 万多人。2007 年,他们把在国外招来的新雇员调回国内进行 2 年岗前培训,并在会计、信贷等四个主要业务部实习半年,然后再派到其所在国家工作,这种做法受到银行领导的赏识,也受到这些新雇员的欢迎。一个企业不能固步自封,必须学习他人的长处,吸收外国的新知识更为重要。所以,大通曼哈顿银行的本地员工工作期满 6 年者就可前往国外分文机构考察。大通曼哈顿银行的老总们非常相信"百闻不如一见"这句话,他们说:让员工在国外住上一段时间,获得宝贵经验,自然而然就产生了国际性构想。职工有这样的构想,对企业将大有裨益。除此之外,本部每年又选派业绩较好的七八个分支机构的老板,前往日本东京的三菱和住友银行实习两个月,这个制度也广受员工好评。

2. 资助学历教育。大通曼哈顿银行要求技术性较强的工作岗位人员要具备一定的学历。为此,有些员工积极申请参加学历或学位培训。银行负责支付全部费用,学习人员的工资照发。但规定,只能业余时间学习。建立这种"资助自我开发"制度,企业自然增加了部分开支,但从长远看至少有两大好处:一是公司规模扩大时职工可以内部流动,尽快投入较大的工作空间;二是在公司进行技术调整时下岗职工可以增加谋职机会。

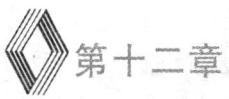

第十二章
培养持续性的卓越领导力

领导力开发是国际公司普遍采取的高层次人力资源开发的通行做法，也是人力资本管理的核心，其内在的原因在于：第一，国际性公司虽然可以从外部市场选聘经理人，但是其成本很高、风险较大，在没有实践之前，很难预测从外部选聘的经理人是否能够成功驾驭管理企业，实践也证明，很多空降兵团都失利了；第二，国际公司一般都是跨国经营，经营的产品复杂，需要一批管理人才领导公司内部的各种子公司、事业部、分公司，如果没有系统的人才开发，难以保证公司的人才供给；第三，在人才市场化的背景下，领导力的开发实际上也是留住人才的重要方式，在这样的开发过程中，进一步强化公司的文化和理念，增强团队精神，不断提高人才的能力；第四，也是最重要的，领导人才的缺乏常常制约甚至断送了企业的发展前程，麦肯锡的一项关于人才的研究报告表明，美国80%的公司因为没有卓越的领导人才而丧失了发展机会。总之，领导力开发在国外大型公司得到了高度重视。

国内公司，包括银行也在领导力开发培训方面投入了一定的资源，但总体上对这一领域的认识还停留在自发的状态，缺乏系统性和针对性。主要的原因是：第一，国内公司普遍缺乏持久经营的文化，管理者更关注短期效果，认为员工流动性大，培训投入产出效率低，员工心态浮躁，中小公司的平均寿命只有 3 年左右，缺乏形成领导力开发的基础；从另外一个方面讲，这也是公司经营失败的重要原因。第二，国有或者国有控股公司的经营时间长，但是国有企业的领导者一般都是由上级主管部门或者控股公司选派，公司领导层培养领导者的责任不明确，上级主管部门决策受多种因素影响，与下属公司管理者缺乏直接的接触和了解，培养的针对性差。第三，国内市场经济体系正在建立之中，市场化的领导力培养方式还没有形成，也缺乏相应的理论指导，手段方式还比较单一。因此，本章专门就领导力开发问题介绍一下领导力开发的理论和先进实践。

一、领导力开发的基本方法

美国领导力研究学者 Robert Gandossy 和 Marc Effron 在 2002 年开展了一项关于领导力的研究，他们对当时 500 家大型跨国公司中的 240 家公司的总裁和人力资源总监进行了问卷调查，对 50 家公司的上千名领导人进行了深度访谈，并对 25 位著名的人力资源专家和领导力专家的研究成果进行了集中分析。2003 年，他们又对美国的 320 家公司和欧洲和亚洲的 300 家公司进行了问卷调查。在这些研究的基础上，筛选出了 20 家在领导力开发方面表现卓越的顶尖公司，包括 IBM 公司、微软公司、通用电气、戴尔公司、英国石油公司、家居货栈、高露洁等知名国际企业。他们研究的三个基本结论是：

1. CEO 和董事会是领导力开发的源泉。在这些顶尖企业，CEO 不仅要支持方案的制订，还必须积极参与进来，积极进行沟通反馈，并提供激励、热情以及其他必备的资源，这是非常必要的，没有 CEO 的帮助，领导力开发就不可能成功。这些公司的

CEO 的重视，不但是在形式上或者口头上，而是具体参与整个过程，具体表现在：（1）CEO 或者董事会成员至少要将 1/4 的时间用于领导力的开发，有的甚至超过一半的时间；（2）CEO 或者董事会成员亲自参加领导力开发的项目或者论坛，与公司优秀人才一同探讨问题，了解公司优秀人才；（3）CEO 或者董事会成员会对每一位继任者的工作情况和业绩情况进行认真评价，并与这些人才进行讨论反馈。

2. 高度关注优秀人才。首先，这些公司都会对各层次员工进行评估并制定严格的纪律，确保将合适的人放到合适的岗位上。其次，他们将优秀的员工不断放在具有挑战性的岗位上接受锻炼，只有与舒适的环境隔绝，高潜质的人才才能得到真正发展，在一般性的公司，拥有 10 年工作经验的管理者可能只有 1 年的领导经历，而在优秀公司，领导们会在 2 年内得到了 5 年的工作经验。最后，这些公司都非常关注优秀人才取得的成绩以及取得成绩的过程，并在奖励和职务升迁上给与体现，如果没有这一步骤，也无法将优秀的人才真正选出来。

3. 设计恰当的领导力开发系统并正确地执行。这些顶尖公司领导力开发系统一般包括三个部分：定义需求、设计措施、组织实施。在定义需求阶段，就是认真分析公司情况，建立业务战略与领导力开展战略的连接，公司领导者最关心如下问题：

（1）我们需要的是什么？
（2）我们现在有什么类型的核心领导能力？
（3）明天会需要什么类型的领导者？
（4）我们应该怎样并从哪里获得这样的领导力？

在对上述问题回答的基础上，发现、评估、开发和奖励公司的优秀人才。比如，IBM 公司的郭士纳在接手公司后，首先对公司的发展方向进行了分析，确定了公司需要进一步提升的能力，然后开始了大规模的人才选拔计划,他和高层管理者亲自参与,选拔了一大批优秀的新人担任管理工作,直接推动了新战略的实现。

在组织实施方面,一般是最高管理者直接推动,人力资源系统提供工具和方法,国内公司经常是人力资源系统组织实施,由于缺乏高层管理者的参与和认可结果常常比较被动和不理想。

二、领导力开发系统的设计与实施

设计和实施领导力开发系统,是人力资源管理的高层次活动,可以借鉴如下的方法:

(一) 企业战略图

一个企业在不同的发展阶段和不同的竞争环境下,会有不同的竞争战略,按照波特的理论,企业战略可以分为成本领先战略、差异化战略、市场集中战略,按照产品分为新产品和老产品,市场分为新市场和现有市场,两者的组合将市场战略分为市场领先战略、市场挑战者战略、追随战略、补缺战略。

按照经营面临的变化数量和公司战略要求的回报率这两个指标,企业的战略可以分为回报战略、增长战略、变革战略和渐进战略。回报战略主要关注降低成本、提高效率、流程优化,采取这种战略要将公司的绝大部分资产都投入到这方面,确保成为同类产品和服务的最优供应商,并拥有更高的效率。增长战略关注收入增长,市场份额、销售、新产品开发和创新等就成为关注的重点,在一定时期,公司会把收入的增长看得比利润更重要。变革战略则说明公司正在进行大的并购、行业正在进行大的变革或者财务危机。渐进战略以适应可预见的变化和环境为目标,关注所有业务中发生的经验性变化,渐进战略需要的是规范管理,而不是强有力的领导。

根据企业的战略，结合在素质模型中提到的建立素质模型的方法，就可以建立战略和核心能力的关联，图12-1是一个例子：

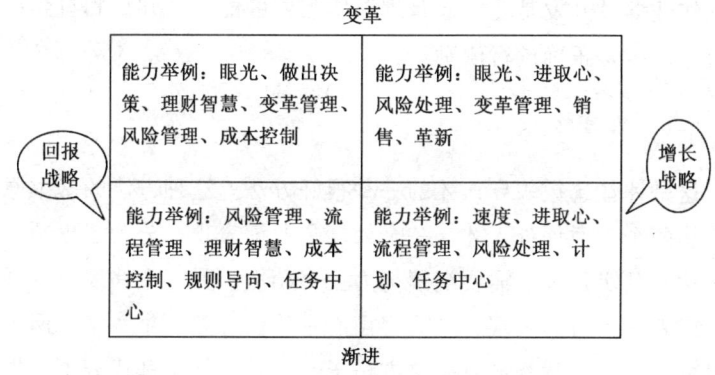

图12-1 战略和核心能力关联矩阵

（二）领导力发展周期模型

在找到战略与能力的联系以后，就可以设计领导力开发的流程，图12-2清楚地表明了这一过程：

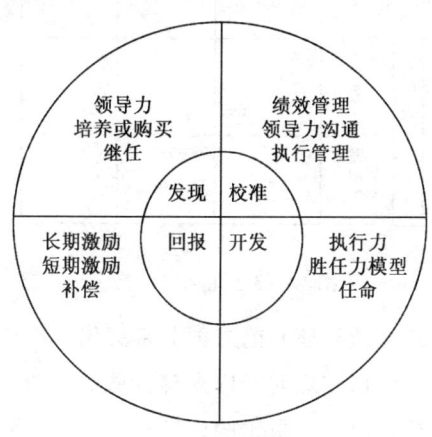

图12-2 领导力开发周期图

发现是研究如何实现业务目标所需的管理者,要平衡内部培养和外部引进之间的关系。校准是保证领导者根据业务目标调整并完成工作任务。开发是建立起管理层所需要的能力、知识和自我认识能力。回报是正确进行激励。

(三) 九宫格

这是评估选拔领导人才的一种很好方法。这种方法的基本原理是:从两个方面评价人才,一个纬度是业绩表现,分为超出预定目标、达到预定目标、需要继续努力三个档次;另一个纬度是发展潜力,或者称为行为表现,分为突出、中等、一般三个水平,两个纬度组合在一起,就构成了9个方格子,每一个格子都代表了一类员工,针对不同类的员工实施不同的开发计划(见图12-3)。

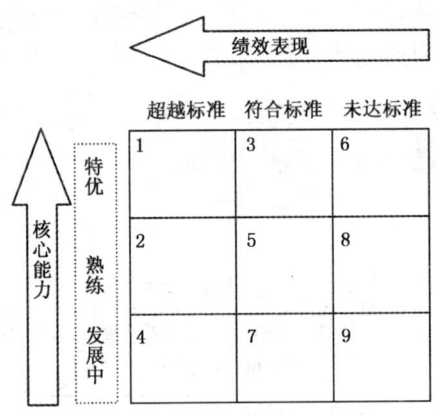

图12-3 九 宫 格

方格一:工作业绩和核心能力都非常突出,应该成为重点培养对象,如果可能,应该在短时间内安排合适的新职务,使他们迅速获得晋升。多数公司对这类员工的认定非常谨慎,事实上,如果这些人才在内部缓慢的作业过程中失去耐心,就可能对现有的工作产生懈怠，如此一来，组织的损失很大。

方格二：在现有的岗位上业绩表现很好，但能力表现一般，对这类人才，应该加强对这类人员核心能力的培养，激发他们的潜能。

方格三：能力非常突出，但是业绩表现一般，对这类人才关键是针对其优势，指派他们更具挑战性的任务，或者通过安排他们从事多样性的工作，以鼓励这些人才展现出更好的绩效成果。

方格四：这类人才在工作上表现优异，但是核心能力较弱，需要认真分析问题，查找原因，通过激励性的培训，缩短能力差距。或者适当轮换岗位，发挥其能力长处。

方格五：这类员工属于在绩效和能力方面都达到要求，但不是特别突出，应该说大部分人都属于这个方格，对这些员工，要进一步激发他们的工作热情，树立较高的工作目标，尝试给与更多的权限和工作职责。

方格六：这类人员一般是刚刚晋升上来的员工，他们过去表现很突出，但在新的起点上，有新的工作要求，因此关键是有导师指导他们做好工作，尽快提高绩效。

方格七：这类员工能力不突出但工作绩效基本达到要求，说明其工作还是很努力的，但是能力的提高需要一个过程，应该要求其在既定的时间内尽快提升核心能力。

方格八：这类员工工作绩效没有达到标准，但基本素质相对合格，因此要加强工作方式方法的指导和培训，尽快提升绩效水平。

方格九：这类员工目前的表现是双差，若不是意愿上的问题，应该考虑是否调整这一员工的工作岗位或鼓励他到别的公司工作。

三、领导力项目开发

根据需求开发培训项目是一个普遍适用的思路，下面是领导力项目开发流程（见图12-4）：

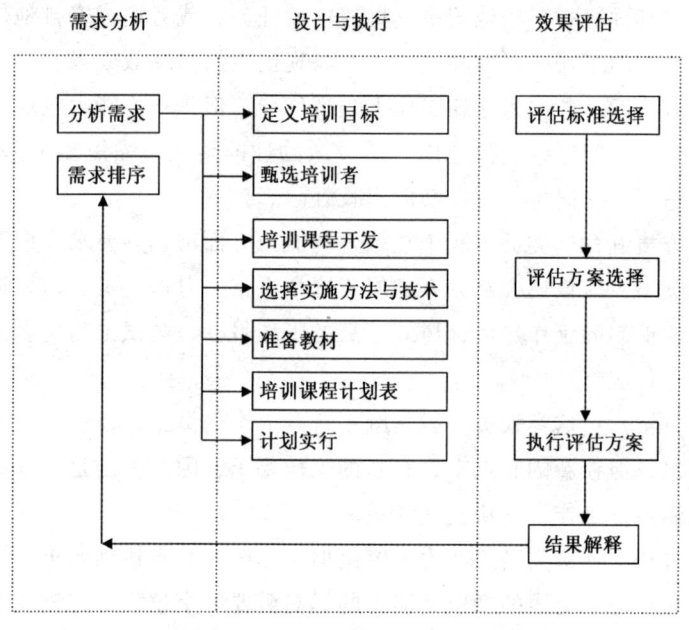

图12-4 人力资源开发与培训实施过程模型

在设计具体的领导力项目时，主要有如下形式：

1. 工作委派。针对特定对象的培养目标、能力差距、工作经历、公司战略等因素，委派新的工作。在新的工作岗位上，既是观察的过程，也是提高的过程。

2. 工作轮换。为了从多方面提高和锻炼，有计划、有针对性地调整培养对象的工作，使其经历丰富，国外公司对新员工也经常采取这种方法。

3. 导师制。这种方法是为每一个继任者指派一个指导老师，这个指导老师可以是继任者的上级，也可以没有汇报关系，更多的时候是没有汇报关系。导师定期和继任者进行谈话交流，继任者遇到的问题可以随时与导师沟通。通过导师制，要改进管理者的行为，对管理者进行评估。

4. 管理培训。这种项目一般是为管理者设计开发的，主要目的是让管理者能够适应新的管理工作，掌握基本的工作方法和规律，学习基本的管理问题的处理方法。很多公司这类培训分为不同的级别，如初级管理者培训项目、中级管理者培训项目或者高级管理者培训项目等。

5. 实际演练。这种方法借助计算机和软件，模拟一定的环境，通过解决模拟条件下的问题来提高管理者的能力。这种方法目前使用的非常普遍。

■ 四、继任者计划

继任者计划（Successor planning）有的翻译成接班人计划，是为关键岗位培养接班人的人才培养制度，以确保公司的持续经营和健康发展。很多著名公司都有专门的继任者计划，这也是领导力发展的重要方式。国外公司的一般做法是：（1）根据公司战略和发展目标确定重点要提升的核心能力；（2）针对这些能力要求细化到具体的岗位标准；（3）每一个关键岗位都要有继任者，甚至可以分为第一人选、第二人选；（4）具体人选由业务部门为主确定，人力资源部门要制定统一的政策、资格或者标准；（5）要对每一个继任者安排针对性的培养，对其业绩和发展潜力进行评估，在这一过程中，高层次管理者都会参与；（6）建立候选人的档案，详细记录培养的目标、过程、目前的能力和绩效结果;(7)及时将继任者选拔到合适的岗位上,并从激励方面给与充分考虑。这一过程与前面讲过的领导力开发过程是一致的。

花旗按照选拔现任领导的基本标准与程序选拔继任者,如果行内缺乏某重要职位的有竞争力的继任者,花旗就会瞄准人才市场上的某个目标,并伺机据为己用。花旗主要从大学生中招聘培养管理人员,花旗高层管理人员中,78%以上具有硕士以上学位。

有材料称,花旗银行董事长办公室里有一间密室,内有很多牌板,每个牌板上都贴着花旗银行高级管理人员后备人选的姓名和照片,专供高层领导选人时使用。据说,沃尔特·瑞斯顿在任花旗董事长的 17 年间,他和助手们在这间密室里花去成千上万个小时,把牌板上的名字和照片移来移去,为的是挑出最合适的人选,并把他们安排到最合适的岗位,以最大限度地发挥其才能,为花旗创造出最大价值。当时,还形成了一个固定的制度:每个季度一定要抽出一天时间,把他的高级同僚们集中到这间房子,讨论牌板上的人的升迁和移位,讨论哪些职位出现了空缺,哪些人能填补这些空缺,哪些人的位置需要挪动。

花旗银行前董事长瑞斯顿是如何选拔和培养自己的接班人的呢?有材料称,经过层层筛选之后,有三个人进入其视野:托马斯·西奥波德(40 岁,国际业务与公司业务主管)、约翰·里德(40 岁,消费者业务和个人储蓄业务主管)、汉斯·安格缪勒(45 岁,法律和涉外事务主管)。为了培养,也为了进一步挑选他们,瑞斯顿把过去由首席执行官承担的职责分配给三个竞争者,他们被任命为三个新的委员会的主管,这些委员会的职能范围超出了他们当前的权限,里德从未与人事打交道,为弥补其不足,他被任命为人事委员会主管;西奥波德负责财务委员会;安格缪勒任接管和兼并委员会主管。最终，具有远见卓识的约翰·里德赢得了胜利，成为新一任花旗银行最高主管（见专栏12-1、专栏12-2）。

> **专栏12-1 汇丰银行的人才开发**
>
> 汇丰银行有很多人才开发计划，其中有一个管理培训生项目，这个项目通过招聘具备较高潜质的大学毕业生，向他们提供一种平衡的培训、学习和管理经验，从而帮助毕业生发展而成为高级管理人员。汇丰的整个管理培训生周期有三年之久。其中包括12~18个月的短期课堂学习、近两个月的国外培训，其余时间为岗位实战。
>
> 汇丰在挑选毕业生的时候，并没有专业方向的限制，目的是确保管理培训生来源的多样性。但挑选的过程非常严苛，整个筛选过程分为四个阶段：第一阶段才能/性向测试，主要测试应试者的逻辑推理能力；接下来第一轮面试考察的是考生们的语言及沟通能力；第三阶段模拟一位经理的真正工作，考验考生的规划、组织和分析信息的能力。
>
> 如果一个考生通过了上面的所有测试，他所面临的就是最后一关：测评中心。在这里，考生需要展示未来成为资深经理人所必须具备的素质：决策力、团队工作能力、沟通能力、适应变化的能力、工作能动力、以及灵活性。管理培训生要在自己选择的职业领域进行12~18个月的相关职责培训。在这个过程中，每个管理培训生都有3位"导师"可以请教：第一线的经理，一位资深高层经理，以及一位人力资源部的导师。
>
> 完成职业培训后，管理培训生进入"经理人员培训发展项目"（ETDP）。ETDP是一个7周的强化训练，与汇丰银行在世界其他分公司的集团培训生一起，在英国的集团培训中心进行。

续

ETDP 对银行产业和集团的整体国际运作业务、以及他们为开始从事新职位所应具备的管理技能提供一个全面广泛的总体介绍。这也是一个与其他培训生、汇丰的高级经理们建立人际网络和合作的机会。

最后阶段是针对培训生所选择的职业领域所涉及到的关键项目和工作设置的培训。主要是为期 4 年的岗位实战训练，其中包括 2 项国际工作任命和一项为期 18 个月的英国工作任命。核心工作是个人银行和企业银行的关键业务。其他一些任命可能会在更宽泛、多样的领域，比如贸易金融、电子商业、业务运作和战略计划。人力资源部的统计，平均每位培训生 39 个月的"边干边学"过程中，平均花费至少在 100 万港币以上。另外，由于有资深经理投入时间指导培训生，所以实际费用会更高。

汇丰的另一个人才开发计划是国际事务官团队。它是汇丰高级经理人员的摇篮。汇丰每每有收购行动，马上就可以组成一支空降的"特种部队"，进驻被收购的对象进行彻底的改革，使汇丰总是能够在最短的时间将收购变为盈利。

汇丰对国际事务官的挑选、培养和管理十分严格。与学历相比，汇丰更加重视国际事务官的品质特性，如忠诚、坚韧、团结和严谨。国际事务官整个培训过程可能长达 15 年。刚从大学招聘的新人仍然需要经过长达 5 年甚至更长时间的培训。国际事务官的培养，使其不仅全面了解银行业务知识、工作流程，成为金融通才，而且喜欢接受在其他国家工作的挑战，愿意学习东道国的文化、语言及风俗习惯。以并购为利器在全球扩张的汇丰，一直避免造成"入侵者"的形象。汇丰现在还保留着的措施有：国际事务官将会被调往集团在世界各地的分行；在每个地方的任

续

期一般不长于3年;每次调动,最短通知时间为一星期;除了董事局任命的集团总经理之外,在53岁或任期满30年后退休;在45岁前,未能升任至经理级,将被安排提前退休。

与严格管理对应的是优厚的福利和职业发展机会。工资福利方面,国际事务官拥有平均高于其国籍所在地同等职位约50%的工资;工作地的个人所得税由公司负责;公司为其提供住房、子女教育津贴、世界性医疗保险(以私立医院头等病房为准)、退休金;每年有额外探亲假期及交通津贴;能低息在世界任何国家置业贷款;绩效与认股权证相联系。

专栏12-2 通用电气的领导力培养计划

通用电气是国际上著名的企业,其在领导力培养方面独树一帜,很多做法是众多企业的效仿对象。其在中国的公司同样被纳入了领导力开发体系,开展了一系列的活动。与全球其他地区一样,通用电气在中国开设有17种不同的领导力课程。根据员工的职务、业务的不同发展阶段,培训又分为三个阶段(初级阶段、中级阶段、高级阶段)和五个等级(起步领导、新领导、发展中领导、高级领导和执行领导),内容包括几大模块:管理理论、交流技巧、财务知识以及自我管理意识的测试和挖掘。

1. 轮岗计划。通常,组织会按照公司发展的需要来分配任务,但通用电气会尽可能地按照员工培养发展的需求来分配工作。这家多元化的工业集团为员工提供了无与伦比的多样化工作经历。比如一个中国公司的高管在通用电气的十年间,换了七次工作。他曾经担任能源业务的销售经理,从中得到的开拓市场能

续

力对于培养领导力非常有价值。在通用电气美国总部商务部任职,对于了解全球的管理架构和与美国总部沟通的能力非常重要。此后,他在通用电气(日本)公司从事审计业务。高管们的经历证明,最艰难的过程正是最有价值的经历。

2. 导师计划。学习是获取领导力的关键。许多企业开始运用的"导师计划",即将高潜质人才与高层管理人员配对,使得未来的领导人才有机会从高管人员身上学习经验。大多数卓越的领导人都承认,导师至关重要,他们能够提供真诚的评价和充分的指导和支持。在通用电气,导师计划同样推行得卓有成效,一位员工甚至可以为自己确定5到7个导师,而100多位中国区高级管理人员中,每人至少有两个"学生"。这些导师有些是正式的,有些是非正式的。不论业务,超越国界,学生可以就在工作中遇到的困难向导师寻求帮助。很多参与过导师计划的人深切体会到:"这是一个激励的平台,每个人都可以自愿去寻找榜样,从他们身上吸取力量,少走弯路。"

3. 领导人参与。与投入资源相比较,更大的投入是管理层的时间和精力。事实上,延续了韦尔奇对于培养人才的关注,伊梅尔特每年需要花费一个月的时间飞往全球各地,评估人力资源的发展状况。他的下属们也是如此。每年年底,所有被评估的员工都要与经理沟通,并提出有针对性的改善目标和计划。此外,所有的经理人都要在领导力发展中心授课,授课时间和授课效果将作为领导者绩效评估的重要部分。

4. 领导力开发与企业文化相融合。越来越多的公司意识到,培养领导人并不是简单的培训,而是公司的生存方式,在公司中无处不在。在通用电气,公司从上到下通力合作,致力于培育发

第十二章 培养持续性的卓越领导力

续

> 展领导人的文化。除了公司原有的价值观之外，通用电气（中国）每年都会设立五个领导力的"榜样"，包括 externalfocus（专注对外）、inclusiveness（包容性）、imagination and courage（想象力和勇气）、clear thinker（思想清晰者）和 expertise（专业技能）。
>
> 5. 人才评估。每年，通用电气都会利用评估系统对全球 10 万多名通用电气员工及管理人员进行跟踪记录，将员工分为 A、B、C 三级。最好的 A 级人才占 20%，公司会挖掘这类人才的业务素质和潜力，将他们输送到国外，积累不同的文化和管理经验。在未来两、三年内，这些年轻的管理精英们将承担更多的责任。为了拓宽人才输送渠道，通用电气还将年长的技术人才和拥有丰富经验的管理人才输送到全球各地，他们的任务是传授经验，培养接班人。"比其他公司更早地发现领导人，并有针对性地制定人才培养计划，确保了通用电气（中国）未来的竞争力。"

关于继任者计划，对国内企业而言并不是一个新鲜事物，大到国家，小到企业、家庭，从古以来都有接班人的问题，但真正能够很好解决这一问题的并不多，以国家为例，中国历史上的三皇五帝，采取的是选贤任能制度，尧找到舜，并在对舜全面考察后，将王位传给了舜，这个过程与西方企业的继任者计划是很相似的。到了禹，开了一个不好的头，他将王位传给了自己的儿子启，从此开始了王位世袭制。在世袭的体制下，在内部如何确定接班人，也是一个很复杂的问题，为了避免皇家内部自相残杀，确定了长子为接班人的基本原则，从这里可以看出，德能不再是接班人的标准，长幼顺序成为了标准，这就难怪封建王朝与时俱废了。以下是 CEO

接班人安排的传统方式和新方式(见表 12-1、表 12-2、专栏 12-3)。

表 12-1　　　　　　CEO 接班人模式表

模式一 挑选优胜者	一个范例是 20 世纪 80 年代前期,花旗集团的 CEO 威特·威斯顿,他在 6 个高管人员中竞争选拔下任 CEO。最后,约翰·里德如愿以偿,而落选者全部离开了花旗
模式二 指定接班人	不少企业采用这种方式选拔 CEO 与总裁。在埃克森公司,1993 年,雷蒙德被任命为埃克森德 CEO。没有竞争者,只有一个候选人
模式三 团队选拔制度	这一模式最好的范例是 20 世纪 70 年代后期,GE 的 CEO 雷吉·乔。他将选定的 8 个候选人编成一个一起工作的团队,一旦发现谁协作不利,就将离开 GE。最后杰克·韦尔奇在那个团队中胜出,而其他人都离开了 GE
模式四 危机选聘	IBM、通用汽车、数据器材、西屋、联邦快递、坦尼科、柯达等公司都在公司陷入严重危机时,更换了 CEO,多数情况下都从外部猎寻

表 12-2　　让变革同时完成的选拔 CEO 继任人新方式

动员大量核心 高管人员	在大型企业,甄选和动员 50 至数百名高管人员,将其纳入领导变革的团队中进行管理
培养大量核心 高管人员	企业必须培养锻炼这些高管人员,持续更新他们的变革技巧
提供一个 CEO 筛选 和继任的流程	在变革的中期,必须要有一个系统的、严谨的筛选和培养 CEO 的流程。把候选人放在重要领导者的位置上,通过各种方式进行检验,并通过这一流程对其进行评估
确定新的企业愿景	持续变革的关键流程是为组织描绘新的愿景,而传递新的愿景是所有领导者的工作。最终选择的 CEO 是否接受这一新的愿景非常重要
陈述财务业绩	在整个变革流程中,不能忽视财务数字。财务业绩是成为接班人的一个基本原则,因为它决定了组织的命运

专栏 12-3　继任者计划设计举例

一、设计继任者选拔培养方案应该坚持的原则

1. 培养继任者，必须加大培养力度。继任者培养，不抓培养抓不实，要通过多种途径来提高继任者的领导素质、管理能力和经营水平，使他们能在新的业务、新的客户、新的对手、新的竞争中从容应对、得心应手。要注重增强继任者的实际工作能力，强化实践锻炼，采取任职挂职、异地交流、岗位轮换、参与重大项目等多种形式，有计划地安排继任者进行实践锻炼，使其在实践中增长才干、丰富知识、接受考验。只有培养造就一批符合国际先进商业银行经营管理要求的高素质、高水平、国际化的继任者，才能拥有丰富的遴选对象，才能做到广中选好，好中选优。

2. 培养继任者，必须坚持竞争择优、程序运作。继任者作为银行人力资源的核心部分，其选拔过程要做到公平、竞争、开放，不拘一格选拔优秀人才。要进一步拓宽选人视野和渠道，通过公开、平等、竞争、择优的程序操作，促进优秀人才脱颖而出。要丰富人才素质测评手段，通过长期、动态的竞争提高人才选拔的准确性和科学性。要将选拔与培养结合起来，在培养中选拔，将继任者在各项知识培训、素质测评、能力考试、实践锻炼等培养环节中的表现进行综合评价，为选拔提供依据；在选拔中培养，通过引入竞争机制，使继任者在参与培训、参与竞争中，不断总结自我，取长补短，使选拔成为提高自身能力素质的过程。

3. 培养继任者，必须做到备用结合。备用结合是继任者培养的生命线，不抓备用结合，继任者培养抓不长，银行必须将备用结合工作抓好抓实，使各项措施落到实处。

续

4. 培养继任者，必须持之以恒。所谓持之以恒，就是确保各项选拔培养政策的连续性。人才成长有其客观过程和规律，制定人才选拔培养政策必须尊重这个规律，每一项政策的出台，都要保持连贯性，能够为人才成长提供更广阔的空间和舞台。所谓持之以恒，就是要提高贯彻各项人才选拔培养措施的坚定性。一项选拔培养措施从调研、制订、实施到落实、初见成效、培养出大批人才，可能要经历一个长期的过程，会遇到这样那样的困难和问题，必须坚定信心，勇担责任，以非凡的智慧和勇气将各项培养措施贯彻到底，切忌急于求成，浅尝辄止。所谓持之以恒，就是要保证继任者选拔培养工作的完整性。继任者选拔培养是个动态的过程，选拔优秀人才作为后备只是继任者培养的第一步，必须加强后备队伍的动态管理，健全考核机制、反馈机制和淘汰机制，使继任者库成为一池活水，引导优秀人才按照符合银行发展战略的方向成长，实现优秀人才个人价值最大化与银行企业价值最大化的有机统一，为银行明天的辉煌构筑起坚实的人才高地。

二、继任者培养体系

继任者培养体系由四个系统构成（见图12-5）。

1. 需求规划系统。是指建立在对现有领导人员队伍现状分析和继任者资源供求分析的基础上，对继任者的数量、结构、素质进行预测及制定配置计划。主要包括现状分析、需求预测、设定目标、反馈调整等内容。

2. 素质测评系统。是指以领导人员的素质模型为基础，通过评价中心等现代测评手段，建立起科学的测评体系，为继任者选拔提供依据。素质测评系统包括建立素质模型、完善素质测评手段、提高素质测评一致性和准确性等内容。

续

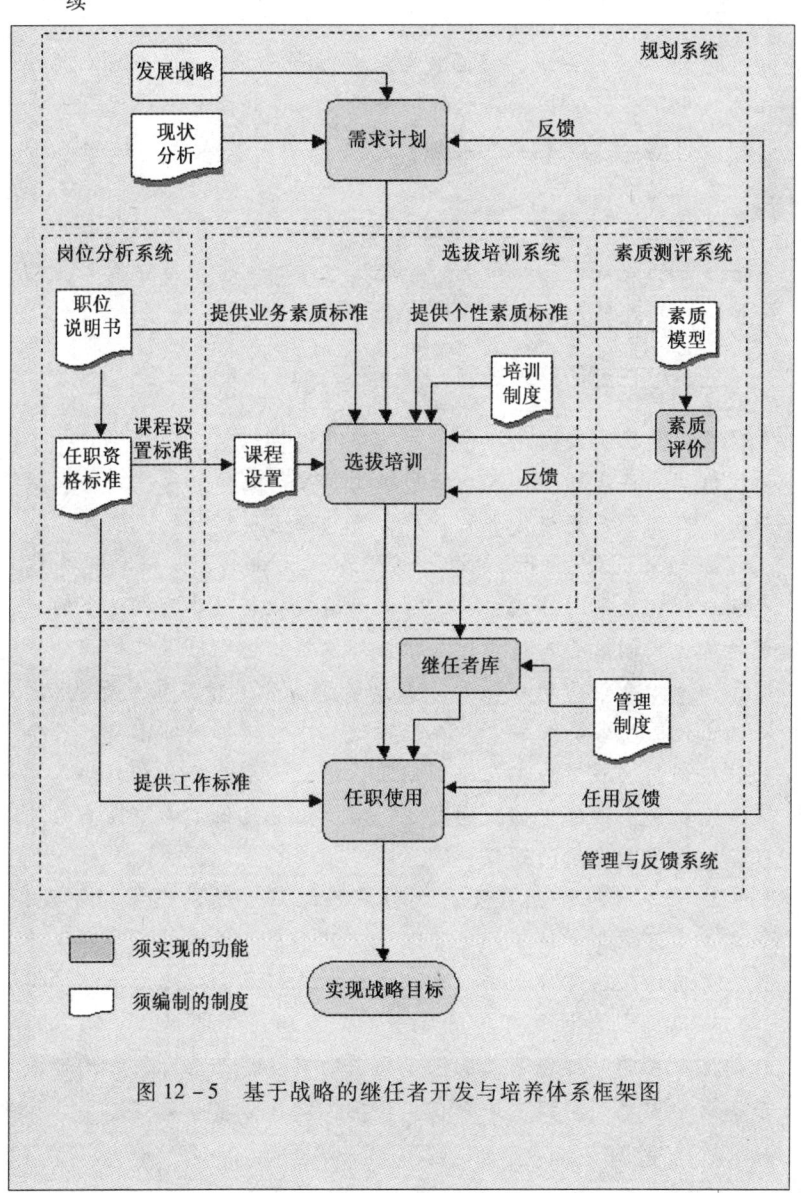

图 12-5　基于战略的继任者开发与培养体系框架图

续

3. 培养选拔系统。将选拔与培养结合起来，在培养中选拔，在选拔中培养，并在选拔中引入竞争机制，建立有利于优秀人才脱颖而出的选人育人机制。通过人才萃取等选拔培养计划的实施，建立起继任者队伍。

4. 管理反馈系统。是指通过对人才队伍加强管理，实现继任者培养的规范化和科学化。管理反馈系统包括推荐任用、动态管理、任用反馈和信息管理等内容。

三、继任者的管理机制

设计的机制主要包括竞争性的培养选拔机制、动态化的人才管理机制、备用结合的人才任用机制，要有利于优秀人才的脱颖而出，有利于提高继任者的素质，有利于实现银行的发展战略。

1. 培养选拔机制。竞争性的培养选拔机制，是一种充分体现竞争择优原则的选拔机制，是一种将选拔与培养有机结合的全新的选拔机制。引入科学的人才评价机制，对继任者进行积分管理，通过建立评价积分体系、积分累积制和进行多轮竞争淘汰，筛选出优秀的各类继任者。在选拔过程中，根据实际需要，安排知识培训和实践锻炼。在培训期间，进行素质测评和相关知识考试。可以说，继任者选拔的过程，实际上也是他们素质提高的过程、职业生涯发展的过程。

2. 动态管理机制。要建立和完善继任者的动态管理制度，切实落实好综合考核、档案管理、及时调整、适时补充等具体措施，使后备队伍常备常新，真正成为一池好水、一池活水。

3. 备用结合机制。备用结合是关系继任者培养工作能否长时期抓下去的关键环节。从很多公司的实际情况来看，继任者备而不用的现象不同程度地存在，影响了继任者培养工作。

选拔培训程序：

续

1. 对报名人员进行首轮筛选,确定入围人选。

(1) 符合基本条件的人员,可采用组织推荐和个人自荐两种方式报名。

(2) 人力资源部对报名人员的基本积分要素分别计分。基本积分要素包括推荐名次、职级、年度考评、年龄、学历、奖励情况等,各种要素的计分标准见表12-4所示。

表12-4　　　　基本积分要素的计分标准

序号	积分要素	满分	计分标准
1	推荐名次	25	第1名25分,第2名23分,第3名21分……依此类推。
2	职级	30	视情况确定
3	年度考评	15	近3年年度考评结果,优秀5分,称职3分。
4	年龄	15	29岁以下15分,30~35岁12分,36~40岁9分,41~45岁6分,46岁以上3分。
5	学历	20	博士研究生20分,硕士研究生16分,双学位14分,全日制本科12分,非全日制本科10分,专科5分。
6	奖励情况	20	视情况确定

(3) 对所有报名人员的各项要素得分进行汇总,按基本积分高低排序,结合各区域、各类别高级继任者需求预测数量按一定比例确定入围人选。

2. 对入围人选通过工作成果评价法进行第二轮筛选,确定目标人员。

(1) 入围人选根据自己担任现职以来所取得的工作成就,选择其中最具代表性的三项工作成果,按照有关规定申报。

(2) 人力资源部组织专家小组对入围人选申报的每项工作成果进行等级评定。

工作成果评定结果分为五级,每一等级的计分标准见表12-5所示。

续

表12-5　　　工作成果等级的计分标准

成果等级	计分标准（分）
一	15
二	12
三	9
四	6
五	3

（3）对入围人员的各项工作成果得分进行汇总，按累积的积分高低进行排序，并结合各区域、各类别高级继任者需求预测数量按一定比例确定目标人选。

3. 组织目标人选参加专业培训，并进行第三轮筛选，确定后备人选。

（1）根据目标人选的实际需求，分类组织目标人员参加专业培训，培训重点是领导知识、管理知识、业务知识和外语知识，培训时间为两个月。

（2）培训期间，人力资源部牵头组织对目标人选进行培训考核、能力测评和素质测评。

（3）培训考核主要是考核目标人选对培训课程的学习和掌握情况，培训课程分为考试课目和考查课目。考试以笔试方式进行，满分为100分；考查以课堂提问、分组讨论、角色扮演等方式进行，考查结果分为合格和不合格。培训考核的计分标准见表12-6所示。

表12-6　　　培训知识考核的计分标准

考核方式	考核结果	计分标准（分）
考试课目	80分以上	5
	60~89分	3
	60分以下	1

续

考核方式	考核结果	计分标准（分）
考查课目	合格	2
	不合格	1

（4）能力测评是采用评价中心方法对目标人选的领导能力进行测评，领导人员的能力标准及具体的测评办法另行制定。

能力测评结果分为五级，每一等级的计分标准见表12-7所示。

表12-7　　　　能力测评等级的计分标准

能力测评等级	计分标准（分）
一	50
二	40
三	30
四	20
五	10

（5）培训结束后，对目标人选的培训考核得分、能力测评得分进行汇总，按累积的积分高低排序，并结合各区域、各类别高级继任者需求预测数量按一定比例确定后备人选。

4. 组织人选参加领导力培训，并进行第四轮筛选，确定拟任用人员。

5. 组织候任人选出国培训，培训结束回国后按照有关规定任职使用。

6. 在前三轮选拔中被淘汰的人员，其积分不予保留，参加下一次选拔时重新计算积分。

续

在第四轮选拔中落选的人员,积分排名靠前的人员仍作为人选进入继任者库,其积分予以保留;其余的人员被淘汰,其积分不予保留。进入继任者库的人选数量根据高级领导人员的需求预测情况确定。

在新的人选未产生之前,出现领导人员职位空缺时,可在继任者库的人选中择优提任。

7. 继任者库中人选的积分发生变化时,应及时重新计算其累积积分。

参考文献

1. 时勘、王继承、李超平:《企业高层管理者胜任特征模型评价的研究》,中国科学院心理研究所。
2. H. Greenhaus, G. A. Callanan, & V. M. Godshak (2000). Career Management (3rd ed.) Fort Worth, TX: Dryden Press, 24.
3. 埃德加·施恩著,仇海清译:《职业的有效管理》,三联书店1992年版。
4. 华民、韦森、张宇燕、文贯中:《制度变迁与长期经济发展》,复旦大学出版社2006年版。
5. 徐国华、张德、赵平:《管理学》,清华大学出版社1998年版。
6. 张德:《人力资源开发与管理》,清华大学出版社1996年版。
7. 彼得·圣吉著,郭进隆译:《第五项修炼》,上海三联书店1994年版。
8. 范战江:《劳动法精要与依据指引》,人民出版社2005年版。
9. 郑晓明:《现代企业人力资源管理导论》,机械工业出版社2004年版。
10. 郑先炳:《解读花旗银行》,中国金融出版社2005年版。

11. 罗伯特·甘多斯、马龙·埃弗龙著,刘斌、程静萍译:《全球顶尖公司的领导力实践》,高等教育出版社 2004 年版。

12. Graham Winter、范保群:《高绩效领导力》,机械工业出版社 2004 年版。